A LIBRARY OF
DOCTORAL
DISSERTATIONS
IN SOCIAL SCIENCES IN CHINA

中国
社会科学
博士论文
文库

资本权力批判
资本之为权力的哲学研究

Critique of Capital Power:
A Philosophical Study of Capital as Power

董键铭　著

导师　孙正聿

中国社会科学出版社

图书在版编目（CIP）数据

资本权力批判：资本之为权力的哲学研究／董键铭著.—北京：
中国社会科学出版社，2023.4
（中国社会科学博士论文文库）
ISBN 978 - 7 - 5227 - 1501 - 8

Ⅰ.①资…　Ⅱ.①董…　Ⅲ.①资本—研究　Ⅳ.①F014.39

中国国家版本馆 CIP 数据核字（2023）第 040409 号

出 版 人	赵剑英
责任编辑	朱华彬
责任校对	谢　静
责任印制	李寡寡

出　　版	中国社会科学出版社
社　　址	北京鼓楼西大街甲 158 号
邮　　编	100720
网　　址	http://www.csspw.cn
发 行 部	010 - 84083685
门 市 部	010 - 84029450
经　　销	新华书店及其他书店

印　　刷	北京明恒达印务有限公司
装　　订	廊坊市广阳区广增装订厂
版　　次	2023 年 4 月第 1 版
印　　次	2023 年 4 月第 1 次印刷

开　　本	710×1000　1/16
印　　张	18
字　　数	309 千字
定　　价	98.00 元

总　　序

在胡绳同志倡导和主持下，中国社会科学院组成编委会，从全国每年毕业并通过答辩的社会科学博士论文中遴选优秀者纳入《中国社会科学博士论文文库》，由中国社会科学出版社正式出版，这项工作已持续了12年。这12年所出版的论文，代表了这一时期中国社会科学各学科博士学位论文水平，较好地实现了本文库编辑出版的初衷。

编辑出版博士文库，既是培养社会科学各学科学术带头人的有效举措，又是一种重要的文化积累，很有意义。在到中国社会科学院之前，我就曾饶有兴趣地看过文库中的部分论文，到社科院以后，也一直关注和支持文库的出版。新旧世纪之交，原编委会主任胡绳同志仙逝，社科院希望我主持文库编委会的工作，我同意了。社会科学博士都是青年社会科学研究人员，青年是国家的未来，青年社科学者是我们社会科学的未来，我们有责任支持他们更快地成长。

每一个时代总有属于它们自己的问题，"问题就是时代的声音"（马克思语）。坚持理论联系实际，注意研究带全局性的战略问题，是我们党的优良传统。我希望包括博士在内的青年社会科学工作者继承和发扬这一优良传统，密切关注、深入研究21世纪初中国面临的重大时代问题。离开了时代性，脱离了社会潮流，社会科学研究的价值就要受到影响。我是鼓励青年人成名成家的，这是党的需要，国家的需要，人民的需要。但问题在于，什么是名呢？名，就是他的价值得到了社会的承认。如果没有得到社会、人民的承认，他的价值又表现在哪里呢？所以说，价值就在于对社会重大问题的回答和解决。一旦回答了时代性的重大问题，就必然会对社会产生巨大而深刻的影响，你也因此而实现了你的价值。在这方面年轻的博士有很大的优势：精力旺盛，思维敏捷，勤于学习，勇于创新。但青年学者要多向老一辈学者学习，博士尤其要很好地向导师学习，在导师的指导下，发挥自己的优势，研究重大问题，就有可能出好的成果，实现自己的价值。过去12年入选文库的论文，也说明了这一点。

什么是当前时代的重大问题呢？纵观当今世界，无外乎两种社会制度，一种是资本主义制度，另一和是社会主义制度。所有的世界观问题、政治问题、理论问题都离不开对这两大制度的基本看法。对于社会主义，马克思主义者和资本主义世界的学者都有很多的研究和论述；对于资本主义，马克思主义者和资本主义世界的学者也有过很多研究和论述。面对这些众说纷纭的思潮和学说，我们应该如何认识？从基本倾向看，资本主义国家的学者、政治家论证的是资本主义的合理性和长期存在的"必然性"；中国的马克思主义者，中国的社会科学工作者，当然要向世界、向社会讲清楚，中国坚持走自己的路一定能实现现代化，中华民族一定能通过社会主义来实现全面的振兴。中国的问题只能由中国人用自己的理论来解决，让外国人来解决中国的问题，是行不通的。也许有的同志会说，马克思主义也是外来的。但是，要知道，马克思主义只是在中国化了以后才解决中国的问题的。如果没有马克思主义的普遍原理与中国革命和建设的实际相结合而形成的毛泽东思想、邓小平理论，马克思主义同样不能解决中国的问题。教条主义是不行的，东教条不行，西教条也不行，什么教条都不行。把学问、理论当教条，本身就是反科学的。

在21世纪，人类所面对的最重大的问题仍然是两大制度问题：这两大制度的前途、命运如何？资本主义会如何变化？社会主义怎么发展？中国特色的社会主义怎么发展？中国学者无论是研究资本主义，还是研究社会主义，最终总是要落脚到解决中国的现实与未来问题。我看中国的未来就是如何保持长期的稳定和发展。只要能长期稳定，就能长期发展；只要能长期发展，中国的社会主义现代化就能实现。

　　什么是21世纪的重大理论问题？我看还是马克思主义的发展问题。我们的理论是为中国的发展服务的，决不是相反。解决中国问题的关键，取决于我们能否更好地坚持和发展马克思主义，特别是发展马克思主义。不能发展马克思主义也就不能坚持马克思主义。一切不发展的、僵化的东西都是坚持不住的，也不可能坚持住。坚持马克思主义，就是要随着实践，随着社会、经济各方面的发展，不断地发展马克思主义。马克思主义没有穷尽真理，也没有包揽一切答案。它所提供给我们的，更多的是认识世界、改造世界的世界观、方法论、价值观，是立场，是方法。我们必须学会运用科学的世界观来认识社会的发展，在实践中不断地丰富和发展马克思主义，只有发展马克思主义才能真正坚持马克思主义。我们年轻的社会科学博士们要以坚持和发展马克思主义为己任，在这方面多出精品力作。我们将优先出版这种成果。

2001 年 8 月 8 日于北戴河

摘　　要

在对资本主义社会的研究和批判过程中，实际上已经形成了意识形态批判和剩余价值批判这两条主要研究思路，这两条研究思路在批判资本主义社会时都各有优长，但同时它们也都在一定程度上面临某些理论困难。资本权力批判作为切入资本主义社会的一个重要视角，它能够在一定程度上将两条思路有机结合起来，取长补短，从而深化对资本主义社会的整体批判。本文的核心工作是从权力的视角出发，对资本主义社会中资本权力的表现形式、实质内容、历史生成及权力机制进行总体性批判，从而扩展政治经济学批判的理论视野，深化对资本主义社会的理解，并进而探索超越资本权力的可能性。

资本主义社会的主流意识形态——自由主义——一方面认为现代社会中政府的目的在于保障财产权，因而只有人与政府之间存在权力问题，人与人之间不存在权力问题，另一方面也认为市场原则作为平等的交换原则，必然催生人与人之间的平等关系，因而自由主义坚信私人领域、经济生活中，人与人之间不会存在支配性的权力关系，这也就事实上的将在现代资本主义社会中真实存在的资本权力掩盖了起来。通过批判性的分析和考察现代资本主义社会，本文指出，在现代社会中人与人之间依然广泛地存在着支配性的权力关系，只有从马克思的政治经济学批判理论出发才能揭示资本权力的秘密。政治经济学批判一方面将研究深入到生产领域，从而揭示了市场交换原则的平等主义假象掩盖下的，内在于生产领域中的不平等权力关系；另一方面也揭示了政治解放的虚假性，从而私人领域、经济生活中依然会存在人与人之间的支配性权力关系，即资本权力。首先，资本作为积累起来的一定量的货币，它继承了货币作为一般等价物所具有的购买力，在前资本主义时代这种购买力也是存在的，因而购买力构成了资本权力的史前形式。第二，在资本主义社会中，当资本能够购买到工人的活劳动以后，它就获得了在生产领域中支配工人进行劳动的劳动支配权，这构成了资本权力的核心形式。第三，同资本主义社会的发展一道，资本主义生产方式也逐渐深入到了人类社会的每一个角落之中，劳动形式也愈发多样化，这使得资本权力获得了更为丰富多样的社会化形式。

同资本主义生产方式一样，资本权力也不是天然存在的，而是随着人类社会的历史进程逐渐建立起来的，从原始积累到资本积累、"金融—数字"资本、虚幻的共同体，再到帝国主义，这标志了资本权力从诞生到一步步走向成熟。在前资本主义社会中，资本权力是从属于政治权力、神权等权力形式的，但随着人类经济活动的逐渐频繁，货币成为了物质财富的一般性代表并获得独立性地位，这催生了人们的致富欲望。在致富欲望的推动下，以政治权力及暴力手段的运用为基础的原始积累过程得以展开，原始积累一方面剥夺了旧的封建贵族、教会的财富，从而导致了政治权力、神权的衰落，另一方面剥夺了农奴、自耕农、小手工业者的生产资料，从而创造了大量自由工人，这奠定了资本主义社会逐渐兴起的基础。在资本主义生产方式逐步建立的过程中，资本权力与资本积累互相促进，同步发展。资本权力推动了资本积累进程，而资本积累也有助于资本权力的扩展与强化。随着资本权力的逐渐强化，劳动由对资本的形式上的从属发展为对资本的实际上的从属，这又反过来促进了资本权力的增强。金融资本与数字资本的结合所形成的"金融—数字"资本进一步推动了资本权力的扩展。资本积累与资本权力的共同发展在国内催生虚幻的共同体，而在国外领域则催生帝国主义。虚幻的共同体处于与资本权力的共谋关系中，二者相互促进，资本权力在虚幻的共同体中成为最高权力；帝国主义首先表现为在国际领域运用政治权力的古典帝国主义，而在当今时代，新帝国主义已不再仅仅依赖于国家的政治权力，而是试图依靠资本权力本身进行全球性积累，新帝国主义的形成意味着资本权力发展到了空前的高度。

资本权力的权力机制是生命政治性的，福柯通过探索现代社会中资产阶级的治理术发现了现代权力的生命政治性机制，其中主要包括惩戒肉体的权力技术与调节生命的权力技术。实际上，这同时也揭示了资本权力的权力机制。在惩戒肉体的序列上，资本家在工场手工业中通过深化劳动分工实现了对工人的初步规训，随着机器体系的运用，现代工厂制度得以建立，不仅资本家可以通过严格的工作纪律、更为细致的劳动分工来进一步规训工人，机器本身也能够发挥规训工人的作用。最终，现代企业完全成为了全景敞视主义监狱，将资本家对工人的规训推向顶峰。在调节生命的序列上，资本家只愿支付工人的生产消费，支付给工人的工资只能满足其生理需要和对必需品的需要，而不能满足工人的社会需要，因而工资形式使工人丧失了全面发展的维度，被降格为赤裸生命。机器的广泛运用使得工人的生命只能依附于机器，而在现代社会的加速化与数字化倾向中，资本与技术相结合，实现了对工人生命的全面控制。与此同时，资本权力创造了与现役劳动军相对立的产业后备军，将工人与资本家的矛盾转嫁于现役劳动军和产业后备军的矛盾，并通过二者的竞争进一步瓦解工人的反抗力量，实现对现役劳动军及产业后备军人口的全面控制。

资本家运用资本权力实现了对全部工人以及整个人类社会的全面控制，要想实现人的自由解放，就必须超越资本权力。对超越资本权力的探索不仅应该诉诸于从根本性的层面上彻底超越资本主义，同时也要在具有现实可行性、可操作性的层面上进行。诸众革命理论探索了重拾革命的可能性，但单纯依赖主体的内在性力量是不够的；对经济民主理论的研究提示我们，在根本性革命的条件尚不具备的情况下，我们可以借助制度法律体系的力量来在一定程度上应对资本权力。因此，以制度法律体系变革为起点，首先在生产组织方式的层面上实现马克思所探讨过的工人自己的合作工厂等制度，进而通过重新建立个人所有制、实现自由人的联合体等环节实现对资本主义社会的根本性超越，这样我们就有可能探索出一条根本性层面与可行性、可操作性层面相结合的超越资本权力的可能性道路。

　　关键词：资本权力；政治经济学批判；资本主义生产方式；生命政治；制度法律体系

Abstract

In the process of research andcritique of capitalist society, two main research ideas, the critique of ideology and the critique of surplus-value, have actually been formed, both of which have their own advantages in criticizing capitalist society, but they also face certain theoretical difficulties. As an important perspective for studying capitalist society, critique of capital power can, to a certain extent, organically combine the two ideas and complement each other, thereby deepening the overall critique of capitalist society. The core work of this dissertation is to make a general critique of the manifestation, substance, historical generation and internal mechanism of capital power in capitalist society from the perspective of power, so as to expand the theoretical horizon of critique of political economy, deepen the understanding of capitalist society, and then explore the possibility of transcending capital power.

Themainstream ideology of capitalist society, liberalism, believes that on the one hand, the purpose of government in modern society is to protect property, so the problem of power can only exist between people and government, but not between individuals. On the other hand, it also believes that market principle, as the principle of equal exchange, inevitably lead to an equal relation of power between people. As a result, liberalism firmly believes that there is no relation of domination between people in private area and economic area. In fact, this kind of belief masks the real existence of capital power in modern capitalist society. By critically analyzing and examining modern capitalist society, this dissertation figures out that there is still a kind of widespread dominant power relation between people in modern society, and only from the view of Marx's critique of political economy can we reveal the secret of capital power. On the one hand, the critique of political economy penetrates into the field of production, thus revealing the unequal power relation embedded in the field of production, which is masked by the egalitarian illusion of market principle. On the other hand, it also reveals the falseness of political liberation. Therefore, it also reveals that the relation of domination, capital power, still exists in the private and economic area of human life. First, capital, as a certain amount of money accumulated, inherits the purchasing power that money has as a general equivalent, which also existed in the pre-capitalist era, and thus purchasing power constitutes a a prehistoric form of capital power. Second, when capital is able to purchase the living labor of workers in capitalist society, it acquires the dominance of labor that dominates workers in the field of production, which constitutes the core form of capital power. Third, along with the development of capitalist society, capitalist mode of production gradually penetrated into every corner of human society, and the forms of labor became more diversified, which allowed capital power to acquire a richer and more diverse form of socialization.

Like the capitalist mode of production, capital powerdoes not exist naturally, but is gradually built up with the historical process of human society. The progress, which goes from primitive accumulation to capital accumulation, "financial-digital" capital, illusory community, and then to imperialism, shows the progress of capital power from birth to gradual maturation. In pre-capitalist society, capital power was subordinate to political power, divine power and other forms of power. But with the gradual development of economic activities, money became the general representative of material wealth and acquired an independent status, which gave birth to people's desire to become rich. Driven by the desire to become rich, the process of primitive accumulation based on the use of political power and violent means was launched. On the one hand, the primitive accumulation deprived the old feudal nobility and the church of their wealth, thus leading to the decline of political and divine power. On the one hand, it deprived serfs, subsistence farmers and small handicraftsmen of their means of production, and created a large number of free workers, which laid the foundation of capitalist society. In the process of gradual establishment of capitalist mode of production, capital power and capital accumulation promoted each other and developed simultaneously. Capital power promoted the process of capital accumulation, and capital accumulation also contributed to the expansion and strengthening of capital power. With the gradual strengthening of capital power, labor developed from a formal subordination of capital to a actual subordination of capital, which in turn promoteed the enhancement of capital power. The "financial-digital" capital formed by the combination of financial capital and digital capital further promoted the expansion of capital power. The simultaneous development of capital accumulation and capital power gives rise to the birth of illusory community in domestic area, and imperialism in international area. The illusory community is in a complicit relationship with capital power, and they are mutually reinforcing. As a result, capital power becomes the supreme power in the illusory community. Imperialism is first manifested as classical imperialism which concentrates on the use of political power in the international arena. But in the present era the new imperialism no longer relies only on the political power of the state. Instead, it tries to rely on capital power itself for global accumulation. The formation of the new imperialism shows that capital power has developed to an unprecedented level.

The mechanism of capital power isbiopolitical. Foucault discovered the biopolitical mechanism of modern power by exploring the bourgeois techniques of governance in modern society, which mainly includes the technique of discipline the body and the technique of regulate the life. In fact, this also reveals the mechanism of capital power. In the aspect of discipline the body, the capitalists achieved the initial discipline of workers in handicraft and Manufacture by deepening the division of labor. With the use of the machine system, the modern factory system was established, and not only could the capitalists further discipline workers through stricter work discipline and more detailed division of labor, but the machines themselves could also play the role of discipline. Ultimately, the modern enterprise became a complete panopticon, which pushed the capitalist's discipline of workers to its peak. In the aspect of regulate the life, the capitalists are only willing to pay workers for their productive consumption, and the wages paid to workers can only satisfy their physiological needs and the needs of the necessities, but not their social needs. Therefore, the form of wages deprives workers of the dimension of all-round development, and it turns workers into bare life. The widespread use of machines makes workers' lives attached only to machines. In the modern society, with the tendency of acceleration and digitization, the combination of capital and technology achieves full control over workers' lives. At the same time, capital power creates an industrial reserve army opposite to the active army of workers. It transfers the contradiction between workers and capitalists to the contradiction between the active army and the reserve army, and through the competition between the two further dismantles the resistance of workers. In this way, capital power achieves full control over both the active army and the reserve army.

Capitalists, by using capital power, have achieved full control over all workers and the entire human society. So to achieve human freedom, it is necessary to transcend capital power. The quest for transcending capital power should not only resort to a radical transcendence of capitalism at a fundamental level, but also at a level that is realistically feasible and operable. The multitude revolution theory has explored the possibility of regaining revolution, but it is not enough to rely solely on the intrinsic power of the subject. The study of economic democracy theory suggests that while the conditions for fundamental revolution are not yet available, we can we can resort to the power of institutional legal system to deal with capital power to a certain extent. Therefore, by taking the reform of the institutional legal system as a starting point, and first trying to realize some new systems, such as the co-operative factories of the laborers themselves, which Marx had explored, at the level of production organization, and then realizing the fundamental transcendence of capitalist society by rebuilding individual ownership and realizing the community of free individuals. In this way, it may be possible for us to explore a possible path to transcend capital power that combines a fundamental level with a feasible and operable level.

Keywords: capital power, critique of political economy, capitalist mode of production, biopolitics, institutional legal system

目　　录

Contents

资本权力：批判资本主义
社会的重要视角

　　从整个人类文明发展史的角度来看，资本主义生产方式的形成和发展经历了一个漫长的过程，资本主义生产方式的兴起本身也标志着人类社会开始由古代文明逐渐步入近现代文明。作为当代西方各主要资本主义国家的主流意识形态，自由主义思想也是在人类文明由古代进入现代的历史过程中、在资本主义生产方式兴起的历史过程中逐渐形成的。从自由主义的角度来看，资本主义生产方式的发展过程意味着人的自由得以实现的过程，因为它将个人从在古代社会里受压抑的状态下解放了出来，使个人对自由的追求成为可能，尤其是随着法国大革命等一系列资产阶级革命的浪潮，自由、平等、博爱的价值观被推广到了整个世界，成为所谓"普世价值"，这意味着上帝的完美的天国已经通过资本主义制度降临人间。因此，自由主义形成了历史终结论的观点，从自由主义的角度来看，资本主义社会的发展史也就是人类社会逐渐走向自由与文明的历史，资本主义社会就是人类所能达到的终极性、理想性社会形态。

　　然而，马克思通过对资本主义社会的内在本质与历史性生成过程的研究发现，在这一片自由主义的歌舞升平掩盖之下，资本主义实际上依然是一个充满了暴力、野蛮，充满了人与人之间的支配与奴役的社会，这也就意味着，资本主义实际上根本无法实现人的真正的全面自由解放。资本主义社会的发展过程实际上并不是一个人类逐渐获得全面自由解放的过程，而是资本主义逐渐实现对整个人类社会的全面控制和压迫的过程，现代资本主义实际上用越来越文明化的外表将其野蛮的实质掩盖了起来，用公平交易的外表将资本家剥削工人剩余价值的实质掩盖了起来，用庞大的资本主义意识形态将资本的统治性地位掩盖了起来。因此，资本主义绝不构成人类历史之终结，我们必须在对资本主义社会的现实本质及其历史发展实质的根本性揭示的基础之上，彻底超越资本的文明，这样才能真正促成人类文明的进步，从而使全人类迎来真正的自由解放成为可能。

一　批判资本主义社会的两种主要思路

在超越资本的文明这一目标的指引之下，批判资本主义社会，揭露被资本主义的形成和发展过程所掩盖起来的社会现实就成为我们所应从事的最为重要的理论工作。事实上，自马克思主义诞生以来，无数马克思主义者已经从各种角度对资本主义社会的真实本性进行了揭露与批判。总而言之，对资本主义社会的批判已主要显现为两种思路，分别是对资本主义社会所进行的意识形态批判和剩余价值批判。

第一，对资本主义社会的意识形态批判构成了批判资本主义社会的一条主要思路。这条思想道路的起点可以追溯到马克思在《1844 年经济学哲学手稿》（以下简称《手稿》）中所大量探讨的异化概念。在《手稿》中马克思发现，人作为类存在物，只有通过其实践活动将人的类本质对象化出来，人才能确证自己的类本质、确证自己是类存在物。然而，在资本主义社会的条件下，人的劳动这种能够将人的类本质对象化出来的对象性活动则表现为异化劳动。在资本主义条件下，劳动产品不能归劳动者所有，而是被资本家所占有，在这种情况下，工人所生产的越多，资本家所能占有的也就越多，工人自己所能占有的反而越来越少。"工人越是通过自己的劳动占有外部世界、感性自然界，他就越是在两个方面失去生活资料：第一，感性的外部世界越来越不成为属于他的劳动的对象，不成为他的劳动的生活资料；第二，感性的外部世界越来越不给他提供直接意义的生活资料，即维持工人的肉体生存的手段。"①以这种工人同自己的劳动产品相异化为基础，工人进而感受到劳动活动本身与自己的异化，"劳动对工人来说是外在的东西，也就是说，不属于他的本质；因此，他在自己的劳动中不是肯定自己，而是否定自己，不是感到幸福，而是感到不幸，不是自由地发挥自己的体力和智力，而是使自己的肉体受折磨、精神遭摧残"②。而更进一步来说，人只有通过劳动才能确证自己的类本性，"正是在改造对象世界的过程中，人才真正地证明自己是类存在物。这种生产是人的能动的类生活。通过这种生产，自然界才表现为他的作品和他的现实"③。这样，人和他的劳动产品及劳动的异化便进而导致了人同人的类本质相异化，并且最终，这种异化扩展到整个人类社会，形成了人与人相异化的局面。

当然，对异化劳动问题的揭示并不是马克思对资本主义社会批判的终点，在某种意义上来说，这仅仅构成了马克思反思资本主义社会的起点，因为此时马克思还在从类本质概念出发来理解人。而在撰写《德意志意识形态》的时候，马克思实际上就已经扬弃了这种从类本质出发对劳动与生产进行考察的研究方式，而是进一步从人的现实性的感性活动的角度来理解人、劳动与生产等概念。"全部人类历史的第一个前提无疑是有生命的个人的存在。因此，第一个需要确认的事实就是这些个人的肉体组织以及由此产生的个人对其他自然的关系。"④ 而且，"这种生产方式不应当只从它是个人肉体存在的再生产这方面加以考察。更确切地说，它是这些个人的一

---

① 《马克思恩格斯文集》第 1 卷，人民出版社 2009 年版，第 158 页。
② 《马克思恩格斯文集》第 1 卷，人民出版社 2009 年版，第 159 页。
③ 《马克思恩格斯文集》第 1 卷，人民出版社 2009 年版，第 163 页。
④ 《马克思恩格斯文集》第 1 卷，人民出版社 2009 年版，第 519 页。

定的活动方式，是他们表现自己生命的一定方式、他们的一定的生活方式"①。马克思逐渐意识到，如果依然将人归结为他的类本质，从类本质概念出发去理解人的全部活动的话，这实际上依然是一种站在黑格尔哲学的基础上所形成的理解，这依然是从人的抽象本质的角度出发去理解人，这也就意味着用这种方式所把握到的实际上依然不是现实的人及其历史发展过程。而与之相应的是，实际上只有从人的现实的感性活动，即生产活动出发，将人理解为在现实中不断地自我生成的过程，这样才能彻底超越黑格尔式的思维方式，从而对人的现实历史形成把握。正是在这一理论转变的指引下，到了《资本论》中，马克思就用物化概念和拜物教概念来把握资本主义社会了。在马克思看来，商品之所以能够体现为使用价值与交换价值的统一，人的劳动之所以会同时体现为生产使用价值的劳动和生产交换价值的劳动这两个部分，其原因就在于，"商品形式在人们面前把人们本身劳动的社会性质反映成劳动产品本身的物的性质，反映成这些物的天然的社会属性，从而把生产者同总劳动的社会关系反映成存在于生产者之外的物与物之间的社会关系。由于这种转换，劳动产品成了商品，成了可感觉而又超感觉的物或社会的物"②。从这一角度来说，问题的实质就不单是劳动发生了异化，而且是在资本主义生产方式之下，人与人之间的社会关系取得了商品拜物教的形式，人与人之间的社会关系表现为物和物的关系。当然，在商品拜物教的形式下，物和物的关系对人与人的关系的掩盖采取了商品的形式，因而这种拜物教形式还是易于被发现的，而随着具有普遍形式的货币的出现以及资本自我增殖的逻辑的最终确立，拜物教进展到货币拜物教和资本拜物教的形式中，其对人与人之间社会关系的隐蔽性就更为强大了，它将这些掩盖人与人之间关系的物和物的关系理解为物在自然条件下所具有的天然形式，这就

---

① 《马克思恩格斯文集》第 1 卷，人民出版社 2009 年版，第 520 页。
② 《马克思恩格斯文集》第 5 卷，人民出版社 2009 年版，第 89 页。

形成了资本主义意识形态。正是在这一意义上，马克思发现，在资本主义社会中"个人现在受抽象统治，而他们以前是互相依赖的。但是，抽象或观念，无非是那些统治个人的物质关系的理论表现"①。从异化、物化再到拜物教，这条对资本主义意识形态进行批判的思路就逐步形成了。从卢卡奇开始，这种批判资本主义意识形态的思路在西方马克思主义研究中得到了广泛发展，包括在当代后马克思主义者中这一思路也得到了进一步展开，并成为批判资本主义社会的一条主要思路，以研究人在资本主义社会中的存在方式为主要内容的研究实际上也与这条思路有很强的亲缘关系。

第二，对资本主义社会的剩余价值批判（或曰科学批判）构成了批判资本主义的第二条主要思路，这条思路契合了《资本论》的副标题——政治经济学批判，它从政治经济学的基本研究思路出发，通过对资本主义社会的经济规律的揭示，从科学性的角度揭露资本主义的必然灭亡。首先，资本主义社会的本质特征就在于资本不断地追求自我增殖。虽然资本家通过卖出商品换回货币以实现价值增殖，这看起来似乎意味着资本增殖是在流通领域中发生的，但马克思指出，价值增殖只是在流通领域中才最终完成，但其增殖的根源并不在流通领域中，而是在生产领域中。基于此，马克思得以超越古典政治经济学单纯关注分配和交换领域的研究视野，从而将研究深入到生产中去。在生产过程中马克思发现，资本增殖的秘密其实在于，资本家支配工人进行劳动，工人的劳动创造了新的价值，资本家并没有将全部价值都还给工人，而是占有了其中的一部分。对于工人来说，这部分劳动就表现为无酬劳动，而对资本家来说，占有这一部分就表现为占有了工人的无酬劳动所生产出来的剩余价值。以此为基础，马克思揭示出，资本增殖的真正秘密在于剩余价值。

从剩余价值概念出发马克思进而发现，资本主义生产固然能够

----

① 《马克思恩格斯文集》第8卷，人民出版社2009年版，第59页。

通过不断的再生产过程而不断进行下去，但它是无法超出其固有限度的，而这一固有限度就表现为利润率下降的趋势。在马克思看来，随着资本主义生产过程的不断进行，活劳动逐渐转变为劳动产品，可变资本逐渐转变为不变资本。资本增殖过程是通过占有工人的剩余价值而实现的，也就是通过占有工人的剩余产品而实现，这就必然导致在剩余价值率不变的情况下，不变资本部分将越来越多，而可变资本的比例则逐渐减少。由于只有可变资本才能真正为资本提供价值增殖，因而可变资本比例的下降就必然表现为利润率不断下降，这一规律并不是偶然产生的，而是资本主义生产方式的必然结果。"一般利润率日益下降的趋势，只是劳动的社会生产力的日益发展在资本主义生产方式下所特有的表现。这并不是说利润率不能由于别的原因而暂时下降，而是根据资本主义生产方式的本质证明了一种不言而喻的必然性：在资本主义生产方式的发展中，一般的平均的剩余价值率必然表现为不断下降的一般利润率。"① 而这一规律将成为资本主义生产方式本身所无法逾越的规律，资本主义生产方式自己将自己推向灭亡。"资本主义生产的限制，它的相对性，以纯粹经济学的方式，就是说，从资产阶级立场出发，在资本主义理解力的界限以内，从资本主义生产本身的立场出发而表现出来，也就是说这里表明，资本主义生产不是绝对的生产方式，而只是一种历史的、和物质生产条件的某个有限的发展时期相适应的生产方式。"②

所以，从剩余价值概念到利润率下降的必然趋势，这构成了一种对资本主义的科学批判，因为在这里不掺杂任何主观的感情色彩，这并不是对资本主义的道德谴责，而仅仅是用科学的方式陈述一系列的经济事实，他直接发现了资本主义的特殊病征，并用科学的方式宣判了资本主义的病因和死期，这是一种对资本主

---

① 《马克思恩格斯文集》第 7 卷，人民出版社 2009 年版，第 237 页。
② 《马克思恩格斯文集》第 7 卷，人民出版社 2009 年版，第 288—289 页。

义的病理学批判。

二　资本权力批判：两条思路的有机结合

虽然对资本主义社会的意识形态批判和剩余价值批判都在很大程度上切中了资本主义社会中的社会现实，揭示了资本主义本身所无法解决的社会问题之根源所在，但需要注意的是，这两种理论也并非全然完美的理论。在其发展过程中，它们都遭遇了一定程度上的理论困难。本书试图从资本权力的角度切入资本主义社会，其意图就是要将两条思路的优势结合起来，从而在一定程度上克服所遭遇的理论困难，并为批判资本主义、超越资本主义开显更为广阔的理论空间。

首先，从两条思路所遭遇的理论问题的角度来说，一方面而言，对资本主义社会的意识形态批判关注资本对整个人类社会的支配、控制性作用，它关注资本主义社会条件下人被抽象所统治的社会现实。对马克思主义正义问题的研究，对消费社会问题的研究，对人在资本主义社会中的存在方式的研究实际上都与这一思路息息相关。但在这里需要注意的问题是，对资本主义社会的意识形态批判有时会缺乏内在的必然性。很多当代西方学者对资本主义社会的研究都呈现出这一特点，他们在越来越丰富的社会领域内发现拜物教的新形式，但他们并不能进一步揭示这些社会问题的内在必然性，尤其是其根据自身的运动逻辑而必然走向灭亡的必然性。所以在很多时候，他们就只能悬设一个外在的、超越于资本主义社会的最高原则，并从这个最高原则出发形成对资本主义社会的道德批判，他们实际上无法进一步证明从资本主义意识形态向这个最高原则过渡的内在必然性逻辑。

另一方面而言，对资本主义社会的剩余价值批判试图通过揭示资本主义社会灭亡的必然性来实现对资本主义社会的批判，正如马克思本人所指出的那样，他的政治经济学理论揭示了"这些以铁的必然性发生作用并且正在实现的趋势"①。这条思路既揭示了资本主义生产方式下资本家占有工人剩余价值的必然性，也揭示了资本主义生产方式因其本性而必然在其发展过程中走向灭亡、走向一种更高的社会形态的必然性。但这里的问题在于，这种对必然性的强调又在某些时候会形成"等待革命发生"的乐观理论。事实上很多西方学者对马克思理论的批判就集中于此，而国际共产主义运动的失败在很大程度上也与这种态度相关。所以在这里我们就可以看出，意识形态批判可以揭示多种多样的现实存在的社会问题，这为我们采取实际行动、杜绝"等待革命发生"的消极态度提供了直接的理论对象。而与之相对的是，剩余价值批判所提供的对资本主义社会的必然性逻辑的把握也能够使我们并不停留于对资本主义的道德批判，而是深入到对资本主义社会的根本性批判和超越中来。因此，我们不能将意识形态批判与剩余价值批判这两条思路全然对立起来，而是应该吸取二者的长处，并互相弥补不足，从而共同服务于对超越资本主义社会这一总的问题的探讨中来。

事实上，资本权力批判就有可能构成沟通两条思路之间的桥梁。首先，在资本主义社会中，资本家对工人的控制是具有必然性的。正如马克思在《黑格尔法哲学批判导言》中就已经指出的那样，"真理的彼岸世界消逝以后，历史的任务就是确立此岸世界的真理。人的自我异化的神圣形象被揭穿以后，揭露具有非神圣形象的自我异化，就成了为历史服务的哲学的迫切任务。于是，对天国的批判变成对尘世的批判，对宗教的批判变成对法的批判，对神学的批判变成对政治的批判"②。而在资本主义社会的条件下，对法和政治的批判并不能直接在政治领域中展开，因为"法的关系正像国家的形式一样，既不能从它们本身来理解，也不能从所谓人类精神的一般发展来理解，相反，它们根源于物质的生活关系，这种物质

---

① 《马克思恩格斯文集》第 5 卷，人民出版社 2009 年版，第 8 页。
② 《马克思恩格斯文集》第 1 卷，人民出版社 2009 年版，第 4 页。

的生活关系的总和，黑格尔按照 18 世纪的英国人和法国人的先例，概括为'市民社会'，而对市民社会的解剖应该到政治经济学中去寻求"①。所以，马克思持有一种双重的研究视域，他既要揭示物和物的关系掩盖下的人和人的社会关系，同时他也要将对人和人的社会关系的研究诉诸对物和物的关系的研究。所以，同资本主义生产方式下，资本家占有工人的剩余价值具有必然性一样，资本家拥有支配工人的资本权力这一事实同样也具有必然性。资本权力批判将展现资本权力这一资本主义社会中的特殊侧面，而这也就意味着，在资本主义社会必然性的自我超越发生之前，我们可以首先以资本权力这一特定目标为理论对象，建构一系列行之有效的社会变革策略，这将有利于防止人们陷入"等待革命发生"的消极状态之中。

其次，从两条道路所关注的理论问题的角度来说，对资本主义的意识形态批判关注到了在资本主义社会中，人与人之间的关系被物与物的关系所掩盖；关注到了商品拜物教、货币拜物教和资本拜物教的形成；关注到了资本的逻辑正裹挟着整个人类社会共同前进。在这一理论视域之下，人完全丧失了自己的主体性，而资本则成为资本主义社会中唯一的主体，不仅工人在资本原则的支配之下服务于资本的自我增殖，而且资本家也作为资本的人格化，而服从于资本的统治，服务于资本的自我增殖。因此，对资本主义的意识形态批判关注到了资本统治整个人类社会这一重要的理论和现实问题。但在这里我们需要注意的是，马克思对资本主义社会的批判，实际上并不仅仅指向于资本统治人类社会这一个问题，马克思同样对资本主义社会中资本家对工人的剥削、奴役和压迫这一问题予以持续性关注。早在《〈黑格尔法哲学批判〉导言》中，马克思就已明确提出，"必须推翻使人成为被侮辱、被奴役、被遗弃和被蔑视的东西的一切关系"②。而在现代社会中，遭受压迫和奴役最为严重

---

① 《马克思恩格斯文集》第 2 卷，人民出版社 2009 年版，第 591 页。
② 《马克思恩格斯文集》第 1 卷，人民出版社 2009 年版，第 11 页。

的阶级，遭受苦难最为深重的阶级，遭受最为普遍性的不公正的阶级，就是无产阶级。到了《共产党宣言》中，马克思进一步明确地认识到"至今一切社会的历史都是阶级斗争的历史"①。一切社会历史都贯穿着人与人之间的奴役、压迫关系，现代资本主义社会并未实质性地超越这一权力关系，而是通过资本主义生产方式的发展使其清晰化、明确化了：现代资本主义社会中的权力关系问题，集中表现为作为统治阶级的资产阶级对作为被统治阶级的无产阶级的奴役和压迫。而对资本主义的剩余价值批判正是从资本主义生产方式的本质规律的层面上揭示了资本家对工人、资产阶级对无产阶级的剥削、奴役和压迫的理论本质和内在机理。正是由于资本家垄断了全部生产资料，而工人却贫穷得一无所有，只能通过出卖自己的劳动力才能维持最基本的生存，资本主义生产方式、雇佣劳动关系才得以确立。而正是通过雇佣劳动关系，资本家雇佣工人从事劳动，并无偿占有了工人所生产出来的一部分劳动产品，从而占有了工人的剩余价值。正是为了尽可能多地占有、榨取工人的剩余价值，资本家才采取一系列手段，延长工作日，提高工作强度，通过一系列管理措施以及技术手段以使工人生产出更多的剩余劳动，从而造成了对工人的剥削、奴役、控制和压迫。因此，对资本主义的意识形态批判所指向的资本对全人类（包括资本家和工人在内）的支配，以及对资本主义的剩余价值批判所指向的资产阶级对无产阶级的支配，二者都是资本主义社会中所真实存在的支配形式，也都是马克思予以重点关注的支配形式。把握资本主义社会中人所受到的奴役和压迫，必须将这两个方面结合起来。

　　事实上，提出资本权力批判这一理论维度，正是为了有机结合资本对人类的支配与资产阶级对无产阶级的支配这两个部分，进而形成对资本主义社会中人所受到的奴役和压迫的整体性理解。我们可以看到，虽然我们可以大体上认为对资本主义的意识形态批判侧

---

① 《马克思恩格斯文集》第 2 卷，人民出版社 2009 年版，第 31 页。

重于揭示资本对人类的支配这一方面,而对资本主义的剩余价值批判侧重于揭示资产阶级对无产阶级的支配这一方面,但事实上二者是并不能被明确地拆解开的。一方面而言,正是通过资产阶级对无产阶级的支配,资本家才得以不断地占有、榨取工人的剩余价值,维持资本逻辑的运行;而另一方面而言,正是在资本逻辑的作用之下,资本家才会不断地对工人进行奴役和压迫。将资本理解为资本权力,即意味着揭示资本所具有的支配性力量,这种支配性力量既包括一种对整个人类社会的支配力,也包括一种资本家用以控制工人的支配力。通过资本权力这一概念,我们就能够不再停留于对资本主义社会中的支配力的某一特殊方面的强调,而是能够在二者相交融的基础上全面理解资本主义社会中的支配力,并进而全面地展开对超越支配、实现人的自由解放的可能性道路的探索。

因此我们可以看出,资本权力批判实际上能够构成批判资本主义社会的一个重要视角和切入点。它一方面是建立在意识形态批判和剩余价值批判这两条主要思路中所取得的一系列重要研究成果的基础之上的,而另一方面又能够在一定程度上将二者的长处有机地结合起来。对资本权力的批判性考察将有利于我们完善对资本主义社会的总体批判,并使我们能够在这一基础上继续探寻瓦解资本的逻辑、超越资本的文明、构建人类文明新形态的可能性。

三 国内外研究现状

关于资本权力的研究并不是一个新生事物,无论是国内学界还是国外学界,实际上都已经有学者进行过将资本和权力这两个概念结合在一起的理论尝试。而总体来看,我们可以将这些关于资本权力的研究概括为三种不同的研究类型。

首先,第一类研究的主要特点在于,这种研究关注的是资本和权力之间的关系,而不是将资本看作权力,或将资本的权力属性解读出来。这种研究在政治学、经济学领域中是较为流行的。这种研究一般都将资本理解为一种经济领域中的事物,而将权力主要理解为政治权力，并认为经济领域与政治领域是具有根本性区别的。以这种观点为基础，这类研究的重点就必然会放在对资本与政治权力的相互关系的研究之上。例如在钭利珍和马丽的《权力、资本与公共财富》一文中，作者详细考证了权力与资本的四种不同的互动方式，包括强权力与强资本、强权力与弱资本、弱权力与强资本、弱权力与弱资本，并探讨了这四种不同的互动方式对公共性和公共利益的影响。而靳凤林教授的《权力与资本良性互动的伦理规则》一文则从历史的角度对这一问题进行了考察，他认为在人类历史上，权力阶层和资本阶层曾处于广泛的冲突状态之中，但随着社会现代化进程的逐渐推进，资本阶层与权力阶层逐渐走向合作，权力辅助资本，帮助资本谋取更大的经济利益，而资本也辅助权力的运行，增强权力的力量，从而二者相辅相成，共同致力于压迫底层人民和攫取经济财富。在该文作者看来，在当今的时代背景之下，权力与资本发生接触这一事实是避无可避的，因而我们必须探讨一种合理的道德原则，并以之来规范资本和权力之间的互动关系，这样才能避免资本与权力的合谋，从而有利于人类社会的发展。而在靳凤林教授的《追求阶层正义——权力、资本、劳动的制度伦理考量》一书中，作者进一步将权力、资本、劳动视为当代社会的主体阶层，并在资本与权力、劳动与权力、劳动与资本的冲突中把握当代中国社会的根本性矛盾，并进而探索其解决之道。

因此我们可以看出，这第一类研究从本质上来说是一种非历史性的研究，尽管有些时候这些研究会涉及对历史事实的分析，但其用以分析历史事实的分析方式则是僵死的、固化的。在这种观点看来，现代社会的重大问题必然是资本与权力进行合谋的问题，而事实上即便是在古代社会中，资本与权力也会发生合谋，因而这一类研究实际上并不能切中现代资本主义社会的独特本质，而只能发现一些人类社会的一般性现象。所以相应地，这种研究也并不能真正给出超越资本文明的可能性方案，而只能形成关于缓解社会矛盾的一般性看法。

其次,第二类研究的主要特点表现为,它以政治经济学为理论底色,将资本权力理解为一种经济权力,并从政治经济学的角度对资本权力进行分析。这类研究在一定程度上超越对经济与政治领域关系的非历史性理解,将资本的权力方面解读出来,以从资本权力的角度切中当代社会的社会现实。鲁品越教授的《鲜活的资本论》一书指出,对资本权力的分析启自对价值的分析,对商品的二重性和劳动的二重性的分析。商品中既包含了人的有用劳动所生产出的使用价值,同时还包含了由人的无差别的一般劳动所生产出来的交换价值。劳动"这种价值实体的功能是通过使用价值建立人与人的内在联系。而人们一旦获得商品的所有权并且在市场上与他人进行商品交换,就会具有交换能力——商品的交换价值。商品内部的劳动价值在交换中就会产生出一种权力——对社会劳动的支配权:我拥有的商品中凝结着商品生产者为他人付出的劳动,因此我就拥有了支配他人的为我提供等量劳动的权力,劳动价值由此转变为交换价值而产生了市场权力"①。这种观点是通过价值概念来建构权力理论的根基的。而由于只有在商品交换过程中,商品的交换价值才能发挥作用,因而这种以价值为根基的权力就必然体现为一种市场权力:一方面,只有依托于市场,这种权力才能真正发挥作用;另一方面,只要存在市场交换关系,就存在这种权力。

以此为基础,《鲜活的资本论》一书就提出了一种所谓"市场力量本体论"的观点,在这里,市场权力构成了货币权力、资本权力等一切经济权力的基础,市场权力构成了一切权力之本体。资本权力则构成了这种市场权力的放大器,由于资本能够生产剩余价值,而权力与价值又是结合在一起的,因而资本对剩余价值的再生产实际上就也是对市场权力的再生产,资本也就放大、扩展了市场权力。而这又进一步构成了资本逻辑形成的前提条件,资本逻辑是

---

① 鲁品越:《鲜活的资本论:从〈资本论〉到中国道路》,上海人民出版社 2016年版,第 194 页。

"以对劳动力的支配权为基础、以资本最大程度地增值为目的而进行资本扩张的逻辑,它包括两个方面:一是驱动社会生产力系统进行扩张的动力作用的规律;二是由这种扩张所导致的资本的自我否定性"①。

《作为权力的资本》一书对当代政治经济学者的主流研究方式进行了质疑,本书认为,人们现在仅仅将"资本"理解为一个经济范畴,并进而试图发现其经济学含义,但事实上,马克思所讨论的资本概念并不仅仅具有经济学意味,同时也具有权力意味。本书指出,当代学者关于资本的理论往往关注资本积累作为价值积累的方面,因而他们的研究都走向了对资本运行规律、资本化、金融市场等对象的研究中去。但事实上,资本同时意味着一种经济权力,因而资本积累不仅意味着价值的积累,同时也意味着权力的积累以及权力的资本化,这最终会导向人类社会秩序的建构与重组,其结果是由资本家作为统治阶级进行彻底统治的社会秩序的全面建立。因此,关于资本的当代政治经济学研究必须将资本所具有的权力属性及其所可能引发的后果这一方面考虑进去。②

这一类观点事实上已经意识到了资本所具有的权力属性,并以资本权力的某一特点为出发点探讨了资本权力的运行机制、表现形式及其社会影响。对于探明资本权力的具体内涵而言,这些研究已做出了较大的理论贡献,但在充分吸纳当代中外马克思主义学者的研究成果方面,以及进一步探讨超越资本权力的可能性方面,这些研究还稍显不足,而这也是本书所试图予以强化的理论方面。

最后,第三类是对现代资本主义社会中的权力机制及支配性关系的研究,包括生命政治学、共和主义、关系平等主义等思想流派对现代社会中权力问题的研究。这类研究的主要特点表现为,虽然

---

① 鲁品越:《鲜活的资本论:从〈资本论〉到中国道路》,上海人民出版社 2016 年版,第 15 页。

② See Jonathan Nitzan and Shimshon Bichler, *Capital as power*: *A study of order and creorder*, Abingdon and New York, NY: Routledge, 2009.

这些学者在研究中所自觉针对的是"现代权力"问题,而并未自觉地以资本权力为研究对象,但事实上他们对权力和支配性关系的研究在很大程度上触及了资本权力的表现形式、内在实质和运作机制。福柯在其建构的生命政治学理论体系中对现代资本主义社会中的新型权力机制进行了考察,尽管福柯并不想像传统权力理论家那样首先研究权力为谁所有,而是想要直接研究权力的运行方式,但这些新型权力的运行机制实际上与资本都有着千丝万缕的联系,福柯本人也指出自己的观点中包含着"不加引号"的马克思。以斯金纳、佩迪特为代表的当代共和主义试图以支配概念为核心构建一种不同于主流自由主义自由观的共和主义的自由观,实际上这也在一定程度上指向了现代社会中所普遍存在的支配性关系。关系平等主义则在平等主义领域内将共和主义所关注的支配性关系予以发展,在《私人性政府》一书中,安德森认为现代企业中实际上就充斥着人与人之间的不平等的权力和支配关系①,在《公共资本主义》一书中,麦克马洪认为大型企业的高级执行官实际上已经拥有了一种社会性权威,私人企业已经获得了能够像政府一样支配人们公共生活的支配权②。这些研究虽然都以具体的权力问题为对象,并提出了具有一定可行性和可操作性的解决方案,这对我们讨论超越资本权力问题而言有一定的借鉴意义,但这类研究往往都更注重于描述、把握权力的具体表现形式和运行方式,而没有从现实历史的角度揭示这些权力形式形成的必然性、揭示其与资本的内在关系。

四 本书结构及论证思路

古典政治经济学对经济规律的研究事实上掩盖了资本主义社会的实质,而马克思则通过政治经济学批判揭示了资本主义生产方式

---

① See Elizabeth Anderson, *Private Government*: *How Employers Rule Our Lives* (*and Why We Don't Talk about It*), Princeton NJ: Princeton University Press, 2017.

② See Christopher McMahon, *Public Capitalism*: *The Political Authority of Corporate Executives*, Philadelphia PA: University of Pennsylvania Press, 2013.

的真实本质。资本权力的状况也同样如此，当代资本主义主流理论——自由主义，也同样掩盖了现代社会中真实存在的资本权力，所以资本权力批判要想真正切中资本权力的实质，就必须拨开自由主义的迷雾，从而将在现代社会中隐而不显的资本权力挖掘出来。因此，第一章旨在揭示这种内在于资本主义社会中的权力关系。

首先，自由主义思想是在近代政治哲学和古典政治经济学这两个重要的思想地基之上所生发出来的。在对古代政治哲学和中世纪神学的超越中，近代政治哲学第一次将个人从共同体和上帝的支配中解放出来。一方面，通过批判父权制，洛克从侧面建立了人人生而平等，每个人都平等地享有财产权等基本信念。另一方面，霍布斯试图从人的本性、人的自然状态等概念出发来建构自己的政治哲学理论，洛克则在一定程度上改变了霍布斯政治哲学的基本样貌，奠定了财产权、有限政府等一系列对后世自由主义思想影响深远的重要概念。以斯密为代表的古典政治经济学在把握近代以来英国社会所发生的一系列现实变化的基础上，指明封建社会中人与人之间不平等的权力关系根源于不平等的交换关系，因而作为平等的交换关系的市场的充分发展将有助于人们的自由平等的充分实现。这二者相结合就构成了自由主义片面性的权力观。自由主义思想家们遵从一套公共领域与私人领域二分的思维模式，以洛克为代表的早期近代政治哲学认为人类社会中的权力关系问题只会存在于政府与个人之间，这意味着权力问题仅仅存在于公共领域而非私人领域，以斯密为代表的古典政治经济学对自由市场的强调也意味着私人领域的充分发展将使所有人都获得自由，因而这就形成了一种只关注公共领域而忽视私人领域的片面性权力观，任何一种在私人领域、市场社会中发挥作用的权力形式都将处于自由主义权力观的关注视野之外。

其次，只有从马克思主义哲学的角度出发才能真正切中现代社会中所真实存在的权力关系问题。虽然关系平等主义者运用共和主义关于干涉与支配的分析框架，发现现代企业中事实性地存在着支配性权力关系，这在一定程度上发现了为自由主义所忽视的权力问题。但由于关系平等主义本身无法超越自由主义的基本框架，因而这一观点并不能真正洞穿现代社会中权力关系问题的本质。马克思则一方面超越了近代政治哲学的思想地平，另一方面也超越了古典政治经济学的思想地平。就近代政治哲学而言，尽管卢梭第一次清醒地意识到，保障财产权与个人利益并不一定意味着人的自由解放的全面实现，而黑格尔进一步将这一批判性思路上升到理性概念的层次，建构了以理性国家统摄市民社会的法哲学理论，但马克思则进一步意识到，将对人类社会的根本性变革诉诸对一种应然性的国家制度和政治秩序的探讨这一做法是有其内在限度的。马克思根本性地颠倒了黑格尔对于国家和市民社会之关系的理解，从而将对权力问题的分析深入到市民社会之中，深入到社会问题背后的物质生活和生产方式之中去。就古典政治经济学而言，马克思发现古典政治经济学的研究更多地停留在分配和交换领域，因而其劳动价值论最终遭遇困境。而马克思则通过将研究目光深入生产领域，揭示了资本主义生产方式的本质，从而在生产领域中发现了资本权力的形成及其作用。这样，马克思就在超越近代政治哲学和古典政治经济学的理论地平的基础上，意识到现代社会中所广泛存在的权力关系问题之根源是资本权力。

最后，资本权力在现代社会中具有丰富的表现形式。其一，货币作为一般等价物所具有的衡量、交换一切商品的能力赋予了资本权力以购买力这一面向，在前资本主义社会中，这种购买力就已经存在，但它在现代资本主义社会中得到了长足发展，成为一种普遍性的权力形式。其二，雇佣劳动关系的形成，资本家通过购买劳动力商品，促成了资本家对工人的劳动支配力的诞生，这既以购买力为基础，又构成了资本权力在资本主义社会中、雇佣劳动关系下的核心形式。其三，随着资本主义生产方式的迅速发展，资本权力在购买力和劳动支配力的基础上又获得了道德权力、文化权力等一系列社会化形式。

在第一章中对资本权力问题进行基础性、概括性研究之后，第二章集中探讨资本权力的历史性生成。

首先，经济活动及经济学等方面曾长期处于从属性地位。在古代政治哲学中，经济活动作为家政学需要服务于城邦的和谐与共同体的最高目的，在中世纪神学中，上帝则充当了人类社会的最高解释原则和终极价值，经济活动的目的和评价标准都要与对上帝的信仰保持一致。但随着人类社会的逐渐发展，致富欲望这种新的欲望形式正在逐渐形成。虽然欲望可以针对追求物质利益、扩张领土、提升权势、追求荣誉等多种不同对象，但在原始积累的过程中我们却可以发现，虽然很多原始积累方式依然是以政治权力及暴力手段的运用的方式所实现的，但这些行为所指向的目的都已是致富欲望这种单一目的，而近代思想家们也逐渐探索出了一条并非限制欲望，而是以欲望驯服欲望的新思路。致富欲望推动下的原始积累过程不仅为各有权阶级积累了财富，而且更重要的是，它摧毁了旧的生产方式的经济基础，创造了大量没有生产资料的自由劳动力，从而为资本主义生产方式的形成奠定了基础。原始积累同时推动了社会的资本化的过程。

其次，随着原始积累推动下的传统封建社会的逐渐解体，大量丧失生产资料的劳动力开始加入到雇佣劳动之中，拥有生产资料的资本家获得了对工人的劳动支配权。为了实现资本的不断增殖，资本家必然要谋求通过资本权力推动工人生产更多的剩余价值，而资本的积累同时也会不断壮大资本权力，这构成了资本积累与资本权力的共同增长。随着被卷入资本积累过程的程度逐步加深，工人的"劳动对资本的形式上的从属"逐渐转变为"劳动对资本的实际上的从属"，工人与资本家的地位发生深刻变化，工人的异化状态全面形成。在竞争过程中，较大的资本具有更大的竞争优势，能够不断战胜较小的资本，从而形成资本的集中与垄断的趋势。当垄断逐渐打破领域的限制，资本权力得以成为整个资本主义国家中的支配性力量时，资本权力的社会化得以完成。

在资本权力的扩展过程中，金融资本和数字资本的形成起到了非常重大的作用。金融资本使资本增殖过程不必再经历资本与具体产业之间的形态变换、货币与商品之间的形态变换，而是完全在资本本身的范畴内就能持续不断地进行，这促成了资本拜物教的形成，使资本权力能够作用于全部产业之上。数字资本通过运用数字化的虚拟世界的基本特点，既能够将原本的非劳动行为重新定义、扩展为可以被剥削的劳动行为，同时也能够创造一系列新的、更便于资本对其进行剥削的新劳动形式，从而突破对劳动的吸纳与控制所受到的外在条件的限制。金融资本与数字资本的结合使资本权力得以全面控制每一个人，并完全服务于资本增殖的目的，这构成了对资本权力的全面扩展。

最后，随着资本权力的充分发展，在国内领域，现代资本主义国家成了虚幻的共同体。而在国际领域，资本权力则在帝国主义中继续表现出来。就虚幻的共同体而言，借助资本权力的力量，在现代资本主义国家中，资产阶级已经将自己的特殊利益上升为整个社会的普遍利益，并不断加深对工人的分化与控制。就帝国主义而言，古典帝国主义为了扩大第三市场，依然需要诉诸其政治权力和政治性力量，而新帝国主义的形成则意味着一种依靠资本权力的全球控制及剥夺模式正在逐渐形成，一种至大无外的资本帝国已逐渐形成。

在分析了资本权力的历史性生成之后，第三章将着重探讨资本权力的运行机制。资本权力的运行与传统政治权力有一定的区别，而由福柯所开启的生命政治学研究则为把握资本权力的运行机制提供了可资借鉴的理论框架。福柯早期关注一种惩戒肉体的规训权力，他发现现代社会中已经形成一种专注于通过惩罚、训练等方式，不再试图消灭肉体，而是希望以零敲碎打的方式将人的肉体改造得更为有用的新型权力技术；福柯后期思想则关注一种作用于社会整体的治理术，其不再仅仅关注单个人的肉体，而且是通过对人的宏观生命过程的总体性把握，以统计学等手段、以保障人口总体安全的方式，实现对人口的总体治理。资本权力同时具有规训性和生命性特征。劳动支配权所针对的首先是工人的劳动，因而其本身就不具有类似于君主权力的至高无上性，而只能通过一系列微观方式控制人的肉体；资本以自我增殖为最终目的，因而其所需要的只是能够为资本增殖提供稳定动力的工人人口，这样，资本权力也必然会试图对劳动人口进行整体调节。

就惩戒肉体的技术方面而言，随着分工的逐步发展，在工场手工业时代，资本家便已经开始通过细化工场手工业分工，使工人本身片面化、局部化，并通过一系列监督管理方式提高生产效率。随着机器化大生产和工厂时代的来临，工作纪律更为严明，机器体系的运用使工人的分工更为细化、破碎化，工人的肉体成为机器的附庸。而在现代企业中，劳动形式的发展和变化使得监督的形式发生巨大变化，现代企业已成为全景敞视主义监狱。

就调节生命的技术方面而言，工资并不能满足工人的全面发展的需要，只足够工人将自己作为工人而再生产出来，因而实际上工资就成为资本家使工人的生命赤裸化的有效手段。随着机器体系和数字化体系的运用，工人不再能够掌握自己生命的节律，而是依附于机器的节奏和数字化的节奏，不断被嵌入到社会加速的浪潮之中，人的生命就被资本和技术全面控制。与此同时，资本家也分化了工人人口，创造了与现役劳动军相对立的产业后备军，将工人与资本家之间的矛盾转化为工人内部矛盾，通过产业后备军调节工人、分化工人，从而实现对工人人口的整体治理。

在对资本权力的各个重要方面进行分析之后，第四章对超越资本权力的可能性道路进行探讨。超越资本权力需要根本性超越资本主义生产方式，但部分学者对马克思主义理论的现实可行性的质疑也提示我们，我们同时也应在具有现实可行性、可操作性的层面上展开对于超越资本权力的可能性道路和方案的探索。哈特和奈格里试图以现代社会中的生产方式变革为切入点，探讨生命政治生产与诸众革命的可能性，其理论意图再现斯宾诺莎在思考如何解决霍布斯所遗留下的权力的利维坦困境时所使用的民主制方案。但在发掘主体所具有的内在性革命力量的同时，他们忽视了主体本身所可能存在的问题和不足。因而哈特和奈格里的理论确实挖掘了主体所具有的革命潜能，但却忽视了诸众革命得以可能的现实条件和前提。施韦卡特的经济民主理论试图寻找到在资本主义社会向共产主义社会演进过程中的后继制度理论，将资本主义社会中的社会问题定位于劳动市场和资本市场，而非商品市场之中，从而试图以变革生产组织的方式推动社会变革。

我们可以在两条道路相结合的基础上展开对超越资本权力的可能性道路的探索。马克思在《资本论》第三卷中对信用制度、股份制公司以及工人自己的合作工厂的分析提示了变革生产组织方式的可能性。在变革生产组织方式的基础上，超越资本主义私有制，重建个人所有制，使工人能够重新占有其生产资料，并进一步超越虚幻的共同体，实现自由人的联合体，这可以被视为一条超越资本权力的可能性道路。

第 一 章

内在于资本主义社会中的资本权力

自由主义是资本主义社会的主流意识形态，绝大多数西方发达资本主义国家都是以自由主义为根基而建立起来的。在西方主流自由主义观点看来，传统封建社会是不平等的社会，人与人之间存在着广泛的支配性权力关系，而自由主义本身所取得的最为重要的成就之一，即他们坚信自己已经通过近代资产阶级革命彻底推翻了封建社会，将自由平等的价值传播到了现代社会的每一个角落。因而在自由主义观点看来，在古代社会中所广泛存在的支配、控制、奴役等关系在现代社会中已不再是普遍存在的、需要被特别关注的理论问题，权力问题已经得到了合理的解决，因而对权力问题的研究应让位于对权利、分配等问题的研究。

尽管在人类历史上，自由主义确实帮助人们摆脱了传统封建社会中的支配和奴役，这意味着在一定程度上增进了人们的自由平等，然而需要注意的是，自由主义实际上并没有彻底地解决权力问题。近年来逐渐兴起的共和主义研究及生命政治研究等研究热点都在不断地为我们揭示这样一个社会现实，那就是在现代社会中，权力关系并未消失，而是从传统封建社会中的显性形式转换为了现代社会中的隐性形式。虽然自由主义认为自由平等已经实现，然而事实上，在现代社会中依然广泛地存在着人与人之间的支配性权力关系，而且这种关系是隐含在现代社会之中并处于自由主义视野之外的。因此，从这一角度来说，自由主义并没有彻底解决权力问题，而是反而在一定程度上遮蔽了权力问题。事实上，只有将这些隐性的权力问题揭示出来，并真正彻底地加以解决，我们才有可能真正实现人类的全面的自由解放。

第一节　当代自由主义对权力问题的遮蔽

在现代社会中持续发挥作用的资本权力是隐藏在自由主义观念背后的，正是在自由主义认定不存在权力关系、只存在自由平等的领域内，资本权力才获得了充足的活动空间。因而揭示资本权力，首先就要揭示自由主义观点的局限性，揭示自由主义为何会认定现代社会中并不存在权力问题。只有以此为基础，我们才能拨开自由主义的迷雾，从而将其掩盖的资本权力揭示出来。

一　洛克与自由主义思想传统

人类历史上的每一种思想观点都不是凭空出现的，而是在一代又一代思想家所奠定的思想土壤的基础上生长出来的。自由主义观点也是一样，自由主义是在西方近代政治哲学这一丰厚的思想土壤的基础上生长出来的，也正因如此，尽管在约翰·洛克所处的时代，自由主义这一概念还并不存在，但后世的自由主义者们往往会通过追认的方式将洛克追认为自由主义思想之先驱，因为洛克的政治哲学思想在很大程度上为后世自由主义思想奠定了基本的思想路向。

近代政治哲学是在对古代政治哲学及中世纪神权政治观点的批判与超越中所逐渐形成的。古代政治哲学将人视为天生的政治动物，并将城邦、共同体的价值视为人们所应追求的最高价值，在这一体系中，个体是服从于共同体的。而中世纪神学以上帝为最高原则，在中世纪神学这里，上帝既构成超越于全部人类的终极存在，构成全部人类社会生活的终极解释原则，同时也构成整个人类社会所应追求的终极价值。虽然上帝为全体信众承诺了在天国获得拯救的可能性，但人们却无法对这一可能性进行准确把握。正如托马斯·阿奎那所指出的那样，"我们必须牢牢记住：有两种科学。有一些科学是从藉人的理智的自然之光所认知的原理出发的……而另外一些则是从藉一门更高级的科学的光照所认知的原理出发的"①。第一类科学是一种从人类理智出发逐渐上升的研究思路，但由于作为终极解释的上帝是超越于全部人类理智的终极存在，因而这条道路最终无法上升到对上帝的认识。而第二类科学所走的则是一条从上帝出发下降到人间的道路，由于上帝是全知全能的存在，因而这条道路可以从最高原则一直贯穿到整个世界的全部细微环节之中，但在这里我们所能够运用的就不是人们自己所拥有的有限理智了，而只能诉诸对上帝的信仰。人类无法认识上帝，而只能信仰上帝，实际上这也就意味着，无论是上帝创造整个世界，还是人们在天国获得拯救，其对人类而言都只是一种偶然性事件，人们无法认识其中的原理和必然性。人类在中世纪神学理论中是始终处在偶然性的支配之中的。无论是在古代政治哲学中，还是在中世纪神学之中，个人都是屈从于共同体、屈从于上帝的。

　　近代哲学全面展开了超越共同体、上帝对人的统治，从而将个体拯救出来的理论尝试。在理论哲学领域，从一定意义上来说，笛卡儿的哲学构成了"对于我们将自身理解为偶然的、有限的被造物，即我们的存在每一时刻都依赖于全能的上帝，所产生的焦虑和不安的回应"②。通过确立"我思"的确定性，笛卡儿证明人类凭借其自身就可以获得确定无疑的存在根据，从而可以成为充满不确定性的世界之核心。而在政治哲学领域，霍布斯则第一次指明，仅仅需要从人的自然本性出发，我们就能如几何学一般精确地推论出人类所面临的问题、社会秩序的来源与根据、人类社会的应然性状

---

① ［意］托马斯·阿奎那：《神学大全》（第一集 第一卷），段德智译，商务印书馆 2013 年版，第 5 页。

② ［美］史蒂芬·B. 史密斯：《黑格尔的自由主义批判：语境中的权利》，杨陈译，华东师范大学出版社 2019 年版，第 26 页。

态等一切关于人类社会的重要命题。在这里，对人类社会的应然性秩序的探求既不需要诉诸共同体的价值，也"不是通过直觉去把握上帝的意志，而是通过诉诸有关人的本性、人的需要、利益以及相互关系的不可否认的事实。这样的法则，当其适切地被理解时，就统治了人的行为方式，而人之所以如此被造的神圣意图并不统治人的行为方式"①。这样，政治哲学研究便不再需要诉诸共同体或上帝，而是改为诉诸人的本性，即诉诸自然，这从大的方向上奠定了近代政治哲学研究的理论基调。

在这一思想背景之下，洛克的政治哲学是在双重反思的意义上所展开的。一方面，洛克的政治哲学继承了对中世纪神学的反思这一时代性主题，而这种对基督教神学的反思落实在《政府论》中对父权制的批判性反省之上；另一方面，洛克也试图对霍布斯的政治哲学进行批判性反思与改造。虽然在洛克之前，霍布斯已经开始试图使政治脱离中世纪神学的束缚，将政治哲学奠定在人的自然本性而非上帝的至高权能这一理论基础之上，并为了实现这一目标而构建了自己的基于自然状态和自然权利的政治哲学体系，但在洛克看来，霍布斯对自然状态和自然权利的理解是成问题的，这导致了霍布斯的整个政治哲学都存在问题，因而洛克在批判传统父权制观点的同时，也自觉地反思、批判霍布斯的政治哲学，并在这两条思路的基础之上构建自己的政治哲学理论。

洛克对传统父权制思想进行了批判。在传统父权制思想看来，"一切政府都是绝对君主制；他所根据的理由是：没有人是生而自由的"②。因为根据基督教的基本观念，上帝在创造亚当的时候，就赋予了亚当以支配世间万物的权力，这其中也包含了对自己子孙后代的支配权，因而上帝在创造亚当时实际上同时也就创造了一种绝

---

① ［美］史蒂芬·B. 史密斯：《黑格尔的自由主义批判：语境中的权利》，杨陈译，华东师范大学出版社 2019 年版，第 31 页。

② ［英］洛克：《政府论》上篇，瞿菊农、叶启芳译，商务印书馆 1982 年版，第 4 页。

对的君主制政体，上帝交付了亚当绝对的统治权。所以，亚当构成了全部人类的第一个父亲，他所拥有的权力也就意味着确立了父亲的权威。随着子孙后代们把亚当这种因其父亲身份而获得的父亲的权威逐渐传承下去，父权制的理论体系就逐渐形成了。所以在洛克看来，父权制观点的核心就是，"神的威权已使我们隶属于别人的无限制的意志之下"①。从这一基本信念出发，我们当然将会发现，"人类不是生而自由的，因此绝不能有选择他们的统治者或政府形式的自由；君主所有的权力是绝对的，而且是神授的，奴隶绝不能享有立约或同意的权利；从前亚当是一个专制君主，其后一切的君主也都是这样的"②。

洛克指出，父权制的这样一套论证体系事实上在很多方面都是不严谨的，在其中包含了过多的猜测、假想和主观臆断，因而并不能构成一种合理而严谨的理论体系。

首先，对于亚当所拥有的这种父权的来源问题，洛克指出，即便我们沿着父权制的论证思路出发，到《圣经》中去寻找答案，我们也会发现亚当所具有的父权实际上并不成立。实际上在上帝授予亚当支配权的时候，世界上还只有亚当一个人，既没有其他人、没有父子关系，也没有任何所谓政治共同体及统治形式。因此，上帝授予亚当的权力实际上不是单独授予亚当一人的，而是以亚当这"第一人"为象征，平等地授予每个人的。因此，亚当并不因此就具有了统御、支配一切人的权力，这种权力本就不成立。

其次，这种父权实际上也并不能通过生育子女这一行为而可靠地传承下去。洛克指出，即便我们承认父亲因其父亲身份而具有某种特殊权力的话，那么这种权力也是依附于父亲身份与生育行为才有效的。所以就亚当的某个特殊子孙来说，由于他并没有生育亚当

---

① ［英］洛克：《政府论》上篇，瞿菊农、叶启芳译，商务印书馆1982年版，第5页。

② ［英］洛克：《政府论》上篇，瞿菊农、叶启芳译，商务印书馆1982年版，第5页。

的其他子孙，不具有父亲身份，因而他实际上也无法传承这种权力。如果说在亚当和他的子孙之间确实有所传承的话，洛克认为，在这里所传承下去的实际上只能是财产权，其根源是上帝授予亚当的对于万物的支配权。然而，尽管这种财产权能够不断传承下去，但正如之前所指出的那样，"无论哪一个人都根据和亚当一样的权利——即根据一切人都具有的自我照顾和自谋生存的权利——有权支配万物。人类都是共同享有这种权利，亚当的儿子们也与他共同享有这种权利"①。因而，每个人都能够平等地享有财产权，而且这并不会形成某种具有专属性的特殊权力，因为"既然每一个人都有承袭他自己那一部分的权利，他们可以共同地享受他们所承袭的财产的全部或一部分，或分而享之"②，在亚当死后，"这种所有权不能给他的后裔中任何一个人带来统治其余的人的统治权"③。因此，父权制的全部立论根基都是成问题的。通过批判父权制，洛克也从侧面建立了人人生而平等，每个人都平等地享有财产权等基本信念。

　　在批判父权制观点的同时，洛克对霍布斯政治哲学思想进行了反思与批判。霍布斯与洛克一样，都试图不再以中世纪神学的方式，从神权和信仰等概念出发来理解人类的政治生活。霍布斯试图从人的本性、人的自然状态等概念出发来建构自己的政治哲学理论，在霍布斯看来，人在自然能力上是大体平等的，"自然使人在身心两方面的能力都十分相等"④，尽管可能有些人长于体力而有些人长于脑力，但从总体上看，人与人之间的差别是不大的。霍布斯

---

　　①　［英］洛克：《政府论》上篇，瞿菊农、叶启芳译，商务印书馆1982年版，第75页。

　　②　［英］洛克：《政府论》上篇，瞿菊农、叶启芳译，商务印书馆1982年版，第78页。

　　③　［英］洛克：《政府论》上篇，瞿菊农、叶启芳译，商务印书馆1982年版，第78页。

　　④　［英］霍布斯：《利维坦》，黎思复、黎廷弼译，杨昌裕校，商务印书馆1985年版，第92页。

进一步指出，"由这种能力上的平等出发，就产生达到目的的希望的平等"①。当人们所希望得到的是相同的东西，而这一对象又不能被共享的时候，人与人之间的冲突就产生了。在尚不存在任何政治共同体的自然状态中，当发生冲突和矛盾时，每个人都只能通过武力来捍卫自己的利益，而由于每个人的能力都大体平等，尤其是在杀人的能力上大体平等，因而冲突和矛盾极易引发人与人之间的杀戮，这也就使得每个人都暴露在了暴死的风险中。在霍布斯看来，人们要想保证自己能够长久地享有这些利益，就要随时做好以武力战胜、控制其他人的准备，并随时准备以武力抵抗他人的侵略。因此，霍布斯的自然状态表现为一种普遍性的战争状态。在这种战争状态下，人人自危，即便人们并非时刻都处在真实的战斗之中，但人与人之间的敌对关系、战争随时爆发的可能性是持续性存在的，这导致了任何一种能够改善人的生活质量的社会合作行为都无法进行，因而人们的生活状况是悲惨的。在霍布斯看来，要想真正摆脱自然状态中的生活状况，人们就需要通过权力让渡、订立契约的方式来形成国家，人们需要指定一个人或一个由多人组成的集体来代表他们的人格，每一个人都承认授权于如此承当本身人格的人在有关公共和平或安全方面所采取的任何行为或命令他人做出的行为，在这种行为中，大家都把自己的意志服从于他的意志，把自己的判断服从于他的判断②。通过这一定约过程，能够保护人们免受战争状态之苦的国家即利维坦就诞生了。在这里，人们将自己的全部权利都交付了国家主权，主权者拥有了对一切国家事务进行决断的最高权力，而人们必须听命于主权者的决断。通过这一方式，人们得以脱离自然状态，终结无休止的战争状态，而进入到社会状态之中。

---

① ［英］霍布斯：《利维坦》，黎思复、黎廷弼译，杨昌裕校，商务印书馆1985年版，第93页。

② 参见［英］霍布斯《利维坦》，黎思复、黎廷弼译，杨昌裕校，商务印书馆1985年版，第131页。

虽然霍布斯的政治哲学论证对于整个西方近现代政治哲学传统而言是具有开创性、奠基性意义的，然而需要注意的是，这并不意味着霍布斯的国家理论是没有缺陷的。从霍布斯的观点来看，每个人都必须让渡出自己的全部权利从而构成国家主权，在这之后，由于每个人都让渡出了自己的全部权利，所以这也就意味着在此后如果国家主权与人们自身的利益发生了背离，每个人实际上都是无能为力的。人们既无权干预主权的运行，甚至也无权解散主权。正是由于国家主权与人民利益的一致性没有相应的保障，这就导致了霍布斯意义上的利维坦实际上并不能实现人们的全面自由解放，而只能在一定程度上保障人们的安全，而且正是由于利维坦可能逐渐与人们的利益发生冲突，因而利维坦本身也有着走向崩溃、瓦解的危险，霍布斯本人也认为利维坦是"有朽的神"。而要想解决霍布斯所遗留下来的理论问题，我们就必须在一定程度上对霍布斯的政治哲学理论进行改造，事实上，斯宾诺莎和洛克的政治哲学都以自己的方式从事了这一理论工作。斯宾诺莎的着力点在于重新理解主权概念，因而他将霍布斯的类君主制政体改造成了民主制政体；而洛克的着力点则在于重新理解自然状态，从而转变了对政府与人民之间关系的理解模式。从历史结果上来看的话，绝大多数现代西方国家都继承了洛克的思维方式和理论道路。

因此，洛克政治哲学建构的起点同样是自然状态与人在自然状态中的自然权利，但洛克以一种与霍布斯完全不同的方式来理解自然状态。洛克理解人的起点与霍布斯是一样的，二者都认为人在天赋和能力上大体是平等的，这也决定了每个人在自然状态中的力量是大体相等的。不同于霍布斯的是，洛克认为在自然状态中，人们将享有一种人人平等的和平状态，而不是直接进入一切人反对一切人的战争状态。当人的目的在于自保，而自己的财产又能够满足这一要求时，人与人之间不会发生战争。在洛克看来，只有强力的行使才构成战争状态，因而只有当有人图谋以强力控制他人，用权力压制他人的时候，人与人才处于战争状态中。然而只要人们停止使用强力，实际上人们就退出了战争状态，因此在洛克看来，战争状态并不如霍布斯所言的那样是自然状态下的永恒状态，而是暂时性的，只有当人们试图用强力去控制别人，或当人们的权利受到侵犯，并决定运用自己的强力去对抗侵犯者的时候，人们才会进入战争状态。与之相应地，在洛克的视域中，国家和政府的建立也就不是为了消解永恒的战争状态，而是为了避免和平的自然状态转化为战争状态，避免人们诉诸个人强力去解决问题。因此，"公民社会的目的原是为了避免并补救自然状态的种种不合适的地方，而这些不合适的地方是由于人人是自己案件的裁判者而必然产生的，于是设置一个明确的权威，当这社会的每一成员受到任何损害或发生任何争执的时候，可以向它申诉，而这社会的每一成员也必须对它服从"①。这样，洛克意义上的政府与统治权就不再是一个如利维坦式的至大无外的专断统治者，而是一个在发生纠纷时进行裁判的公正裁判者，这也就意味着，它的权力是有限的。

更进一步来说，洛克以劳动为基础，奠定了"财产权"这一对后世自由主义思想影响深远的重要概念。洛克指出："虽然自然的东西是给人共有的，然而人既是自己的主人，自身和自身行动或劳动的所有者，本身就还具有财产的基本基础。当发明和技能改善了生活的种种便利条件的时候，他用来维持自己的生存或享受的大部分东西完全是他自己的，并不与他人共有。"② 与洛克对自然状态与社会状态的区分相联系，这也就意味着，在洛克的视域中，人们不再像在霍布斯眼中那样随时做好了以武力奴役乃至杀死别人的准备，社会成员之间的冲突并不总是直接指向于夺取别人的生命，而主要是财产权冲突。而相应的，国家的职能便也表现为，"人们联合成为国家和置身于政府之下的重大的和主要的目的，是保护他们

---

① ［英］洛克：《政府论》下篇，叶启芳、瞿菊农译，商务印书馆 1964 年版，第 54—55 页。

② ［英］洛克：《政府论》下篇，叶启芳、瞿菊农译，商务印书馆 1964 年版，第 28 页。

的财产"①。这样，洛克眼中的政府就不再如霍布斯眼中的利维坦那样拥有至高无上、不可动摇的最高权威，政府的强力的运用仅仅在被用来解决纠纷，保护人的财产权时才会被认为是合理的，而凡是超过这一界限的运用都将被视为政府权力的非法、越界使用。

因此，自由主义思想的近代先驱——洛克，他的政治哲学基本观念表现为：一方面反对中世纪神学体系下的父权制观念，主张在自然状态下人人享有平等的自然权利；另一方面则反对霍布斯试图构建至大无外的政治统治权的构想，认为政府的职责在于维护财产权，解决权利纠纷问题。这意味着，洛克所支持的是一种有限政府的政治理论，在洛克的社会图景中，人们让渡了自己在纠纷中运用强力进行私自裁判的权利，因而人与人之间不会随意运用强力，人与人之间不存在权力关系；政府接收了人们所让渡出的强力运用权，这实际上仅仅使政府拥有了一种充当公正裁判者的有限权力，除被用于此目的之外，政府不应运用权力干涉人们的自由。但政府实际上是有可能会滥用自己的权力的，因而人们必须时刻对政府的权力保持警惕，人类社会中的权力问题也主要表现为政府的权力对人们的侵犯。事实上，这奠定了绝大多数自由主义观点对权力问题的看法，即：只有政府与人之间会出现权力问题，人与人之间不存在权力关系问题。

二　古典政治经济学：权力的交换关系根源

正如马克思所指出的那样，生产力决定生产关系，经济基础决定上层建筑。每种特定的社会思潮背后所体现出来的都是某种特定的生产关系或社会交往方式，而特定生产关系与社会交往方式的形成则是由生产力发展水平所深层决定的。哲学作为"思想中所把握到的它的时代"，总是在以理论的方式把握、关照、反思社会现实，

---

① ［英］洛克：《政府论》下篇，叶启芳、瞿菊农译，商务印书馆 1964 年版，第 77 页。

因而自由主义观点的形成与发展不仅在很大程度上吸收了近代政治哲学的思想营养，而且更重要的是，自由主义观点也是在近代以来的社会经济状况与生产力发展水平的基础之上生长出来的。因而一方面，近代以来的社会经济状况变化将直接影响自由主义的理论思路，并在根本性的意义上塑造自由主义的思想观点；另一方面，近代以来，经济学作为对人类社会经济生活进行专门把握的学科，随着社会经济的发展，也逐渐能够脱离其传统地位，摆脱其对于政治、信仰等领域的依附性关系，而成长为一门独立学科。经济学作为对社会经济状况的理论表达，同样也对自由主义观点产生了深远的影响。

如果从社会生产力发展及经济状况变化的角度来看的话我们就会发现，在人类社会由传统社会向近现代社会的变迁过程中，随着生产力的不断发展，人类社会的经济生活状况发生了很大改变。由于生产力水平的低下与经济活动的不繁荣，传统封建社会是一个以人的依附性为基础的社会，在这里，"旧的市民社会直接具有政治性质，就是说，市民生活的要素，例如，财产、家庭、劳动方式，已经以领主权、等级和同业公会的形式上升为国家生活的要素"①。整个社会都为森严的等级制体系所控制着，这种等级制渗透在包括政治领域、宗教领域、家庭领域、经济领域等社会生活的全部领域之中，每一个人自出生起就被固定在等级链条的某一个确定的位置上，其出身就决定了他要被谁所统治。然而，随着社会生产力的发展，自 16 世纪以来，英国社会中开始出现了一些"无主之人"（Masterless Men），他们在社会生产力发展的潮流下，通过个人努力获得了独立的经济地位，从而得以在一定程度上脱离传统的等级制链条，相较于农奴、仆人等其他社会阶层，无主之人可以在个人事务方面享有更大的自由。这一特点被英国 17 世纪的平等派（Levellers）敏锐地捕捉到了，他们发现，"无主的男女在思想和宗

---

① 《马克思恩格斯文集》第 1 卷，人民出版社 2009 年版，第 44 页。

教问题上的个人独立性取决于他们在财产和贸易方面的独立性"①。而这也就意味着，社会经济的发展将有助于实现人的自由和解放，如果能保障个人在财产和贸易方面的自由，那么这将不仅有利于保障无主之人的个人自由，而且能赋予更多人以成为无主之人的能力，同时对于那些尚无法摆脱等级制关系的人，更大的经济实力也能够提升他们在主人面前的议价能力。而当时在经济领域的社会现实则是，很多国家特许的垄断机构正在服务于高等级者对中、低等级者的压迫。因此，"平等派对自由贸易的支持构成了将个人从统治和隶属关系锁链中解放出来的更大规划的一个重要组成部分"②。他们公开提倡要保障人的私有财产和贸易自由，"因为他们预计市场社会的增长将有助于消除统治性和从属性的社会等级"③。

　　生产力水平的提升与社会经济的发展催生了无主之人，并能够不断地将更多人从昔日的统治链条上解放下来。平等派虽然注意到了这一点，但事实上他们更多的是在经验事实的层面上把握到了这一问题，而真正对于这一现象背后的内在逻辑进行理论性把握的思想流派当数古典政治经济学。亚当·斯密的一个重要的理论贡献就在于，他揭示了经济发展与政治关系变化这二者之间看似具有偶然性的关系背后所存在着的必然性联系。斯密指出，在商业和制造业并不发达的封建时代，"土地生产物，除了维持耕者，有余之大部分，必因无物可以交换之故，而毫无所谓的，在国内，由地主施给人们消费"④。这些无处可用之物往往就被领主们用来维持大量的奴仆和佃农，在封建社会中，这往往被视为领主的慷慨行为，但是通

---

　　①　Elizabeth Anderson, *Private Government: How Employers Rule Our Lives (and Why We Don't Talk about It)*, Princeton NJ: Princeton University Press, 2017, p. 14.

　　②　Elizabeth Anderson, *Private Government: How Employers Rule Our Lives (and Why We Don't Talk about It)*, Princeton NJ: Princeton University Press, 2017, p. 8.

　　③　Elizabeth Anderson, *Private Government: How Employers Rule Our Lives (and Why We Don't Talk about It)*, Princeton NJ: Princeton University Press, 2017, p. 17.

　　④　［英］亚当·斯密：《国富论》（上），郭大力、王亚南译，北京联合出版公司2013年版，第352页。

过斯密的研究视角我们则会发现，实际上这构成了一种特殊的交换关系。斯密指出："一个动物想由某人或别一个动物取得某物，或他所需要的服务时，除了博得对方的欢心，不能再有别种说服的手段……人也有时采取这种手段来对待他的同胞。如果他没有别的方法叫同胞们按照他的意志来做，他就会做出种种卑鄙的阿谀的行为，来博取对方的愿意。"① 在这里，不管是动物通过自己的行为来博得人们的欢心从而得到人们的恩惠，还是人们通过卑躬屈膝来赢得别人的恩惠，这实际上都构成一种交换关系，而这种交换关系的突出特点就体现在，交换双方在这一过程中所受的尊重和所处的地位是不平等的。就像动物向人乞食一样，无论是给予其食物还是将它赶走，实际上人都没有将动物放到与自己相等的地位上来加以尊重。通过乞求换来的恩惠，"表面上是一种利他主义的事件，潜藏着的则是依从，蔑视和从属"②。因此，在封建时代，在商业和制造业并不发达的历史条件下，作为被供养者的奴仆实际上并不能提供真正对等于领主的供养的劳动产出，他们只能通过降低自己的地位，换取领主的慷慨恩惠从而获得必要的生活资料，而这也就意味着他们的地位和所受的尊重是不平等的。在这种情况下，"大领主对于其佃农家奴，必然有一种驾驭的权威。这种权威，便是一切古代封建权力的基础。他们在平时，是境内居民的裁判者，在战时，是境内居民的统领者。他们有统率境内居民以抗不法者的权力，故在境内，居然成了治安的维持人、法律的执行者"③。因此，在斯密看来，并不是封建法律规定了等级制和领主的权威，而首先是经济实力的不平等，其次是建立在经济实力不平等基础上的交换关系的

---

① 〔英〕亚当·斯密：《国富论》（上），郭大力、王亚南译，北京联合出版公司2013年版，第9—10页。

② Elizabeth Anderson, *Private Government*: *How Employers Rule Our Lives（and Why We Don't Talk about It）*, Princeton NJ: Princeton University Press, 2017, p. 4.

③ 〔英〕亚当·斯密：《国富论》（上），郭大力、王亚南译，北京联合出版公司2013年版，第353页。

不平等，最终这种交换关系的不平等创造了不平等的权力关系。

在分析了封建时代的领主权力与其不平等的交换关系的必然性联系之后，斯密同时也指出，与封建时代的情况不同，在现代社会中，我们所遵循的是以等价交换原则为核心的市场交换关系，在市场交换中，"我们所需的食物不是出自屠宰业者、酿酒业者、面包业者的恩惠，而仅仅是出自他们自己的利益的顾虑，我们不要求助于他们的爱他心，只要求助于他们的自爱心。我们不要向他们说我们必须，只说他们有利"①。在这里，没有人乞求他人的恩惠，双方在地位上是平等的，双方都将对方的利益视作与自己的利益一样加以尊重，并以之为基础进行交换。在这种情况下，与屠宰业者等人所进行的交换并不会使我的地位低于他，也并不会使他拥有奴役我、支配我的社会地位。因此，在斯密眼中，市场交换关系是一种平等的交换关系，它将进一步催生人与人之间平等的社会关系与权力关系。

与此同时，斯密还更进一步证明，不仅市场关系意味着平等的权力关系，而且市场关系的扩展，商业和制造业的繁荣将会起到推翻封建领主统治，实现每个人的社会地位普遍平等的作用。在斯密看来，在生产力不发达的古代社会，商业与制造业无法得到充分发展，市场交换关系也并不处于主流地位，在这种情况下，领主所拥有的大量剩余产品无处消费，只能用于供养更多的奴仆，并扩展其统治权。而随着现代社会中市场交换关系的普遍化，拥有大量财富剩余的领主不需要将自己的全部剩余财富都用来雇佣奴仆，而是可以到市场上去购买更为丰富的劳动产品以满足自己的个人需要。这就意味着，"他们从前的剩余食粮，如足养活一千人一年，他们就只有把这食粮用来养活这一千人。现今，却不然了。他们会宁愿把这一千人的食粮或其价格，用来购买一对金刚石的纽扣，或其他珍

①　［英］亚当·斯密：《国富论》（上），郭大力、王亚南译，北京联合出版公司2013年版，第10页。

贵物品"①。而这将导致大量奴仆不再是必要的，他们将被遣散，从而成为自谋生路的商人或手工业者，并进而以独立的身份参与到日益繁荣的市场经济中来。在斯密看来，在他所处的时代，每一位商人和手工业者的收入虽然很大程度上仍然来自于领主，但是由于市场的发达，他们不再需要仰赖唯一的领主的恩惠，"每个商人工匠的生活费，都不得自一个顾主，而得自百千不同之家"②。这样，市场的发展拉平了曾经的奴仆与领主间的尊严和地位的差别。与此同时，佃农虽然依然以租用的方式耕种地主的土地，但此时他们已经是按照市场关系来进行交往的了，"他们金钱上的利得，是相互的，是平等的；无自由的佃农，不必牺牲生命与财产来为地主服务"③。这样，曾经不自由的佃农家奴就都因市场的发展而获得了自由。

因此，总结来看的话我们就会发现，近代以来生产力的快速发展催生了生产关系的变化，而斯密在自己的古典政治经济学理论中将这种变化把握为交换关系决定权力关系，他认为传统社会中以乞求—赠予为基础的不平等的交换关系催生了领主对奴仆、佃农的统治权，现代社会中以等价交换为原则的市场交换关系则是一种平等的交换关系，市场交换关系的扩展将消灭人对人的支配、奴役关系，从而创造人与人之间的平等的权力关系。事实上，这一思路对自由主义的形成与发展起到了至关重要的影响，对市场原则的大力提倡几乎已经成为各种自由主义观念间不可动摇的理论共识，其根基就在于市场是一种平等的交换关系，因而只有保障市场经济的正常运行，我们才能保证人的自由平等的实现。

---

① ［英］亚当·斯密：《国富论》（上），郭大力、王亚南译，北京联合出版公司2013年版，第355页。

② ［英］亚当·斯密：《国富论》（上），郭大力、王亚南译，北京联合出版公司2013年版，第356页。

③ ［英］亚当·斯密：《国富论》（上），郭大力、王亚南译，北京联合出版公司2013年版，第357页。

三　自由主义片面性的权力观

以洛克为代表的近代政治哲学家作为后世自由主义思想的理论先驱，其对政治问题的看法在很大程度上塑造了自由主义的基本政治观点。而以斯密为代表的古典政治经济学理论的形成意味着在人类历史上，经济学第一次脱离了其对于政治学、伦理学及宗教信仰等其他因素的依附性关系，成为一门研究人类社会的经济活动及其内在规律的独立学科，它奠定了现代人理解人类社会经济生活及其规律的基本方式，因而也在很大程度上奠定了自由主义对经济问题的基本看法。事实上，通过分析以洛克为代表的近代政治哲学与以斯密为代表的古典政治经济学，我们了解了自由主义得以产生的思想土壤。而与此同时，通过这些分析我们也同样得以发现自由主义忽视、遮蔽现代社会中广泛存在的权力关系问题的根源之所在。

自由主义之所以会不承认在现代社会中依然广泛地存在着人与人之间的支配性关系，其关键环节在于，自由主义从近代政治哲学及古典政治经济学的理论视域出发，逐渐形成了一套公共领域与私人领域二分的思维模式，并将这套思维模式固定为理解人类社会的基本思维模式、思维定势，或曰政治常识。这种公私领域二分的观点与洛克有关，一方面，正如前文所指出的那样，洛克坚信自然状态下人与人之间是平等而和平的，人们加入政治共同体是为了保障财产权不受侵犯，因而政府的作用也仅仅在于保护财产权，解决财产纠纷。因此，这就使财产领域与政治领域区别开了，财产权是人们的自然权利，如何获取更多财产与政治领域无关，这是个人的私人问题，属于私人领域；如果人们自行运用强力解决纠纷，这将造成战争状态，正是为了避免进入战争状态，人们才创造了政治共同体以解决问题，因此，权力的运用只能在政治领域中进行，这构成了公共领域的主要内容。另一方面，近代政治哲学所坚持的契约论思想也会促成这种公私领域二分的局面。正如前文所述，洛克不满于在霍布斯的政治理论中，人们需要让渡出自己的全部权利的观点，这将导致过于强大的利维坦控制整个人类社会，因而洛克主张让渡出人们的部分权利，即主要是用于处理财产权纠纷的权利，同时人们保留了余下的权利，这构成了人们的个人自由领域。以此为基础，人们让渡出一部分权利形成公共领域，并保留一部分权利形成私人领域，在这两个领域中发挥作用的是完全不同的权利，二者之间不能随意加以干涉，这也构成了公私二分的局面。

与此同时，以斯密为代表的经济学观点也为公私二分的思想传统的确立提供了理论支持。正如前文对斯密的分析所指出的那样，斯密发现市场经济的全面发展不仅会推进人与人之间平等关系的实现，而且有利于摧毁、破除前现代社会中的人与人之间的支配性关系。市场原则作为人类社会经济生活的一部分，在公私二分的视域下是应该属于私人领域的，因此斯密的观点实际上证明，大力发展私人领域中的市场经济，不仅将有利于确立私人领域中人与人之间的自由平等关系，而且有助于反过来破除公共领域中原有的会限制人的自由的权力关系。

尽管到了斯密这里，关于市场的诸多原则才第一次被清晰而完整地表述出来，但事实上，这种市场原则与近代政治哲学是深层嵌套在一起的。麦克弗森用"占有性个人主义"这一概念来界定这一隐含性的社会前提。在他看来，"占有性个人主义的基本预设——人之自由以及人之为人是因为他对自己人身的唯一所有权，而人类社会本质上是一系列市场关系——被深埋在 17 世纪的基础原理中"①。麦克弗森指出，虽然霍布斯在其政治哲学中试图用前社会的自然状态来作为其理论基础，但事实上霍布斯笔下的自然状态并不是一种真正剔除了一切文明要素的原始状态，而是一种社会状态。在卢梭对霍布斯的批评中我们就能发现这一点。卢梭发现，一个真正去掉了一切文明要素的、完全原始的，其中仅仅保留了人追求自

---

① ［加］C. B. 麦克弗森：《占有性个人主义的政治理论：从霍布斯到洛克》，张传玺译，王涛校，浙江大学出版社 2018 年版，第 279 页。

我保存这一基本需求的自然状态，并不会必然性地成为霍布斯所设想的持续性的战争状态。去掉了一切文明要素的原始人应该是孤独、胆小而又容易满足的。只有在包含了人类在文明社会中所形成的一系列新的欲望、风俗与行为模式之后，人与人之间的斗争才会开始产生。因此，霍布斯的自然状态很明显是一种已经有社会存在的社会状态，而不是彻底去掉一切文明、社会要素的纯粹的原始状态。也正是在这一意义上，卢梭明确指出："那些不断地谈论着需求、贪婪、压迫、欲望和傲慢的人，其实是将他们从社会中获得的观点搬到了'自然状态'。他们讨论的是野蛮人，描绘的是文明人。"① 麦克弗森进一步指出，事实上并不是任何社会形态都能充当霍布斯笔下的这种自然状态，至少习惯社会或身份社会和简单市场社会都是不符合这一要求的。在麦克弗森看来，只有一种"占有性市场社会"才能满足霍布斯的自然状态的要求，而这种占有性市场社会实际上所体现的就是"现代竞争性市场社会的本质特征"②。因此，市场社会实际上构成了霍布斯政治哲学的隐性前提，而且这一隐性前提同时也贯穿在平等派、洛克以及整个后世自由主义思想传统之中。因此，以洛克为代表的早期近代政治哲学与以斯密为代表的古典政治经济学会共同构成自由主义思想的理论地基便也具有了现实的社会基础。

以这些观点为基础，实际上我们就发现了几乎贯穿于全部自由主义思想之中的理论信条。这一信条表现为在公私二分的思想框架下，对公共领域的警惕和对私人领域的信任，即对市场经济的高度信任，和对政府权力的高度警惕。在自由主义主流观点看来，私人领域与个人自由将是高度一致的，公共领域则是私人领域中个人自由得以实现的有力保障。由于私人领域中的经济活动以市场原则为

---

① ［法］卢梭：《论人类不平等的起源和基础》，邓冰艳译，浙江文艺出版社2015 年版，第 29 页。

② ［加］C. B. 麦克弗森：《占有性个人主义的政治理论：从霍布斯到洛克》，张传玺译，王涛校，浙江大学出版社 2018 年版，第 56 页。

基础，因而私人领域越是发展，市场经济越是繁荣，人们就越平等，越自由；而与之相对的是，在公共领域中政府拥有一定的权力，这些权力是为了保障私人领域中市场经济的正常运行才被让渡给政府的，如果政府滥用这些权力，扰乱市场经济的正常运行，那么公共领域中的政府权力就成了个人自由的头号敌人。因此，如何促进市场经济繁荣，同时规范、限制政府的权力，就成了自由主义的主要理论任务。当托马斯·潘恩在美国推行自由主义政策时，他所坚信的就是这一观点，在他看来，"个人靠自己就可以解决他们的几乎所有问题，而无须国家对他们的事务进行干预"[1]。同样，当林肯试图在美国废除奴隶制的时候，他的基本出发点也源于这一思想信条，"它的中心原则，即反对奴隶制，所针对的并不完全是奴隶制在道德上是错误的这一问题（尽管这是公认的），而是针对奴隶制会对自雇工人产生威胁"[2]。虽然从今天的观点来看，反对奴隶制有着充分的道德理由，然而当林肯推行这一观点的时候，他实际上所考量的依然是如何保障作为市场参与主体的个人的利益，从而促进市场经济的繁荣与私人领域的发展。

综上所述，我们可以看到，自由主义所持有的实际上是一种片面性的权力观。以公私二分为基础，自由主义首先排除了私人领域中存在权力关系的可能性。人们通过订立社会契约已经将自己的强力使用权让渡给了国家和政府，因而在私人领域中追逐个人利益的个人不再可能以权力控制他人，政府将维护私人领域及市场社会的稳定。而在公共领域中，由于政府拥有了原属于人们的权力，因而一旦政府的权力被不当运用，它就会像人们在自然状态中互相侵犯一样侵犯人们的权利，所以在公共领域中将存在着权力问题，人们必须对这一领域保持高度警惕。换言之，这是一种只关注公共领域

---

① Elizabeth Anderson, *Private Government: How Employers Rule Our Lives（and Why We Don't Talk about It）*, Princeton NJ: Princeton University Press, 2017, p. 24.

② Elizabeth Anderson, *Private Government: How Employers Rule Our Lives（and Why We Don't Talk about It）*, Princeton NJ: Princeton University Press, 2017, p. 30.

而忽视私人领域的片面性权力观，任何一种在私人领域、市场社会中发挥作用的权力形式都将处于自由主义权力观的关注视野之外。而现在的问题就恰恰在于，正如我们在接下来的章节中所要看到的那样，在现代社会中，资本权力就是首先在私人领域中发展壮大起来的，它正在以一种自由主义所看不到的方式在现代社会中继续发挥作用。

第二节　现实存在的资本权力

在自由主义看来，自由主义已经将人与人之间普遍存在的支配性权力关系问题完全解决了，自近代资产阶级革命以来，现代社会中唯一需要加以注意的权力问题就是政府权力与个人自由之间的关系，除此之外不再存在任何可能成问题的权力形式。但事实上，这种对权力问题的基本判断本身是成问题的，越来越多的现当代思想家已经发现，在现代资本主义社会中，实际上依然广泛地存在着人与人之间的支配性权力关系，自由主义所设想的所有人都处在完全自由平等的关系中的理想社会图景，实际上从来就没有真正实现过。

在揭示当代资本主义社会中所广泛存在的权力关系的过程中，以当代共和主义思想为理论基础的关系平等主义思潮做出了重要的理论贡献。然而，当我们试图把握现代社会中的权力问题之本质时我们就会发现，关系平等主义对这一问题的思考实际上依然是处在自由主义的基本思维框架之下的，因而其对现代社会中的权力问题的研究，更多的只是在经验的层面上将现代社会中真实存在的权力及其运行方式描述了出来，而没有从根本性的意义上揭示其存在的理论根源。马克思主义则一方面根本性地超越了近代政治哲学的思想地平，另一方面也根本性地超越了古典政治经济学的思想地平，从而真实地超越了自由主义的基本框架，并切中了现代资本主义社会之实质。因此，只有以马克思所实现的哲学革命为基础，沿着马克思所开辟的政治经济学批判道路出发，我们才能真实地切中现代资本主义社会中的权力之本质。而在根本性超越近代政治哲学的理论地平，并揭穿古典政治经济学在市场关系中所塑造的平等假象之后，我们将得以清楚地看到，现代社会中的权力关系之实质实际上是资本权力。

一　关系平等主义：自由主义的自我反思及其局限性

关系平等主义学者运用当代共和主义者所提供的理论框架和分析工具，对现代资本主义社会进行了分析，并发现了潜藏在现代资本主义社会中的支配性权力关系。首先，共和主义是当代政治哲学研究领域中的一个重要思想派别，在以佩迪特为代表的当代共和主义者看来，当代共和主义从大的方向上来说实际上是从属于自由主义这一总的思想体系的，当代共和主义同自由主义一样都将自由视为其所要追求的最高价值。但具体而言，当代共和主义者认为主流的自由主义观点对自由的理解是存在不足之处的。当代西方主流自由主义学者们往往都是在以赛亚·柏林所作出的消极自由和积极自由的区分的基础上理解自由问题的，并认为只有消极自由是可取的自由形式，而积极自由则会导致多数人的暴政等一系列问题，但在共和主义者看来，消极自由这一概念并不能涵盖自由问题的全部内涵。为了完善关于自由的理解，当代共和主义者围绕着"干涉"与"支配"这一组概念建构了一种独特的自由问题分析框架，并提出了"共和主义自由"这一新的自由概念。

在共和主义者看来，自由主义主要提倡消极自由观点，其核心是干涉这一概念。"这里所说的干涉是指一种或多或少是故意的干预，具体来说，它不仅仅指绑架或监禁之类物质上的强制，而且包括口头威胁的强制。从消极的观点看，我是自由的，'就等于说没有人干涉我的活动'，即我享有不受阻碍和限制的选择权。"① 干涉概念的核心点在于一种行为或行动，这种行动可以对他人产生阻碍和限制，而享有消极自由也就意味着不存在这种干涉行为。从消极自由的观点来看的话，任何种类的干涉都是不好的，都会构成对人们自由的限制。因此在任何情况下，干涉都是越少越好，当代自由主义者往往提倡最大限度地限制政府的权力，并认可最低限度的国家这一理想，在很大程度上都与这种对干涉的理解方式密切相关。

共和主义则对干涉与人的自由之间的关系进行了拆解，自由主义认为干涉必定导致不自由，而共和主义则试图证明，干涉未必会导致不自由。在这里，共和主义者指出，实际上可能会存在两种不同的干涉。首先是奴隶主对奴隶的干涉，这种干涉的目的是使奴隶服从于奴隶主，因而这种干涉必然侵害了奴隶的自由。但除此之外，实际上干涉还可能是法律对人们的干涉，在这种情况下佩迪特指出："尽管制定良好的法律——这种法律对人们的一般利益和思想作出了系统的回应——代表了一种干涉，但是它并没有危及人们的自由；它就是一个非控制的干涉者。"② 如果法律是制定良好的，那么这种干涉就并不会危及人们的自由，反而有可能保障、增进人们的自由。因此，在此基础上，当代共和主义将干涉进一步区分为专断干涉和非专断干涉。专断的干涉意味着干涉是出于干涉者个人的专断、任意考虑而出发的，这无视了被干涉者的利益，因而是一种坏的干涉；而非专断的干涉，尤其是良好的制度法律体系这种考虑了被干涉者利益的干涉形式，则是一种好的干涉。只有专断干涉才会危害人们的自由，如果一种干涉是好的干涉，那么实际上它就不仅不会危害人们的自由，反而有助于增进自由。

---

① ［澳］佩迪特：《共和主义：一种关于自由与政府的理论》，刘训练译，江苏人民出版社 2006 年版，第 21 页。

② ［澳］佩迪特：《共和主义：一种关于自由与政府的理论》，刘训练译，江苏人民出版社 2006 年版，第 46 页。

　　如果干涉与自由之间没有必然联系的话，那么什么与自由具有必然联系呢？在这里，当代共和主义者提出了支配的概念，在当代共和主义者看来，干涉主要体现为一种行为，而支配则意味着一种可能性与能力。"我这里所理解的'支配'典型地表现在主人与奴隶或主人与奴仆的关系上。这种关系起码意味着支配者可以专断地干预被支配者的选择，尤其是他可以进行干预，而无需考虑对方的利益或观点。因此，支配者可以任意地、随心所欲地实施干涉：他们不必请示任何人，也不会受到牵制或惩罚。"① 尽管专断干涉一定危害人们的自由，但是单纯的干涉行为是具有偶然性的。而支配与不自由之间的关系则具有必然性，因为支配意味着拥有进行专断干涉的可能性，也就意味着随时都有危害自由的能力，这种能力是长期而稳定的。因此，共和主义的核心观点就在于：一方面，干涉并不一定是坏的，只有专断干涉才会危害自由，造成人与人之间的支配性关系；另一方面，支配性关系并不仅仅意味着存在专断干涉，其核心含义在于存在进行专断干涉的能力，哪怕具体的干涉行为尚未发生。

　　关系平等主义运用共和主义的观点来分析现代资本主义社会，关系平等主义的代表性人物伊丽莎白·安德森发现，在当代社会的经济生活领域内，在自由主义观点看来不可能危害自由的领域内，实际上存在着专断干涉，而且不仅存在偶然发生的专断干涉行为，同时还存在必然产生专断干涉行为的支配关系。在安德森看来，在现代企业内，老板、经理能够随意地对下级员工进行干涉，尽管这些干涉在某些时候是有益的，有利于公司发展的，但在更多情况下，这些干涉都是专断干涉。在现代企业和公司之中，"没有法治。命令可能是随意的，并会随时更改，毫无先行通知和申诉的机会。上级不对他们所指挥的人负责，他们不能被其下级所任免。除少数

① ［澳］佩迪特：《共和主义：一种关于自由与政府的理论》，刘训练译，江苏人民出版社 2006 年版，第 28 页。

特定情况之外，下级既没有对他们所遭受的待遇的申诉权，也没有对被给予的命令的协商权"①。与此同时，现代企业对劳动者的干涉范围也是非常广阔的，他们对劳动者的管控早已远远超越了单纯的生产领域、经济领域，而是全方位地渗入人们的日常生活中，他们不仅干涉人们在工作时的劳动行为，而且干涉人们在非工作时间的个人行为。"通常，这些独裁者（指企业老板）有合法的权力来规范工人的业余生活——包括他们的政治活动、言论、性伴侣的选择、娱乐性药品的使用、饮酒、吸烟以及运动等等。"②

　　更为重要的一点是，在现代企业中上级对下级的专断干涉行为绝不是偶发的，而是具有必然性的。只要员工选择在企业中工作，他就无时无刻不处在被支配的地位，尽管可能会遇到体贴员工的老板，他并不对员工的工作生活加以干涉，但事实上，不发动干涉行为不代表没有干涉能力，实际上老板随时都拥有对员工进行干涉的能力。这与共和主义者所发现的主人与奴隶之间的关系是非常类似的，奴隶主可能出于自己的仁慈不愿对奴隶施暴，奴隶也可能因为自己的狡猾而躲过奴隶主的专断裁决，但即便如此，也并不能使奴隶脱离被支配的地位，对专断干涉的逃避具有偶然性，而支配关系的现实存在则具有必然性。与此同时，员工也无法通过辞职等方式来远离这种控制与支配，因为实际上几乎全部现代企业都有着相似的格局和运作方式，只要依然想在企业中谋生，就只能接受老板和经理的支配与干涉，换工作也仅仅意味着从一个统治者手下转移到另一个统治者手下。

　　因此，安德森认为，我们应该将现代企业称为私人性政府。一方面，在自由主义所通行的公私领域二分的语境之下，现代企业遵循市场原则而行动，其最终目的是赚取经济利益，因而它是存在于

----

① Elizabeth Anderson, *Private Government：How Employers Rule Our Lives（and Why We Don't Talk about It）*, Princeton NJ：Princeton University Press, 2017, p. 37.

② Elizabeth Anderson, *Private Government：How Employers Rule Our Lives（and Why We Don't Talk about It）*, Princeton NJ：Princeton University Press, 2017, p. 39.

私人领域中，并在私人领域中进行活动的"私人性"政府。另一方面，如果我们从政府概念的原初含义来定义政府，即从统治、管控、支配（govern）等含义来定义政府的话，那么政府就意味着是一个一些人通过权力支配另一些人的场所，从这一意义上来看，现代企业即构成私人性"政府"。

　　私人性政府概念的提出形成了对自由主义基本信念的有力回击，它在自由主义观点认为不存在支配、不存在权力关系的社会经济领域中发现了支配性权力关系，并且这种权力的支配范围是如此之广，以至于绝大多数现代社会中的劳动者都必然会受到这种权力关系的支配，私人性政府在人们的现实生活中是避无可避的。也正因如此，安德森认为，关心分配正义问题的政治哲学观点，尤其是关心运气平等主义的观点，实际上完全找错了问题方向。"平等主义正义的恰当的消极目标并不是从人类事务中消除不合理的运气的影响，而是要终结明显的由社会所强加的压迫；它的恰当的积极目标不是去确保每个人都获得了他们的道德应得，而是去创造一个每个人都与他人处在平等的社会关系中的共同体。"①

　　需要我们进一步加以注意的是，虽然关系平等主义通过私人性政府概念指明，在现代资本主义社会中依然广泛地存在着支配性权力关系问题，但如果从本质性的角度来看的话我们就会发现，关系平等主义实际上并未根本性超越自由主义的基本分析框架。

　　其一，关系平等主义所借用的当代共和主义这一分析框架本身就体现出了这一特征。尽管佩迪特不满于主流自由主义的自由概念，并试图提出一种新的共和主义自由概念，但佩迪特实际上并不想通过这一理论创造来推翻自由主义的基本思维框架，他所要做的只是一种对于自由主义的不足之处的修补。从总体方向上来说，他依然是认同自由主义的基本思维框架和价值观的。

① Elizabeth Anderson, "What is the Point of Equality?" *Ethics*, Vol. 109, No. 2, 1999, pp. 288 - 289.

其二，从关系平等主义对现代社会中权力关系问题的把握中我们也可以看出，安德森对现代社会中权力关系问题的分析和把握主要都是在经验性的层面上所展开的。一方面，在揭示现代社会中的权力关系问题时，安德森所采取的研究进路主要是通过描述现代企业中下层员工的具体生活状况，来展示了他们确实在私人领域中受到了老板、经理的支配，这一研究是经验性的。另一方面，安德森将现代社会中权力问题的产生归因于工业革命。安德森指出，在近代政治哲学和古典政治经济学的理论视域中，市场经济的主要参与者将是独立的自雇劳动者（self - employed worker），但工业革命为人类社会带来了大规模工厂这一新的生产组织方式，这一情况超出了近代思想家的理论设想。在这里，虽然安德森似乎为现代社会中的权力问题的产生找到了一个深层的理论根源，但事实上，她并没有进一步在人类社会生产方式变革这一更深的层次上来把握工业革命对于资本主义生产方式的发展的意义，而仅仅将工业革命视为了一个超出预期的偶然现象。因此，她对现代社会中权力关系及其根源的把握依然是一种不触动基本理论框架的经验性的回溯，而未能揭示其本质性内涵。

其三，关系平等主义在探索如何解决现代社会中的权力关系问题时所沿用的依然是自由主义的基本思路。安德森认为我们可以从退出、法治、宪法实质权利、声音这四个方向来思考解决问题的可能方案，[①] 而这四个方案实际上都是在近代政治解放的过程中，人们用以对待国家和政府时所采用过的方法。安德森指出，首先，我们应该完善一种员工对企业的退出机制，保障员工随时退出企业的权利，消除企业对员工自由退出所设下的各种阻碍手段，实际上这对应于通过移民外国的方式来摆脱某一特定国家、政府。其次，应该通过完善企业内部立法，从而保障员工的自由与利益，这对应于

---

① See Elizabeth Anderson, *Private Government: How Employers Rule Our Lives（and Why We Don't Talk about It）*, Princeton NJ: Princeton University Press, 2017, pp. 65 - 66.

完善国家的制度法律。再次，在企业中应该存在着某种用以保障员工的基本权利的企业宪法，"一种正义的工作场所宪法应该包含基本的宪法权利，类似于一种针对雇主的权利法案"①。这将有利于保障员工的自由和利益，这对应于国家宪法对人们基本权利的保障。最后，通过合适的方式使员工的声音能够表达出来，从而有利于保障员工的自由和利益，这对应于国家中的民意表达机制。由此观之，安德森实际上完全照搬了自由主义在近代政治解放的过程中用以对待政府和国家的方式来重新用在处理现代企业问题上，她所提出的方案基本都是在近代政治解放斗争中所使用过的政治方案的翻版或缩影。但事实上，现代企业中的权力关系问题与近代政治哲学家们所面对的国家、政府的权力关系问题在根源上是完全不同的。由于安德森的分析并没有触及历史现象背后的本质性规律，没有触及根植于资本主义生产方式的资本权力这一新的问题领域，因而她就只能把现代企业中的权力问题类比为自由主义分析框架中已经存在的政治权力问题，而这就只能导致她无法切中问题的实质。总的来说，关系平等主义至多只能在发现问题的意义上为我们揭示现代社会中确实存在着权力关系问题，但其本身却无法超越自由主义的基本框架。要想真正洞穿现代社会中权力关系问题的本质，并继而探寻解决这一问题的真实可能性，我们就必须站在马克思对人类社会的一般规律和资本主义社会的特殊规律的揭示的基础之上重新思考这一问题。

二　超越近代政治哲学的理论地平

虽然近代政治哲学是一个内部包含着异质性的理论体系，其中既包括了霍布斯、洛克等为后世自由主义观点奠基的理论观点，也包括了卢梭、黑格尔等人所展开的对于启蒙及现代性进行反省的理

---

① Elizabeth Anderson, *Private Government：How Employers Rule Our Lives（and Why We Don't Talk about It）*, Princeton NJ：Princeton University Press, 2017, p. 68.

论倾向，但总的来说，众多近代政治哲学家在大体上都分享了一个共同的理论思路，那就是他们都试图通过政治制度、法律及国家体系的建构来解决人类所面临的一系列社会性问题。

首先，就早期近代政治哲学而言，在前文的分析中我们曾经提到，近代政治哲学的兴起，是以对古代政治哲学及中世纪神学观点的反对为其理论开端的。无论是在个人服务于城邦、共同体的目的的古代政治哲学里，还是在个人服务于上帝与信仰的中世纪神学那里，个人本身都始终处在受压抑、受忽视的状态之下。以霍布斯、洛克为代表的早期近代政治哲学所要实现的一个最为重要的理论目标，就是要将个人从受压抑、受忽视的状态下解放出来，从而确立个人的自由、需要和利益的优先性地位。因此，无论是霍布斯还是洛克，他们都将人的自然权利视作其理论的起点，而其理论的终点则均表现为对国家、政府的应然性组织原则的探讨，通过这一国家、政府的应然性组织原则，个人的自由与利益将得到最大限度的保障。事实上，洛克对霍布斯政治哲学的改造也体现出这一特征，霍布斯试图通过将国家、政府的应然性状态描述为一个能够使人免于陷入内战，从而保障人的基本生命安全的强大的利维坦，而洛克通过引入财产权原则，并将个人自由建立在财产权的基础之上，极大地限制了利维坦的权力范围，从而进一步为个人自由开辟了基于财产权之上的、广阔的活动空间。总的来说，在霍布斯和洛克这里，他们的理论目的在于最大限度地保障、实现个人自由，而其具体方式则是对一种应然性的国家制度和政治秩序的探讨。

其次，就构成对启蒙与现代性的批判性反省这一理论道路而言，其所诉诸的同样是对一种应然性的国家制度和政治秩序的探讨。卢梭第一次清醒地意识到，保障财产权与个人利益并不一定意味着人的自由解放的全面实现。早期近代政治哲学通过强调个人原则，将个人从被压抑和被忽视的状态中解放出来，这固然可以被视为一种理论进步，但其问题在于，将人类社会的基本原则完全建立在个人原则这一特殊性的原则之上，同时也就意味着人类社会的普遍性向度、共同体的目的被放弃掉了。而卢梭之所以批判霍布斯的自然状态概念，将自然状态进一步推进到人类文明还完全不存在的原始状态中去，并认为未沾染文明习气的原始人并不会自然陷入"一切人反对一切人"的战争，而是会在一种完全原始的状态下享受和平与稳定的原始生活，其目的就是指出，对个人原则的片面强调同样会为人类社会带来严重的社会问题。在卢梭看来，财产权和私有制的形成才是造成人类社会中不平等的根源，"一方面是竞争与敌对，另一方面是利益的对立以及总是隐藏着的想要损害他人以牟取自身利益的欲望，所有这些罪恶都是私有财产的第一个后果，同时也是最初的不平等的必然产物"①。因此我们看到，虽然卢梭与霍布斯、洛克一样，都试图探寻一种应然性的国家制度和政治秩序，探索"能否在社会秩序中找到某种合法的和妥当的政府行为的规则"，但不同于洛克将政府视为财产权纠纷中的公正裁判者，卢梭不再希望通过国家和政府来贯彻个人原则，而是试图通过国家、政府来为人类社会寻回一种普遍性的社会原则。正如卢梭所指出的那样，他所要做的是"尽可能把权利所许可的和利益所要求的结合起来，以便使正义与功利不至于互相分离"②。

由卢梭所开启的对启蒙与现代性的批判性反省这一理论道路在黑格尔这里得到了充分的发展。黑格尔在其哲学体系中实现了精神历程、概念发展和文明进步的三者一致，在这一背景下黑格尔意识到，人的精神的成熟历程不能仅仅停留在单纯的主观性这一环节之内，而是必须要外化到客观性领域中去以获得其存在的客观性依据，"人为了作为理念而存在，必须给它的自由以外部的领域"③。财产本身作为一种物，它是人在超越其纯粹主观性领域后所能把握

---

① ［法］卢梭：《论人类不平等的起源和基础》，邓冰艳译，浙江文艺出版社2015年版，第93页。

② ［法］卢梭：《社会契约论》，李平沤译，商务印书馆2011年版，第3页。

③ ［德］黑格尔：《法哲学原理》，范扬、张企泰译，商务印书馆1961年版，第57页。

到的第一个客观性领域中的东西，正是在这一意义上，黑格尔指出："从自由的角度看，财产是自由最初的定在，它本身是本质的目的。"① 这样，财产就是人在追寻自由的过程中所必然要经历的发展阶段，财产权的积极意义也就在概念的辩证发展过程中作为一个必然性环节得到了确认。

更进一步而言，黑格尔不仅将财产权定位为人在追寻自由过程中的一个必然环节，而且进一步揭示了财产权概念的文明史意义。在黑格尔看来，财产权作为单个人的意志的客观性的表现，它所表现的是一种特殊性原则。这种特殊性在人类文明进程中的展开，实际上就是近代以来所逐渐形成的市民社会。尽管市民社会使财产权具有了普遍性的形式，但从实质上来说，市民社会依然是以特殊性为基本原则的社会，尽管在这里会进一步形成司法、警察和同业公会等环节，但司法是以保障个人的需要从而作为所有权法而存在的，而警察与同业公会事实上也只构成对需要的体系和司法的补充，"并把特殊利益作为共同利益予以关怀"②。所以，市民社会从根本上来说就是一种以财产权这一特殊性原则为核心，并使财产权原则成为为整个社会所普遍接受的基本原则的社会形态。

尽管在黑格尔看来，无论是概念的发展还是精神的成熟历程都必然要经历特殊性这一发展阶段，但黑格尔同时也意识到，人类文明的发展并不能仅仅停留于特殊性阶段。虽然在市民社会中，特殊性原则已经获得了普遍性的形式，但这只是一种形式性的普遍性，其内容依然是财产权这一特殊性原则。如果坚持将市民社会这一环节扩展为整个人类社会的全部环节的话，人类社会就将彻底丧失其普遍性向度，而在这种情况下，市民社会将会直接遭遇其无法解决的贫困与"贱民"这一固有问题。正如阿维纳瑞所指出的那样，

---

① ［德］黑格尔：《法哲学原理》，范扬、张企泰译，商务印书馆 1961 年版，第 61 页。

② ［德］黑格尔：《法哲学原理》，范扬、张企泰译，商务印书馆 1961 年版，第 231 页。

"对黑格尔来说，贫困以及随之而来的与社会的异化不是这个体系的偶发现象，而是它的痼疾"①。需要的体系的普遍化在使财富的积累获得增长的同时，也使得劳动者随着分工的细化和扩大而趋向狭隘化、贫困化，从而成为"丧失了自食其力的这种正义、正直和自尊的情感"的"贱民"。② 而市民社会本身是无法解决贫困与"贱民"产生这样的问题的。因此，黑格尔实际上在揭示财产权概念的文明史意义的同时，也认识到了完全以财产权原则为基本原则的现代社会所必然要遭遇的真实问题。在这一意义上，黑格尔延续了卢梭的基本思路，黑格尔的政治哲学不是一种单纯探究如何保障财产权的理论，而是一种财产权批判理论。黑格尔的政治哲学所要解决的一个最为重要的问题，是如何在财产权已经贯穿于整个现代社会的背景之下，重新为人类社会寻回普遍性原则，并实现普遍性与特殊性的和解，人的特殊性追求与人类社会的普遍性发展之间的和解。

　　虽然黑格尔较卢梭更为深刻地意识到了财产权及市民社会的文明史意义，从而进一步推进了对启蒙与现代性的批判性反省这一理论道路，但在这里需要注意的是，在思考如何解决人类社会所面临的一系列社会问题时，黑格尔所采取的方式依然是探寻一种应然性的国家制度和政治秩序。所以我们看到，黑格尔试图以凌驾于市民社会之上的国家来解决市民社会本身所难以解决的各种问题，而在黑格尔看来，这个国家并不是一种抽象的普遍性，而是一种"绝对自在自为的理性东西"③。通过将国家上升到自在自为的理性的高度，黑格尔试图避免普遍性对特殊性的压制，而是实现普遍性与特

---

　　① ［以］阿维纳瑞：《黑格尔的现代国家理论》，朱学平、王兴赛译，知识产权出版社 2016 年版，第 187 页。

　　② 参见［德］黑格尔：《法哲学原理》，范扬、张企泰译，商务印书馆 1961 年版，第 278 页。

　　③ ［德］黑格尔：《法哲学原理》，范扬、张企泰译，商务印书馆 1961 年版，第 288 页。

殊性的和解，从而解决市民社会中的内在问题，为人类社会寻回普遍性向度。

就马克思与近代政治哲学的关系而言我们可以看到，马克思的思想中首先包含着一个财产权批判的维度。在《1844 年经济学哲学手稿》中马克思便意识到，由私有财产概念出发并不能实现人的自由解放，而是反而使劳动具有了异化劳动的性质。马克思在一定程度上延续了黑格尔的政治哲学中的一些重要观点，同黑格尔承认财产权的文明史意义，但同时也意识到市民社会难以克服其自身所产生的社会问题一样，马克思也同样在承认人们通过物质生产所创造出的财产在人类社会中具有基础性意义的同时，看到了超越特殊性原则，实现普遍性与特殊性、个人原则与社会原则的辩证统一的重要性。但与此同时我们必须注意到的是，马克思根本性地超越了为近代政治哲学所共享的问题解决方式。近代政治哲学将对人类社会的根本性变革诉诸对一种应然性的国家制度和政治秩序的探讨，而马克思则进一步认识到了这一方案的内在限度，即政治解放的内在限度。

通过对黑格尔的法哲学的批判性反省，马克思发现，黑格尔所描述的自在自为的理性国家，并不能真正通过对市民社会的扬弃而解决人类社会所面临的问题，因为黑格尔虽然通过展现概念发展的内在必然性的方式展现了人类社会由家庭、市民社会到国家这一发展过程，但事实上这一发展过程得以成立的依据，尤其是由市民社会向国家的过渡得以成立的依据，实际上并不是市民社会本身的现实状况，而是理性本身的发展逻辑。"这里根本没有涉及从家庭和市民社会向国家的真实过渡，而是把这个真实过渡的问题转变成了从必然性向自由的过渡。"① 就理性概念的发展逻辑而言，从市民社会到国家的过渡可以被视为一种内在性的扬弃，但从现实的角度而言，我们并不能发现市民社会向国家的过渡的现实必然性。而这也

---

① 张双利：《重思马克思的市民社会理论》，《学术月刊》2020 年第 9 期。

就意味着，黑格尔对作为其政治哲学最高环节的理性国家概念的强调，实际上并没有实现国家与市民社会、普遍性与特殊性的辩证统一，而是反而造成了国家与市民社会、普遍性与特殊性的对立。在《论犹太人问题》中，马克思对这种市民社会与国家的实质性分离进行了清晰的叙述和把握。马克思指出："完成了的政治国家，按其本质来说，是人的同自己物质生活相对立的类生活。这种利己生活的一切前提继续存在于国家范围以外，存在于市民社会之中，然而是作为市民社会的特性存在的。在政治国家真正形成的地方，人不仅在思想中，在意识中，而且在现实中，在生活中，都过着双重的生活——天国的生活和尘世的生活。"① 现代国家的形成并没有扬弃市民社会，而是将人类社会分裂为了市民社会和政治国家这两个不同的生活领域。在政治国家中，人们将作为公民作为共同体的一员而进行类生活，但与此同时，政治国家的建立并没有完全消除市民社会，而是仅仅剥除了市民社会的政治性因素，完全被个人的利己打算所支配的个人生活依然会以其本来的面貌在市民社会中继续进行。因此，"政治解放的限度一开始就表现在：即使人还没有真正摆脱某种限制，国家也可以摆脱这种限制，即使人还不是自由人，国家也可以成为自由国家"② 。政治解放只能在政治领域中解决由市民社会所形成的一系列社会问题在政治领域中的表现，但并不能铲除其在市民社会中的根基，在政治解放之后，根源于市民社会的社会问题将继续以其本来的面目，在政治领域之外继续发挥其作用。

因此，马克思根本性地颠倒了黑格尔对于国家和市民社会之关系的理解。在马克思看来，国家并不能决定市民社会，反而是市民社会中的现实决定了国家的表现形式。所以马克思指出："法的关系正像国家的形式一样，既不能从它们本身来理解，也不能从所谓

① 《马克思恩格斯文集》第 1 卷，人民出版社 2009 年版，第 30 页。
② 《马克思恩格斯文集》第 1 卷，人民出版社 2009 年版，第 28 页。

人类精神的一般发展来理解，相反，它们根源于物质的生活关系，这种物质的生活关系的总和，黑格尔按照 18 世纪的英国人和法国人的先例，概括为'市民社会'，而对市民社会的解剖应该到政治经济学中去寻求。"① 而同时这也就意味着，马克思根本性地超越了近代政治哲学的理论地平。马克思不再试图通过对一种应然性的国家制度和政治秩序的探讨来解决人类社会所面临的社会问题，而是要深入市民社会中，深入社会问题背后的物质生活和生产方式之中，去探讨社会问题的真正根源及其解决方案。事实上，这一方面奠定了马克思进一步对古典政治经济学进行批判性反省的思想基础；另一方面同时也为马克思在对市民社会及资本主义生产方式本身的批判性反省中发现资本权力的秘密奠定了基础。

三　政治经济学批判与资本权力的凸显

随着对近代政治哲学的理论地平的根本性超越，马克思开始聚焦于市民社会本身，关注人类社会中现实的物质生产和生活关系，这就自然地导向了对古典政治经济学的批判性反省。从前文的分析中我们可以看出，自由主义坚信现代资本主义社会中不存在权力关系，其中的一个重要方面就是对市场原则的信赖，而这一观点是来自古典政治经济学的。古典政治经济学之所以会做出这样的判断，很大程度上是与其研究精力主要集中在分配和交换环节这一特点分不开的。而马克思的政治经济学批判理论则发现，停留在分配和交换领域的研究实际上并不能切中资本主义社会的本质，只有进入生产领域中去，我们才能发现资本主义社会的根本性秘密。实际上，这也就提示我们，交换关系不是决定是否具有权力关系的唯一要素，特定的生产关系同样会催生特定的权力。

古典政治经济学所面对的事实是：一方面，在经济领域中，商品的价格，包括劳动这种特殊的商品的价格，是在不断运动变化中

① 《马克思恩格斯文集》第 2 卷，人民出版社 2009 年版，第 591 页。

的；另一方面，斯密认为："政治经济学，若被视为政治家的或立法家的科学之一部门，那就要提示两个不同的目标。其一，是供人民以丰富的收入或生计，更确当地说，是使人民能自给以如此的收入或生计；其二，是供国家或共同社会以充分的收入，使公务得以进行。总之，其目的，在于富人民而又富其君主。"① 政治经济学的基本研究目的就是要实现个人及国家的富裕，而要想实现这一根本目标，就要对经济运行所遵循的经济规律加以认识。因此，政治经济学的根本研究目的就在于，认识经济规律，掌握经济规律，并能在一定程度上运用经济规律。"当经济学作为科学出现的时候，它的首要任务之一就是要找出隐藏在这种表面支配着商品价格的偶然情况后面，而实际上却在支配着这种偶然情况本身的规律。"②

　　古典政治经济学试图发现决定商品的价格变化的内在规律，也就是要找到存在于价格背后的、作为价格的决定因素的价值。在这里，古典政治经济学将经济生活的全过程分解为了生产、分配、交换、消费这四个相互接续的环节。首先，生产领域中的规律可以用劳动价值论来解释，在生产领域中，劳动创造了商品的价值，"商品的价值是由商品所包含的、为生产该商品所必需的劳动来决定的"③。这构成了经济规律研究的起点。虽然在生产领域中，劳动确定了商品的价值，但在交换领域中我们就会发现，商品的价格是不断波动的，因此在古典政治经济学看来，对经济问题的研究中心应该放在分配和交换领域，即研究商品的价格围绕价值而进行波动的内在原因，"土地产品——即将劳动、机器和资本联合运用在地面上所取得的一切产品——要在土地所有者、耕种所需的资本的所有者以及以进行耕种工作的劳动者这三个社会阶级之间

---

① ［英］亚当·斯密：《国富论》（下），郭大力、王亚南译，北京联合出版公司2013年版，"序论"第1页。

② 《马克思恩格斯文集》第1卷，人民出版社2009年版，第703页。

③ 《马克思恩格斯文集》第1卷，人民出版社2009年版，第703页。

进行分配"①。因而李嘉图指出："确立支配这种分配的法则，乃是政治经济学的主要问题。"②

在这里，以分配和交换领域为研究对象的古典政治经济学遭遇了一个难以解决的理论困难，那就是在劳动价值论的视域中，如果说任何商品的价值都是由劳动所确定的，那么劳动本身的价值究竟应该如何确定呢？在马克思看来，正是这一理论难题导致了李嘉图学派的最终解体，而且这一问题的存在实际上已经预示我们，不能仅仅停留在分配、交换领域中来研究经济问题，而应到生产领域去寻找资本主义经济活动的深层规律。然而古典政治经济学家没有像马克思一样意识到对生产领域本身进行研究的重要性，而是通过假定、偷换的方式，将劳动本身的价值直接等同于把劳动的载体——劳动者——不断生产出来所需要的生产费用。这就形成了关于劳动的自然价格的概念，即"劳动的自然价格是让劳动者大体上能够生活下去并不增不减地延续其后裔所必需的价格"③。这些工人及其家庭所消费的商品的价值是能够通过劳动价值论来确定的，通过这种方式，我们就能够清楚地确定商品和劳动的价值了，唯一需要关注和加以研究的问题就只剩下价格为何会围绕价值而上下波动了。所以，古典政治经济学的研究从来没有真正进入生产领域中来，而是始终集中于分配和交换领域。

马克思则通过对资本主义社会的分析发现，虽然在前资本主义时代中，我们也能发现市场与商品交换的关系，因而古典政治经济学认为它们是人类社会的永恒性组成要素，对分配和交换领域中规律的分析将适用于全部人类社会形态，但马克思指出："比较简单

---

① ［英］彼罗·斯拉法主编：《李嘉图著作和通信集（第一卷）政治经济学及赋税原理》，郭大力、王亚南译，商务印书馆 1962 年版，第 3 页。

② ［英］彼罗·斯拉法主编：《李嘉图著作和通信集（第一卷）政治经济学及赋税原理》，郭大力、王亚南译，商务印书馆 1962 年版，第 3 页。

③ ［英］彼罗·斯拉法主编：《李嘉图著作和通信集（第一卷）政治经济学及赋税原理》，郭大力、王亚南译，商务印书馆 1962 年版，第 77 页。

的范畴，虽然在历史上可以在比较具体的范畴之前存在，但是，它在深度和广度上的充分发展恰恰只能属于一个复杂的社会形式，而比较具体的范畴在一个比较不发展的社会形式中有过比较充分的发展。"① 虽然在前资本主义社会中，通过市场所进行的商品交换已经存在，但在这里，这些概念的内涵与它们在资本主义社会中的内涵有着根本性的不同。在前资本主义社会中，商品交换遵循 W—G—W 的规律而进行，人们出卖商品是为了购买其他商品。人们从事商品交换的最终目的在于"为买而卖"，即为了享受其他商品的使用价值，而出卖自己所拥有的商品，在这里货币仅仅作为不同使用价值之间的交换中介而存在。然而在资本主义社会中，情况发生了根本性的变化。在资本主义社会中，W—G—W 的商品交换规律被颠倒为 G—W—G' 的交换规律，人们出卖商品不再是为了享受其他商品的使用价值，而是为了追求 G——价值本身，而且是增殖以后的 G'，即价值的增殖。这样就形成了资本增殖的逻辑，整个资本主义生产方式的根本目的就在于促成资本的增殖，从而服务于资本的逻辑。因此，对资本主义经济规律的研究不能仅仅停留于对分配和交换领域的规律的研究，而是应该进一步深入揭示资本的逻辑的秘密。

　　在这一思路的指引下，马克思通过区分劳动与劳动力概念，将对资本主义规律的研究推进到了生产领域。在 G—W—G' 的运动过程中，资本要想实现自我增殖，实现从 G 增长为 G'，就必须找到一种特殊的商品 W，对它的消费本身就能创造价值，这样 G—W—G' 的运动过程才能够完成。在这里，劳动力构成了这种最为特殊的商品，工人"就不是出卖劳动，而是为了获得一定的报酬让资本家在一定的时间内或为完成一定的工作支配自己的劳动力：他出租或出卖自己的劳动力"②。劳动力作为一种最为特殊的商品，其

① 《马克思恩格斯文集》第 8 卷，人民出版社 2009 年版，第 27 页。
② 《马克思恩格斯文集》第 1 卷，人民出版社 2009 年版，第 707 页。

特殊性就在于：对劳动力的消费本身就能产生价值，而这一过程是在生产领域中完成的。这样，马克思就把对生产领域的考察提上了议事日程。当我们单独观察交换领域的时候我们会发现，资本家在购买工人的劳动力的时候遵循了等价交换原则，因此看上去资本家好像并没有剥削工人的价值。但当我们将目光转向对劳动力的消费过程，即生产领域时，我们就会发现，"劳动力的使用就是劳动本身。劳动力的买者消费劳动力，就是叫劳动力的卖者劳动"①。根据劳动价值论的基本观点，劳动是价值的唯一源泉，因而在生产过程中实际上是工人的劳动创造了新的价值。资本家没有将这些新创造出来的剩余价值交还给工人，而是将其据为己有了，这样，资本家就剥削了工人的剩余价值。因此，即便资本家在市场上购买劳动力时所遵循的是等价交换原则，但只要资本家在生产领域中消费了劳动力，资本家实际上就剥削了工人的剩余价值。通过这一分析马克思证明，交换领域中的平等关系不妨碍资本家在生产领域中无偿占有工人的剩余价值。

因此，如果从权力关系的角度来看的话我们就会发现，通过将研究视角深入到生产领域中去，实际上马克思同时也发现了权力关系得以产生的真实根源。从古典政治经济学的角度来看，生产领域中的一切都是清楚的，劳动的价值是清楚的，劳动所创造的商品的价值也是清楚的，以此为基础，我们可以轻易地判断二者在分配和交换过程中是否遵循了等价交换原则，二者在交换过程中的地位是不是平等的。因此，正如上一节所指出的那样，斯密认为，权力关系的根源在于交换领域，传统封建社会中不平等的交换关系创造了交换双方不平等的社会地位，从而也创造了封建社会中的支配性权力关系。而遵循等价交换原则的市场交换关系并不会造成交易双方在地位、尊重上的差异，从而也不会形成支配性的权力关系。但通过马克思的分析我们则发现，在交换关系看似平等的前提下，生产

① 《马克思恩格斯文集》第 5 卷，人民出版社 2009 年版，第 207 页。

领域中依然可能会存在资本家与工人间地位的不平等，从而催生特定的支配关系与权力形式。所以，"劳动力的买和卖是在流通领域或商品交换领域的界限以内进行的，这个领域确实是天赋人权的真正伊甸园。那里占统治地位的只是自由、平等、所有权和边沁"①。这就是古典政治经济学的观点，同时也是自由主义的基本观点。但一旦我们将研究视角对准生产领域，将分析深入生产领域中时，我们就会发现，"我们的剧中人的面貌已经起了某些变化。原来的货币占有者作为资本家，昂首前行；劳动力占有者作为他的工人，尾随于后。一个笑容满面，雄心勃勃；一个战战兢兢，畏缩不前，像在市场上出卖了自己的皮一样，只有一个前途——让人家来鞣"②。在资本主义社会中，由不平等的交换关系为基础所形成的封建领主权力确实已不复存在，但以资本主义生产方式为基础的资本权力则正在整个人类社会的方方面面发挥着支配性作用。而从这一观点来反思关系平等主义对私人性政府中的权力关系的揭示的话我们就会发现，实际上在私人性政府中发挥作用的就是这种与资本主义生产方式相伴而生的资本权力。

第三节　资本权力的三个侧面

在发现了在现代资本主义社会中广泛存在的权力关系之实质是资本权力之后，我们的任务就是要对资本权力进行全方位把握。资本权力虽然根植于资本主义生产方式内部，但资本权力本身并不是一个单一、抽象的概念。实际上资本权力拥有很多不同的侧面，资本权力一方面吸纳了其他权力形式的某些特征，另一方面也能够通过整个资本主义社会对其他形式的权力产生影响。因此，我们首先有必要对资本权力的主要表现形式予以分析和把握。

---

① 《马克思恩格斯文集》第 5 卷，人民出版社 2009 年版，第 204 页。
② 《马克思恩格斯文集》第 5 卷，人民出版社 2009 年版，第 205 页。

一　购买力：资本权力的史前形式

资本作为一种权力，从最基本的角度来说，其所具有的最基本的权力就是购买力。事实上，在马克思揭示资本主义生产方式的本质和规律之前，当资本还仅被理解为财产而出现在古典政治经济学的视域中时，斯密就意识到资本具有购买的权力。"财产对他直接提供的权力，是购买力，是对于当时市场上各种劳动、各种劳动生产物的支配权。他的财产的大小，与这种支配权的大小，恰成比例。"① 事实上，这种权力首先是来自货币的。随着人类社会经济交往活动的逐步展开，货币作为一般等价物逐渐从各种特殊的商品中析出。货币具有价值尺度的职能，从而能够对任何特殊商品进行估价，同时货币也具有流通手段、支付手段、贮藏手段和世界货币等职能，从而拥有了货币就能购买到任何商品，货币本身就成为财富的象征，这都是货币所具有的购买力这种权力的体现。在《1844年经济学哲学手稿》中，马克思就货币及其所展现的购买力进行了批判。"依靠货币而对我存在的东西，我能为之付钱的东西，即货币能购买的东西，那是我——货币占有者本身。货币的力量多大，我的力量就多大。"② 只要拥有了货币，"凡是我作为人所不能做到的，也就是我个人的一切本质力量所不能做到的，我凭借货币都能做到"③。到了《共产党宣言》中，马克思进一步指明，资本所拥有的购买力这种权力是如此的强大，以至于"人和人之间除了赤裸裸的利害关系，除了冷酷无情的'现金交易'，就再也没有任何别的联系了。它把宗教虔诚、骑士热忱、小市民伤感这些情感的神圣发作，淹没在利己主义打算的冰水之中。它把人的尊严变成了交换价值，用一种没有良心的贸易自由代替了无数特许的和自力挣得的

---

① ［英］亚当·斯密：《国富论》（上），郭大力、王亚南译，北京联合出版公司2013年版，第25页。

② 《马克思恩格斯文集》第1卷，人民出版社2009年版，第244页。

③ 《马克思恩格斯文集》第1卷，人民出版社2009年版，第246页。

自由"①。在现代资本主义社会中，购买力已经如此广泛而深入地渗透到了人类社会生活的方方面面，以至于人类社会的任何方面似乎都无法逃脱购买力的支配。在现代社会中，我们不仅随时都能看到资本正在以其巨大的购买力干涉经济生活的方方面面，而且就连原属非经济领域的政治领域被购买力所干涉也早已不是什么新鲜事。

购买力对整个人类社会的支配是主要通过市场原则来实现的。随着资本主义生产方式的逐步发展，越来越多的人类社会生活中的非经济领域开始被经济化、市场化，而越来越多的学者则开始发现，与市场原则相适应的经济分析方法已经逐渐成为一种可用以分析人类社会中全部行为的普适性研究方法。在贝克尔看来，"经济分析是一种统一的方法，适用于解释全部人类行为，这些行为涉及货币价格或影子价格，重复或零星决策，重大的或次要的决策，感情或机械似的目的，富者与穷人，男子与女士，成人与儿童，智者与笨伯，医生与病人，商人与政客，教师与学生，等等。经济分析能够想见的应用范围如同强调稀缺手段与各种目的的经济学定义一样宽泛"②。贝克尔试图表明，在人类生活的任何领域中我们都能发现与经济领域中相类似的效用最大化与福利最大化原则。因此，用经济分析方法分析市场领域，其有效性是毋庸置疑的，而贝克尔撰写《人类行为的经济分析》一书主要就是为了证明，即便是在非市场领域，如政治、法律、健康、婚姻乃至养育子女等领域，经济分析也同样是适用的。贝克尔的分析有着丰富的事实依据，例如在健康领域，"根据经济分析，绝大多数（并非全部！）死亡都是某种程度上的'自杀'，就是说，如果投入更多的资源，生命就可以延

---

① 《马克思恩格斯文集》第2卷，人民出版社2009年版，第34页。
② ［美］加里·S. 贝克尔：《人类行为的经济分析》，王业宇、陈琪译，格致出版社2015年版，第7页。

续"①。是否继续生存下去事实上就是在生存下去所获得的效用与为了维持生存所要投入的资源之间做出权衡，这种观点虽然与很多人对于健康问题的通常理解方式有所差异，但毫无疑问，经济分析的观点与现实数据高度吻合并拥有很强的说服力，如它能够解释工资的增长、教育水平的提高能提升人的健康状况的原因。② 在养育子女这一领域的情况也是相同的，在贝克尔对养育子女的分析中，他所运用的完全是经济分析的话语，如"对绝大多数父母来说，子女是一种心理收入或满足的来源，按照经济学的术语，子女可以看成一种消费商品，有些时候，子女还可以提供货币收入，因而还是一种生产品"③。通过将子女视为耐用消费品与生产品，贝克尔揭示了子女的质量、数量与父母的投入这三个变量之间的经济关系，从而有效地解释了当代发达资本主义国家中所普遍出现的"少子化"现象的内在机理，同时也证明了就这一问题而言，马尔萨斯的人口理论是成问题的。贝克尔对其所找到的经济分析理论十分自信，他认为，"如果全书观点成立，那么，经济分析就为理解人类行为提供了一直为边沁、康德、马克思及其他学者长期求之不得的统一方法。读者可以从以下章节中亲身感受到经济分析的力量"④。贝克尔的观点实际上代表了许多支持社会经济学化的学者的观点，这些观点的主要特点体现为，他们认为经济学对于当代社会有着极强的解释力，因而他们认为自己在经济学中发现了人类的秘密，并不遗余力地希望将经济分析推广到人类的全部生活领域。

　　将经济分析视为能够揭示人类社会全部秘密的思路，实际上就

---

① ［美］加里·S. 贝克尔：《人类行为的经济分析》，王业宇、陈琪译，格致出版社 2015 年版，第 8—9 页。

② 参见［美］加里·S. 贝克尔：《人类行为的经济分析》，王业宇、陈琪译，格致出版社 2015 年版，第 9 页。

③ ［美］加里·S. 贝克尔：《人类行为的经济分析》，王业宇、陈琪译，格致出版社 2015 年版，第 177 页。

④ ［美］加里·S. 贝克尔：《人类行为的经济分析》，王业宇、陈琪译，格致出版社 2015 年版，第 13 页。

已经暗含了人类社会已经全面地成了为市场原则所支配的市场社会的观点，而米德克罗夫特的观点则更为清晰地指明，市场不仅是一种完善的资源配置方式，而且其本身也构成了一种更好的伦理规范体系，这表明人类社会的道德领域也已经为市场原则所占据。米德克罗夫特认为，市场本身具有认识论功能，这种认识论功能体现在市场能够传递价格信号。"价格反映出消费者愿意以什么样的成本购买某种商品或者服务，以及生产者愿意以什么样的成本供应这些商品或服务。市场价格比其他任何途径都能够更为有效地确立和传达这种信息。"① 有人对市场的这一功能进行批判：一方面，价格信号实际上体现的并不是人们的需求，而是人们购买力的差异；另一方面，价格机制可能会对一些不能用货币进行估价的价值进行估价，这就会造成一种"范畴错误"，从而对被估价之事物的本性造成误解。针对这两点反驳，米德克罗夫特认为，就"购买力的差异"这一观点来说，"价格机制能够发挥作用，是因为它传达了关于人们的需求的信息，以及关于满足这些需求所需要的可资利用的资源的信息。如果价格机制没有反映出不同个体的购买力，那么，它将不能够履行自己的认识论功能，因为它将不能传达被运用于不同用途的、可资利用的资源的信息"②。因此，传达"购买力的差异"非但不是价格机制的缺陷，反而标志了价格机制所传递的信息的全面性。而就"范畴错误"而言，米德克罗夫特认为，"价格传递了那些如果不是在市场中产生就不会存在的信息"③。因此"我们赋予未遭破坏的自然环境的价值、我们对于和平而非战争的偏好，或者仅仅是一个人希望吃上一顿没有肉的美餐，这一切都可以

① ［英］约翰·米德克罗夫特：《市场的伦理》，王首贞、王巧贞译，复旦大学出版社 2012 年版，第 50 页。

② ［英］约翰·米德克罗夫特：《市场的伦理》，王首贞、王巧贞译，复旦大学出版社 2012 年版，第 40 页。

③ ［英］约翰·米德克罗夫特：《市场的伦理》，王首贞、王巧贞译，复旦大学出版社 2012 年版，第 44 页。

被转换到市场环境中"①。对这些非传统商品进行估价非但不是一种"范畴错误"，反而会发掘出人们内心对这些事物的价值的真实理解，因而这也体现了市场的认识论功能。

以市场所具有的认识论功能为基础，米德克罗夫特进一步指出，市场同时也是最道德的。一方面，"自由社会的基本原则是个人的自我所有权：每一个独立的个体及其财产都是神圣不可侵犯的，它们不可以受到任何他人的侵犯，除非这个人首先侵犯了别人的财产权"②。根据这一观点，只有完全自由的市场经济才是符合自我所有权这一原则的，任何对市场施以目的性引导的经济制度都会损害这一原则，从而造成个人自由的削减。另一方面，由于市场已经具有了高效的特点以及认识论的功能，因而任何一种道德考量和道德诉求都应该在市场中表达出来，只要将道德问题与市场机制联合起来，那么市场就会以其特有的高效运行方式解决人类社会所面临的各种道德问题，这比任何伦理学的解决方式都是更准确而且更高效的。米德克罗夫特认为，"不管一个人是完全利他主义的或者是完全自私自利的，市场运行所依据的原则都与他们对其目标的追求密切相关。进一步来讲，如果个体希望通过满足那些他并不直接了解的人的需求而成为社会层面上的利他主义者，那么，达到这一目的的最为有效的方式是在市场中实现其金钱利润的最大化"③。在这一观点下，市场就成为评价一切行为，包括道德行为的最高标准，任何行为都应该经过市场的评估和规范，只有这样人类社会才能准确而高效地运行。

正是通过对这些鼓吹经济分析、市场原则的绝对有效性的观点

---

① ［英］约翰·米德克罗夫特：《市场的伦理》，王首贞、王巧贞译，复旦大学出版社 2012 年版，第 45 页。

② ［英］约翰·米德克罗夫特：《市场的伦理》，王首贞、王巧贞译，复旦大学出版社 2012 年版，第 13 页。

③ ［英］约翰·米德克罗夫特：《市场的伦理》，王首贞、王巧贞译，复旦大学出版社 2012 年版，第 29 页。

的批判性反省，桑德尔发现，我们必须对市场经济和市场社会这二者进行区分。"这里的区别在于：市场经济是组织生产活动的一种工具———一种有价值且高效的工具。市场社会是一种生活方式，其间，市场价值观渗透到了人类活动的各个方面。市场社会是一个社会关系按照市场规律加以改变的社会。"① 在自由主义经济学家们大力推进市场经济的时候，他们事实上不仅促成了人类社会中经济领域的市场化，同时也促成了人类社会中非经济领域的市场化，而这实际上也就意味着，人类社会正在逐渐变为一个市场社会。在桑德尔看来，人类社会的任何一个社会生活领域中都包含着一套行为规范、价值规范与道德体系，同样，市场经济中也包含着一套属于它自己的规范、道德、价值体系。这样，人类社会成为市场社会实际上也就意味着，市场的道德原则侵入了人类社会生活的其他领域中，并将原有的道德原则替换成了市场的道德原则，在桑德尔看来，这就腐化了人类社会。"我们时常把腐败与非法所得联系起来。然而，腐败远不止是指贿赂和非法支付。腐蚀一件物品或者一种社会惯例也是在贬低它，也就是以一种较低的评价方式而不是适合它的评价方式来对待它。"② 市场社会的全面建成，实际上也就意味着全部人类社会生活都遭到了市场经济的腐化，市场原则成了整个人类社会中唯一可行且恰当的基本原则。事实上这也就意味着，资本权力已经全面侵入人类社会的所有方面而形成了对整个人类社会的全面统治。

但值得注意的是，虽然在现代资本主义社会中，我们可以看到资本所具有的购买力通过人类社会的市场化而贯穿在整个社会之中，但我们必须注意到的是，购买力实际上并不能囊括资本权力的全部方面，而且仅有购买力也无法形成对人类社会的全面支配。正

---

① ［美］迈克尔·桑德尔：《金钱不能买什么：金钱与公正的正面交锋》，邓正来译，中信出版社2012年版，"引言：市场与道德"，第 XVII 页。

② ［美］迈克尔·桑德尔：《金钱不能买什么：金钱与公正的正面交锋》，邓正来译，中信出版社2012年版，第23页。

如马克思所指出的那样："资产阶级社会是最发达的和最多样性的历史的生产组织。因此，那些表现它的各种关系的范畴以及对于它的结构的理解，同时也能使我们透视一切已经覆灭的社会形式的结构和生产关系。资产阶级社会借这些社会形式的残片和因素建立起来，其中一部分是还未克服的遗物，继续在这里存留着，一部分原来只是征兆的东西，发展到具有充分意义，等等。"① 货币并非诞生于资本主义社会之中，早在资本主义生产方式还尚未形成的前资本主义社会中，货币就已经存在了，这种由货币所展现出的购买力实际上就已经形成了。因此，购买力实际上构成资本权力的一种史前形式，虽然购买力是资本权力的一个重要组成部分，并且正在当代社会中发挥作用，但它并不足以囊括资本权力的全部内涵。购买力更多展现的是资本权力从前资本主义社会到资本主义社会中的延续性方面，而没有充分展现其特殊性和独特性之处。

更进一步来讲，购买力之所以构成了资本权力的史前形式，其原因也在于购买力实际上是资本主义生产方式得以成立的必要条件。马克思指出，资本要想按照 G—W—G′ 的方式实现自我增殖，就必须要在生产领域实现价值的增加，即购买到劳动力。而要想在市场上自由地购买劳动力需要依赖几个前提条件，"作为货币财富而存在的价值，由于旧的生产方式解体的历史过程，一方面能买到劳动的客观条件，另一方面也能用货币从已经自由的工人那里换到活劳动本身"②。换言之，如果没有购买力，那么资本家就无法买到生产资料，也无法买到活劳动，整个资本主义生产方式实际上都是不能实现的。与此同时我们也必须注意到，虽然购买力构成了资本主义生产方式得以成立的必要条件，但资本主义生产方式的形成也极大地扩展了购买力本身。正如马克思所指出的那样，简单的范畴

---

① 《马克思恩格斯文集》第 8 卷，人民出版社 2009 年版，第 29 页。
② 《马克思恩格斯文集》第 8 卷，人民出版社 2009 年版，第 160 页。

"在深度和广度上的充分发展恰恰只能属于一个复杂的社会形式"①。在前资本主义社会里，货币所展现出的购买力确实存在，但那时它们还只是一些简单的范畴，没有随着资本权力的形成而成为一种贯穿于整个人类社会始终的、具有强大力量的权力形式。事实上，只有到了资本主义社会里，购买力这一简单的范畴才获得了充分的发展。因此我们可以发现，对货币及购买力的谴责，与对贪欲的谴责一起，早在资本主义社会形成之前就已经存在，但马克思在《1844年经济学哲学手稿》以及《共产党宣言》中对货币所具有的巨大魔力的彻底性批判，事实上是只能属于资本主义社会这一社会阶段的。因为只有在资本主义社会中，货币的魔力才变得如此之无所不包，无孔不入，而又如此之神秘莫测，"充满形而上学的微妙和神学的怪诞"②。也只有在资本主义社会中，资本所拥有的购买力才会进而演化出一套物化与拜物教体系。

因此，资本所具有的购买力当然是资本权力的重要形式，它也当然是资本主义社会得以成立的必要条件，但就购买力本身而言，实际上它是历史悠久的。无论是在前资本主义社会中，还是在资本主义社会中，购买力都始终存在，它一直作为一种经济性支配力量而存在。但随着资本主义生产方式的形成与资本主义社会的诞生，购买力已经不再仅仅是一种特殊的经济权力，而且是成了一种普遍的社会权力，并以此为基础催生了更为丰富而复杂的资本权力形式。因此，要想揭示资本权力的秘密，就不能仅仅停留于对购买力本身的研究，而是要进一步深入到资本主义生产方式内部，去揭示资本权力的特殊性和独特性之处，从而才能真正形成对资本权力的真实把握。

二　劳动支配力：资本权力的核心形式

购买力是资本权力的史前形式，在购买力的基础上，资本主义

---

① 《马克思恩格斯文集》第8卷，人民出版社2009年版，第27页。
② 《马克思恩格斯文集》第5卷，人民出版社2009年版，第88页。

生产方式逐渐形成，而在这一过程中，资本权力获得了一个最为重要的内涵，那就是劳动支配力。正是由于具有了劳动支配力，资本权力的运作方式才与前资本主义社会中的购买力运作方式产生了根本性的差别。为了理解资本权力作为劳动支配力的这一方面，我们首先还是要回到资本的诞生地那里去。在《政治经济学批判大纲》中马克思已经指出，资本的诞生需要能够用货币一方面买到劳动的客观条件即生产资料，另一方面买到活劳动。在这里我们需要注意的是，在这两个方面之间存在着本质性的区别。

当能够用货币购买到生产资料的时候，实际上此时所体现出的依然是购买力。然而，当资本能够在市场上购买到活劳动的时候，情况就发生了根本性的变化。资本主义生产方式与前资本主义生产方式的根本区别在于，资本主义生产方式以实现资本增殖为目的，资本必须按照 G—W—G' 的方式运行，这样才能实现资本增殖。但问题在于，根据劳动价值论的观点，只有劳动才能创造价值，如果承认其他经济要素也能创造价值，如承认土地也能创造价值，或承认交换本身就会产生价值的话，那么就回落到重农主义或重商主义经济学的思想地平上去了，用这种低于古典政治经济学的思维方式是无法把握到资本主义社会的本质的。而如果坚持劳动价值论的话，那么在 G—W—G' 的运动过程中，就既不能在从货币到商品的过程中获得价值增量，也不能在从商品到货币的过程中获得价值增量，而只能在 W——商品本身中获得价值增量。事实上，正是在这里，古典政治经济学遇到了其难以克服的理论困难。因为古典政治经济学根据劳动价值论实际上推导出了两个劳动的价值概念：一方面，我们可以用提供劳动的劳动者为了维持生存所消耗的产品的价值来衡量劳动本身的价值；另一方面，我们也可以通过劳动产品本身中所包含的价值来定义劳动价值。但由于在资本主义生产方式中，货币与产品遵循 G—W—G' 的方式运动，因而通过前一种劳动价值概念所定义的实际上是进入生产之前的 G 的价值，而后一种劳动价值概念所定义的则是最后所赚取的 G' 的价值，这二者之间总是存在着一个差值，因而劳动本身的真实价值始终是无法真实确定的。在马克思看来，"古典经济学的最后一个分支——李嘉图学派，多半是由于不能解决这个矛盾而遭到了破产"①。

而马克思则对古典政治经济学笼统观之的劳动概念进行了深入分析。马克思发现，劳动和劳动力是两个不同的概念。劳动是与工人本身不可分割的劳动能力，而劳动力则可以作为一种商品到市场上进行交换。因而工人出卖给资本家的并不是劳动本身，而是劳动力。工人"不是出卖劳动，而是为了获得一定的报酬让资本家在一定的时间内或为完成一定的工作支配自己的劳动力：他出租或出卖自己的劳动力"②。根据这一区分，古典政治经济学所面临的理论难题就得到了恰当的解决，资本家所购买的不是工人的劳动，而是劳动力，由工人的生产费用所衡量的劳动的自然价格实际上成了劳动力的价格，所以资本家在购买劳动力的时候所支付的是这个价格，这与工人在生产过程中所付出的劳动是两回事。

通过区分劳动与劳动力，马克思不仅解决了古典政治经济学关于价值问题的疑难，而且更进一步来说，马克思揭示了劳动支配力这种资本权力新形式的诞生。劳动力虽然能够像其他商品一样进入市场领域进行买卖，但是劳动力与其他商品具有根本性的区别。其他劳动产品作为工人的劳动产品，其中凝结着工人的劳动所创造的价值。劳动产品一经创造出来，工人的劳动活动就已经完成了，如果工人本身是独立生产者，能够在生产出劳动产品后直接获得劳动产品的所有权的话，那么工人可以将这件产品拿到市场上出售。在这里，生产者与商品是可以分离的，劳动者拥有这件商品的所有权，除此之外二者之间没有任何其他联系。当在市场上有人购买到这件商品时，他所使用的是货币的购买力，这种购买力使商品的所有权关系从生产者那里转换到购买者那里。当这一交易完成之后，

① 《马克思恩格斯文集》第1卷，人民出版社2009年版，第706页。
② 《马克思恩格斯文集》第1卷，人民出版社2009年版，第707页。

唯一发生变化的只有商品的所有权，生产者和购买者之间不再存在任何其他社会关系。实际上，这就是斯密所提到的在市场上与屠宰业者、酿酒业者、面包业者所进行的交换，在这里，交换双方的地位是平等的，一方不需要乞求另一方的怜悯而获得劳动产品。

然而，劳动力则与其他商品有着根本性的不同。劳动力虽然能够作为一种商品进入市场进行交换，但是劳动力所对应的并不是一件凝结着生产者的劳动的特殊商品。实际上，劳动力所对应的就是劳动者的劳动能力本身，而这种劳动能力是不能与劳动者相分离的。因此，劳动力实际上也意味着一种对劳动者的劳动能力的支配权，劳动者与劳动力之间的关系，除了像一般商品那样具有所有权关系之外，还具有支配权这一层含义。因此，当购买者在市场上购买劳动者的劳动力时，购买者所获得的并不是某种现实的商品，而是对劳动者的劳动能力的支配权。劳动"被出售并被买者使用之后，工人即劳动的载体还存在着。所以，工人所出售的实际上是一种特殊的财产权，是一种在一段时期内可以自由使用其劳动能力的权力，而不是一种可分离的商品"[1]。这也就意味着，在购买活劳动的时候，买卖双方的关系不仅限于交换领域，当劳动力的买卖完成之后，购买者与劳动者之间的社会关系依然存在，购买者握有对劳动者的劳动能力的支配权。这种支配权要到对劳动的消费领域中，也即生产领域中才能真正地发挥作用，一旦到了生产领域中，购买者就可以随意地使用这种对劳动的支配权，从而形成对劳动者的支配性权力关系。

所以，如果我们仅仅将目光停留在交换领域的话，我们就会发现，"劳动力的买和卖是在流通领域或商品交换领域的界限以内进行的，这个领域确实是天赋人权的真正伊甸园。那里占统治地位的

---

① ［加］迈克尔·A. 莱博维奇：《超越〈资本论〉：马克思的工人阶级政治经济学》，崔秀红译，张苏等校，经济科学出版社 2007 年版，第 6 页。

只是自由、平等、所有权和边沁"①。劳动力商品的购买与一般性商品的购买之间没有任何本质性区别，二者都是根据等价交换原则支付一定量的货币，从而购买到一种有价值的商品。然而当我们的研究目光转向生产领域的时候我们就会发现，"我们的剧中人的面貌已经起了某些变化。原来的货币占有者作为资本家，昂首前行；劳动力占有者作为他的工人，尾随于后。一个笑容满面，雄心勃勃；一个战战兢兢，畏缩不前，像在市场上出卖了自己的皮一样，只有一个前途——让人家来鞣"②。这已不再是天赋人权和平等关系的伊甸园了，资本家所购买到的对劳动者的支配权开始真正发挥作用。实际上，此时资本家所运用的就不再是购买力了，而是劳动支配力。劳动支配力这种资本权力的新方面就此诞生。

因此，劳动支配力构成了资本权力与前资本主义社会中其他权力形式的根本性区别特征。一方面，劳动支配力随着资本主义生产方式的确立而同步诞生，它构成了资本权力的基本构成方面之一；另一方面，也正是劳动支配力的形成根本性地扩展了购买力的作用范围，从而使之实质性地转化为了一种资本权力意义上的购买力。因为在劳动支配力形成之前，购买力至多只能成为一种对物的权力，但随着劳动力成为商品和劳动支配力的形成，购买力则第一次开始能够直接以人本身为对象而发挥作用。事实上，资本权力在现代社会中所具有的一切复杂多变的体现形式，都是在购买力与劳动支配力相结合的基础上才得以形成的。

而从劳动支配力的角度出发我们就会发现，随着生产方式的逐步发展，劳动支配力正在逐渐转化为一种对人的一般性的支配力。在原本的意义上，劳动支配力仅仅能够支配劳动行为，然而在当代社会中，这种劳动支配力已经越来越转化为一种一般性的对人的身体及其全部行为的支配力。这里的关键点在于，现代社会的逐步发

---

① 《马克思恩格斯文集》第 5 卷，人民出版社 2009 年版，第 204 页。
② 《马克思恩格斯文集》第 5 卷，人民出版社 2009 年版，第 205 页。

展带来了劳动的具体方式和内容的巨大变化。在工业革命刚刚开始的时候，我们尚可以看出工人在工厂中的生产活动与工人在非工作时间的日常生活是完全不同的两种活动。然而随着现代服务业的兴起，越来越多的人开始从事非物质性劳动，哈特和奈格里等人所关注的非物质劳动概念实际上所指的就是这一状况。在哈特和奈格里看来，在马克思研究资本主义生产方式的时候，他所更多涉及的是物质性生产劳动。但在当代资本主义社会中，生产的具体内容则产生了新变化，"大多数服务的确以信息和各种知识的持续交换为基础。既然服务的生产导致缺失物质的和耐用的物品，我们将这一生产所涉及的劳动定义为非物质劳动——即生产一种非物质商品的劳动，如一种服务，一个文化产品、知识或交流"①。在哈特和奈格里看来，在当代资本主义社会中，劳动的主要形式已经不再是物质劳动，而是非物质劳动。在这里，劳动的主要形式和内容发生了变化。与此同时，哈特和奈格里还指出，非物质劳动实质上还是一种生命政治生产。如果我们仅仅聚焦于其劳动内容的话，那么非物质性是非物质劳动的突出特点；但如果我们进一步考虑非物质劳动的对象与结果的话我们就会发现，这种劳动实际上也在创生主体，"生产者和产品都是主体：人既生产，也被生产"②。从这一角度来说，这种新的生产方式就应该被称为生命政治生产。

　　非物质劳动的崛起意味着劳动的具体内容已经脱离了机器化大生产的范畴，任何种类的人类活动都可能被称为劳动的内容；生命政治生产概念则为我们指出，在当代资本主义社会中，非物质劳动并不对应于商品的生产，而是直接对应于对人自身的生产，对应于主体的生成。这一状况所导致的结果就是，人的劳动行为和非劳动行为之间的界限越来越模糊，很多原来的非生产性活动都转变成了

---

① ［美］迈克尔·哈特、［意］安东尼奥·奈格里：《帝国：全球化的政治秩序》，杨建国、范一亭译，江苏人民出版社 2003 年版，第 277 页。

② ［美］迈克尔·哈特、［意］安东尼奥·奈格里：《大同世界》，王行坤译，中国人民大学出版社 2016 年版，第 102 页。

生产性活动。例如现在很多人以在各种社交软件中进行点赞、刷榜为工作。而随着这一现象的产生，实际上劳动支配力的权力范围也就相应地变得越来越广。今天，越来越多的人类活动成了劳动，而劳动与非劳动之间的界限又越来越模糊，因而劳动支配力和非劳动支配力之间的界限也越来越模糊。事实上，正如安德森在分析私人性政府时所指出的那样，老板和经理对员工的管控越来越深入员工生活的方方面面，甚至深入员工的日常生活中。现代社会中的人们也常常会有这样的感受，那就是工作和生活的界限越来越模糊，在非工作时间处理工作问题的情况也越来越普遍。因此，在这一基础之上，劳动支配权实际上已经成了一种一般性的支配权，它不仅能够支配人的劳动行为，也能支配人的非劳动行为，因而构成了一种对人的身体与全部行为的支配力。

三 资本权力的社会化形式

购买力和劳动支配力共同构成了资本权力的两个重要组成部分，购买力是资本权力的史前形式，只有在资本主义生产方式诞生之后，资本权力的核心形式——劳动支配力才同步出现。购买力与支配力的结合不仅极大地扩展了购买力的作用范围，而且使得资本权力得以逐渐蔓延到整个资本主义社会的方方面面，从而不断地走向社会化，构成了资本权力的多种社会化形式。在这里，资本权力的运作已不再局限于单纯的购买力或是单纯的支配力，而是在二者的相互融合、共同作用下，形成对人类社会方方面面的全面控制。

首先，在资本主义社会中，随着各种劳动产品和劳动力本身都成了商品，商品就成了构成资本主义生产方式的基本要素。"资本主义生产方式占统治地位的社会的财富，表现为'庞大的商品堆积'，单个的商品表现为这种财富的元素形式。"[①] 虽然从外观上来说，商品本身似乎只是一个再寻常不过的存在物，但通过对商品所

---

① 《马克思恩格斯文集》第 5 卷，人民出版社 2009 年版，第 47 页。

蕴含的使用价值与价值的二重性，以及其背后的有用劳动与一般人类劳动的二重性的批判性反思，马克思发现："对商品的分析表明，它却是一种很古怪的东西，充满形而上学的微妙和神学的怪诞。"① 商品之所以既体现出一定的有用性，同时又能够与其他商品按照一定的比例进行交换，其根源在于人们劳动的社会性质。人类劳动的等同性决定了商品中具有某种一般性的交换价值，然而商品形式却"把人们本身劳动的社会性质反映成劳动产品本身的物的性质，反映成这些物的天然的社会属性，从而把生产者同总劳动的社会关系反映成存在于生产者之外的物与物之间的社会关系。由于这种转换，劳动产品成了商品，成了可感觉而又超感觉的物或社会的物"②。商品以其物与物之间的关系掩盖了人与人之间真实的社会关系，人们无法再在自己的劳动中感受到自己与他人的社会关系，而只能看到商品之间的等同关系。这样，商品拜物教便诞生了，人与人之间的关系被贬低为物与物之间的关系，商品成了人们的崇拜对象。而随着货币这种作为一般等价物的特殊商品逐渐从商品交换活动中析出，货币本身就成了纯粹的交换价值的代表，即成了人类劳动的直接化身。这样，对各种商品的崇拜便转化为对货币本身的崇拜，商品拜物教便进展到货币拜物教。"货币拜物教的谜就是商品拜物教的谜，只不过变得明显了，耀眼了。"③ 最后随着资本"为卖而买"、无尽追求自我增殖的资本逻辑的形成，资本拜物教便成为商品拜物教和货币拜物教发展的最高形式。在资本逻辑的统治之下，整个人类社会都表现出"受抽象统治"的特征。资本成为凌驾于整个人类社会之上的真正的主体，无论是资本家还是工人，其行为实际上都只是在服务于资本增殖的逻辑。正是在这一意义上，资本权力成了凌驾于整个人类社会之上的资本统治权，它通过拜物教

---

① 《马克思恩格斯文集》第 5 卷，人民出版社 2009 年版，第 88 页。
② 《马克思恩格斯文集》第 5 卷，人民出版社 2009 年版，第 89 页。
③ 《马克思恩格斯文集》第 5 卷，人民出版社 2009 年版，第 113 页。

体系将整个人类社会都裹挟其中。而在此基础上，随着资本拜物教的彻底发展，资本本身好像就成了财富的唯一源泉，资本的自身运动就能够创造出大量的社会财富，在这一意义上，金融资本这种新的资本形式便得以全面统治整个人类社会。在金融资本全面获得统治地位之前，在资本主义社会中占主流地位的是产业资本，此时的资本增殖还必须通过具体的产业活动而发挥作用，资本权力的运行还总要落实到劳动支配权这一维度之上。但金融资本则完全凌驾于具体的产业活动之上，金融资本将资本增殖的公式由 G—W—G'简化为了 G—G'，这样，具体的产业活动便不再构成资本权力的界限，通过金融资本，资本权力得以直接渗透到人类社会生活的方方面面。

　　其次，在资本主义社会中，资本权力在通过具体的经济活动作用在人们身上的同时，也构筑起了一系列资产阶级意识形态，从而从社会、文化等多角度实现对人类社会的全面控制。资产阶级的意识形态使人们认为，资本主义生产方式并不是一种随着人类历史发展而逐渐产生，并终将灭亡的历史性生产方式，而是将资本主义生产方式看作一种永恒不变的、自然性的生产方式。正如马克思所指出的那样："一些公式本来在额上写着，它们是属于生产过程支配人而人还没有支配生产过程的那种社会形态的，但在政治经济学的资产阶级意识中，它们竟像生产劳动本身一样，成了不言而喻的自然必然性。"[①] 这样，资产阶级意识形态就保障了资本主义生产方式的永恒性与资本权力的至上性。随着资本主义生产方式的不断发展，资本不断地将社会生活中的各种要素赋予意识形态内涵。在资本主义社会，自然科学开始通过技术以影响生产过程，提高生产效率。"生产过程成了科学的应用，而科学反过来成了生产过程的因素即所谓职能。每一项发现都成了新的发明或生产方法的新的改进的基础。只有资本主义生产方式才第一次使自然科学为直接的生产

---

① 《马克思恩格斯文集》第 5 卷，人民出版社 2009 年版，第 98—99 页。

过程服务，同时，生产的发展反过来又为从理论上征服自然提供了手段。科学获得的使命是：成为生产财富的手段，成为致富的手段。"① 这样，自然科学就从一种纯粹的理论兴趣所引发的理论活动而转变为服务于资本增殖的手段，也正是从这里开始，科学技术开始服务于资本权力对整个社会的统治和支配。从工业革命时代机器体系的运用，人成为机器的附庸，机器全面统治工人的生产，到今天数字化时代的背景下，人工智能的崛起和算法霸权的产生，都在使资本得以越来越精细而深入地控制整个社会。与此同时，科学技术不仅成了资本权力得以发挥的手段，科学技术中也生发出了以技术理性为核心的意识形态，从而服务于资本主义社会中人们的"单向度"化。事实上，不仅科学技术逐渐被资本所征服、为资本所用，大众文化、传媒、知识、社会组织等一系列社会、文化领域中的要素都在逐渐具备意识形态性，而服务于资本权力对社会的全面统治。

最后，随着资本主义生产方式的充分发展，实行资本主义制度的现代国家都事实上成了以"财治"原则为核心的财产共和国。正如前文中对洛克的政治哲学的分析所展现的那样，洛克通过对霍布斯政治哲学的改造，确立了财产权在政治哲学中的核心地位，并将国家与政府的职能定位为在财产权纠纷中充当公正的裁判者，从而保障私有财产的稳定。事实上，这一思路不仅构成了后世自由主义思想的基本原则，同时这一思想也在绝大多数西方国家里以制度和法律的方式得到了确认。正如哈特和奈格里所指出的那样，"三场伟大的资产阶级革命——英国的、美国的以及法国的——在各自的进程中都展示了财产共和国的出现和强化。在每个国家，宪政和法治的确立都有助于私有产权得到合法化"②。一方面，国家成为以保

---

① 《马克思恩格斯文集》第 8 卷，人民出版社 2009 年版，第 356—357 页。

② ［美］迈克尔·哈特、［意］安东尼奥·奈格里：《大同世界》，王行坤译，中国人民大学出版社 2016 年版，第 5 页。

障财产权为根本任务的财产共和国，这使得资本权力得以在社会中畅行无阻，而不会受到政治权力等其他权力形式的制约。另一方面，政治权力的运行还必须为资本权力的运行保驾护航，同时随着资本运作参与到国家的选举和立法等重要事务之中，资本权力将得以事实性地转化为政治权力。正如我们在美国大选中所看到的那样，只有在资本运作的支持之下选举活动才能正常进行，而各党派代表实际上也不过是各资产阶级的代言人，因此最终结果诚如熊彼特所言："人民实际上从未统治过，但他们总是能被定义弄得像在进行统治。"[①] 事实上，这也与恩格斯的基本判断是相一致的。"现代国家也只是资产阶级社会为了维护资本主义生产方式的一般外部条件使之不受工人和个别资本家的侵犯而建立的组织。现代国家，不管它的形式如何，本质上都是资本主义的机器，资本家的国家，理想的总资本家。"[②] 通过作为财产共和国的现代国家，资本权力得以与政治权力高度融合，共同服务于对整个社会的统治，这也是资本权力社会化的一个重要表现方面。

---

① ［美］约瑟夫·熊彼特：《资本主义、社会主义与民主》，吴良健译，商务印书馆 2017 年版，第 366 页。

② 《马克思恩格斯文集》第 3 卷，人民出版社 2009 年版，第 559 页。

第二章

资本权力的历史性生成

正如资本主义生产方式既不是凭空出现的，也不是人类社会所天然具有的自然的生产方式一样，资本权力虽然已经深入到现代社会的方方面面，并取得了丰富多样的表现形式，但实际上它也并不是凭空出现的，而是随着人类历史的发展过程而历史性地生成出来的。首先，原始积累构成资本权力形成的第一个环节，它为资本权力的形成奠定了基础；其次，在资本积累这第二个环节中，资本权力开始正式发挥其作用，并随着资本积累过程而同步发展，互相促进；最终，资本权力的发展必然催生虚幻的共同体及帝国主义。

第一节 原始积累与资本权力的基础

在资本权力体系的历史性生成过程中，作为资本权力之起点的是原始积累过程。正如马克思在研究资本积累与原始积累的时候所指出的那样，"资本积累以剩余价值为前提，剩余价值以资本主义生产为前提，而资本主义生产又以商品生产者握有较大量的资本和劳动力为前提。因此，这整个运动好像是在一个恶性循环中兜圈子，要脱出这个循环，就只有假定在资本主义积累之前有一种'原始'积累，这种积累不是资本主义生产方式的结果，而是它的起点"①。原始积累构成了资本积累及资本主义生产方式的起点，事实上，原始积累同时也构成了资本权力的起点，在原始积累之前的社会中，资本权力不仅不具有其完整意义，而且是从属于其他权力形式的。原始积累过程中则出现了一种新的变化，那就是政治权力与暴力手段开始在致富欲望的驱使下而行动。这一过程最终造成了人类社会的资本化，一方面全部人类社会生活的基础发生资本化，为资本权力的运行奠定了基础；另一方面以社会生活基础的资本化为基础，政治权力与神权旁落，从而让位于资本权力的作用。因此，要想探讨资本权力的历史性生成过程，就要先进入到资本权力的诞生地中，也就是要深入原始积累过程中，去揭示资本权力的秘密。

一　前资本主义社会中资本权力的从属性

当我们回顾整个人类文明史的时候我们就会发现，在很长一段历史时期内，不仅资本权力并未获得独立性地位，即便是整个经济领域，也都曾长期地处于从属性的地位之中。经济领域在人类社会生活中获得独立性地位，包括对经济生活的理论表达——经济学，其获得独立的学科地位，都是近代以来才逐渐完成的。在古代社会中，资本权力、经济领域都是从属于人类社会的更高目标的。

首先，在古典哲学的视野中，一方面，经济与政治二者是混合在一起的，并没有极为明确的分界线；另一方面，经济与政治一道，都是服务于更高的伦理性目的，服务于追求人类的幸福的。在亚里士多德的《政治学》一书中我们就可以看到，亚里士多德在"家政学"的部分讨论了今天我们称为经济学的问题。虽然亚里士多德认为，家庭是城邦的起点，而家庭内部的诸要素需要通过经济学（家政学）来进行研究，从这一角度来说，经济学不可谓不重要，但从亚里士多德的《政治学》整体结构中我们就可以看出，经济学在这里是从属于政治学的，它仅仅构成了理解政治问题的一个

---

① 《马克思恩格斯文集》第 5 卷，人民出版社 2009 年版，第 820 页。

重要因素和方面。在亚里士多德那里，政治学所要研究的对象是城邦，而家庭是城邦的基本组成部分，"既然城邦的组成（基本上）包含着许多家庭，我们就应该先行考虑到'家务管理'"①。在亚里士多德看来，要研究家务管理，除了要研究主奴、夫妇、父子这三种最基本的关系之外，"还有另一项要素（部分），即所谓'致富技术'，有些人认为整个'家务'就在于致富，另一些人则认为致富只是家务中的一个主要部分；这种技术上的性质我们也得加以研究"②。因此，在这里经济是作为一种致富技术，作为家务管理的一部分，是服务于对政治学的研究的。而且更进一步来讲，在亚里士多德这里，无论是对家务管理的研究，还是对政治学的研究，二者都是为了服务于一个更高的伦理目标的。就经济所属的家务管理而言，"家务重在人事，不重无生命的财物；重在人生的善德，不重家资的丰饶，即我们所谓'财富'；重在自由人们（家族）的品行，不重在群奴的品行"③。这也就意味着，家务管理的目的在于培养善德。在《尼各马可伦理学》中亚里士多德进一步指出："明智的人的特点就是善于考虑对于他自身是善的和有益的事情。不过，这不是指在某个具体的方面善和有益，例如对他的健康或强壮有利，而是指对于一种好生活总体上有益。"④ 这里对好生活的追求就体现出了亚里士多德理论体系的伦理学目的。而对于明智这个概念而言，亚里士多德曾对其进行过区分，"城邦事务方面的明智，一种主导性的明智是立法学，另一种处理具体事务的，则独占了这两者共有的名称，被称作政治学"。政治学从属于明智的范围，服务

---

① ［古希腊］亚里士多德：《政治学》，吴寿彭译，商务印书馆1965年版，第10页。

② ［古希腊］亚里士多德：《政治学》，吴寿彭译，商务印书馆1965年版，第10页。

③ ［古希腊］亚里士多德：《政治学》，吴寿彭译，商务印书馆1965年版，第37页。

④ ［古希腊］亚里士多德：《尼各马可伦理学》，廖申白译注，商务印书馆2003年版，第172页。

于人们的好生活。而与此同时，"明智也常常被理解为同一个人自己相关。一般所说的明智就指的是这种。但是它其实包括所有这些种类，其他的种类有理财学、立法学和政治学"①。由此观之，经济学同样是包含在明智这个更大的范畴之中的。因此，在亚里士多德这里，以及在整个古典哲学这里，"'家政'从属于政治伦理与实践理性，是哲学或伦理学的一部分，服务于人的德性潜能在特定社会制度中实现的这一核心目的。相应地，在西方最早的经济思想家如色诺芬、柏拉图、亚里士多德那里，并不存在独立于哲学和政治学的经济学"②。在这里无论是经济活动本身，还是经济学，实际上都并不具有独立地位。而且反过来说，经济活动的充分发展也必须受到伦理学目的的严格制约。

到了中世纪神学那里，对上帝的信仰逐步取代了在古希腊时代人们所崇尚的理性、理念等概念，成了整个人类社会的终极存在、终极解释和终极价值。在托马斯·阿奎那看来，上帝的特点首先体现为其存在与本质是相统一的。存在有赖于本质，而普通事物的存在与其本质是不相统一的，因而世间任何事物的存在都有赖于不同于其存在的本质。而上帝则是完满性、至上性的存在，其存在并不有赖于区别于其本身的特殊本质。"在上帝之中，本质并不区别于他的存在。所以，他的本质即是他的存在。"③ 上帝是本质与存在相统一的终极存在。上帝是自因的存在，而世间任何其他事物的存在都是有其原因的，因而上帝作为终极存在同时也充当了世间万物的终极解释，上帝是其他事物存在的终极原因所在。与此同时，由于上帝本身是完满的，而世间万物都是有缺陷的存在，因而"所有被

---

① ［古希腊］亚里士多德：《尼各马可伦理学》，廖申白译注，商务印书馆2003年版，第177页。

② 郗戈：《〈资本论〉中的亚里士多德：家政与资本主义》，《教学与研究》2014年第9期。

③ ［意］托马斯·阿奎那：《神学大全》（第一集 第一卷），段德智译，商务印书馆2013年版，第49页。

意欲的完满性都是从他而来的，也就是从第一因而来的"①。上帝不仅是万事万物的原因，同时也是万事万物所追求的最终目标，在这一意义上，上帝又构成了世界的终极价值。上帝不仅作为终极存在，而且作为世界的终极解释与终极价值。因此对人而言，上帝的重要意义并不仅仅在于上帝是至高无上的存在物，上帝创造了整个世界，其更重要的意义在于，上帝为人提供了终极解释与终极价值，对上帝的信仰为人类生活提供了根据、标准和尺度。实际上，早在基督教的上帝观念形成之前，很多思想家就已经意识到了这一点。例如，西塞罗在《论神性》一书开篇便指明了这一点："一旦虔诚消失，宗教和神圣也将随之消失。这些东西一消失，我们的生活方式就会出现一片混乱。我确实不知道，如果失去对诸神的敬畏，我们是否还能看到善良的信念、人类之间的兄弟情谊，甚至连正义本身也将随之消失，而正义是一切美德之基石。"② 作为超越性存在的神，同时也作为人类社会的范导性原则而存在。

在上帝充当了人类社会的终极存在、终极解释和终极价值这一条件之下，对人类事务的理解和把握就必然不能仅仅局限于对其本身的分析，而必须上升到关于上帝的神圣知识之中。在阿奎那看来，"神圣学问的主要目标在于教授关于上帝的知识，不仅是关于上帝本身的知识，而且是作为万物源泉和最后目的的知识，尤其是关于理性受造物的源泉和最后目的的知识"③。从这一角度来看的话我们就会发现，无论是人类的经济活动，还是反思经济活动的经济学，实际上它们作为理性受造物及其知识的一部分，都应该完全从属于、服务于神圣学问。因此，在阿奎那及整个中世纪神学的视野中，我们必须在神圣学问的关照之下，才能展开经济活动，并探讨

---

①　［意］托马斯·阿奎那：《神学大全》（第一集 第一卷），段德智译，商务印书馆 2013 年版，第 90 页。

②　［古罗马］西塞罗：《论神性》，石敏敏译，商务印书馆 2012 年版，第 2 页。

③　［意］托马斯·阿奎那：《神学大全》（第一集 第一卷），段德智译，商务印书馆 2013 年版，第 27 页。

经济问题。在这种时代背景之下，实际上真正的经济活动也很难得到展开。在阿奎那看来，"为了达到按超过公平原则的价格出卖物品的特殊目的而进行欺骗是罪无可恕的，这样做，便是欺骗他毗邻而居的人，使其受到损失"①。但在实际交易中，并不是所有买卖活动都是由欺骗行为所构成的，这时就必须视交易是否公平，即商品的价格是否公道来判断交易行为是不是罪恶的。那么，如何才能判断商品的价格是否公道呢？阿奎那认为存在两种交换，"一种可以被称为自然的和必要的，通过它以一物交换另一物，或以物换钱来满足生活需要。这种交换与其说是商人的事情，倒不如说是管家人或政治家的职责，他们有为家庭或国家供应生活必需品的责任。另一种交换是以钱币交换钱币，或以物品交换钱币，这不是为了满足生活需要，而是为了赢利，按照哲学家亚里士多德的说法这种贸易似乎才算得上是商人的职责。第一种交换是值得称道美的，因为它满足自然发生的需要；而第二种则理应受到谴责，因为它本身是服务于利欲的，而利欲是永无满足扩张不止的"②。在这里我们可以看出，经济活动的公正与否实际上是需要通过神圣知识来加以判断的，神圣知识给出了人类社会的价值尺度，只有向这一价值尺度看齐，经济活动才有其合法性地位。经济活动及经济学在古典社会中所处的从属性地位在中世纪神学这里得到了延续。在整个传统社会中，经济活动与经济学从未脱离其从属性地位。

因此，在整个前现代社会中，经济活动与经济学始终是处于从属性地位的，从权力角度来看的话情况也是如此。与社会中占主导性地位的思维方式相一致，在这里，来自教会的神圣权力与君主、领主手中所握有的政治权力始终处于主导性地位，资本权力始终处于从属性地位中。这也与我们所看到的历史事实相一致，在前现代

---

① 巫宝三主编：《欧洲中世纪经济思想资料选辑》，傅举晋、吴奎罡等译，商务印书馆1998年版，第4页。

② 巫宝三主编：《欧洲中世纪经济思想资料选辑》，傅举晋、吴奎罡等译，商务印书馆1998年版，第12—13页。

社会中，教权与王权之间的斗争时有发生，而资本权力则从未站上人类历史的前台，它只能与教权或王权结合在一起，发挥辅助性作用。

二　致富欲望的初步形成

虽然在整个前资本主义社会中，经济活动与经济学从属于政治领域及神学信仰，但随着人类社会的逐步发展，致富欲望这种新的欲望形式正在逐渐形成，而它将构成资本权力形成过程中的一个重要因素。

随着近代哲学逐渐将个人从中世纪神学的压制下解放出来，人所拥有的欲望便不再被视为人身上的罪恶，而是开始被视为人所共有的自然要素。当然，人的欲望并不天然就仅表现为对财物的欲望和对致富的欲望，实际上就作为人的自然本性的欲望而言，欲望的对象是多种多样的。在霍布斯的政治哲学中我们就可以看到这一特点。在霍布斯看来，"有三种造成争斗的主要原因存在。第一是竞争，第二是猜疑，第三是荣誉"①。竞争是引发人与人之间争斗的最常见的原因，"人为什么互相为害最常见的原因在于许多人同时想要同一样东西，这东西既无法被共享，也无法被分割。"② 这指向了人们对同一样东西的欲望的普遍性。而根据霍布斯对于每个人的能力都大体相等，尤其是杀人的能力都大体相等这一论述，我们就能推论出人们将会由于竞争而暴露在暴死的危险中，从而构成人与人之间的猜疑。虽然看起来有了竞争与猜疑这二者，我们似乎就已经能够论证出自然状态将陷入一种无止境的战争状态之中，但即便如此，霍布斯依然强调荣誉也是一种不可被忽视的欲望类型，它是一种指向于胜过他人，压倒他人的欲望，荣誉与竞争、猜疑一样都是

---

① ［英］霍布斯：《利维坦》，黎思复、黎廷弼译，杨昌裕校，商务印书馆1985年版，第94页。

② ［英］霍布斯：《论公民》，应星、冯克利译，贵州人民出版社2003年版，第7页。

人类所具有的不可消解的理论前提。事实上，这种不能与竞争进行同类合并的"荣誉战士"的存在所体现的理论实质便是，当从自然本性的角度来看的时候，人的欲望是多样的，存在着无法被互相化约、统一的不同欲望。而这也正对应了前资本主义社会中人们所能经验到的社会现实。在前资本主义时代，统治者的欲望是多种多样的，战争的目的既有可能是奴役臣民、聚敛财富，也有可能是开疆拓土，或为了荣誉而战，等等。而与这种对欲望的不可化约性的理解相对应的是，为了解决人的欲望所带来的混乱局面，霍布斯所选择的解决道路便是："阻止欲望最坏的表现形式和最危险的后果，必要时甚至使用暴力，这项任务被交给了国家。"① 也正是在这一意义上我们可以看到，霍布斯所试图建立的政治国家表现为一个强大的利维坦，人们必须将自己的全部权利都交付它，并完全听命于利维坦的安排。在霍布斯看来，只有这种强大的国家主权才能真正抑制住人们的欲望。

在赫希曼看来，由霍布斯所代表的这种抑制欲望的观点，构成了 16、17 世纪人们在探索如何处理欲望所带来的社会问题时所采取的一种主流处理方式。而在后来的发展过程中，人们又开辟出了驯化欲望这一思路。在这一思路下，具有破坏性的欲望将被改造为具有建设性的欲望形式，而"国家或'社会'又被召来执行这一任务，但这次它不仅是抵御欲望的堡垒，而且是改造和教化的工具"②。然而随着历史的发展人们逐渐发现，无论是抑制欲望还是驯化欲望，这两条思路在欲望本身强大的力量面前似乎都无法真正发挥作用。赫希曼指出："人类是不安分的，受欲望驱使的，此乃一个无处不在的事实，这使压制和驯服欲望的办法都缺乏说服力。压制的办法是在回避问题，而更加现实主义的驯服办法，被其炼丹术

---

① ［美］阿尔伯特·赫希曼：《欲望与利益：资本主义胜利之前的政治争论》，冯克利译，浙江大学出版社 2015 年版，第 12 页。

② ［美］阿尔伯特·赫希曼：《欲望与利益：资本主义胜利之前的政治争论》，冯克利译，浙江大学出版社 2015 年版，第 13 页。

一样的转化过程所玷污，也与那个时代的科学热情不太合拍。"① 人性中的激情和欲望是难以被完全压制或驯化的，赫希曼发现，经过长期的理论探讨和历史事件后，人们最终走上了一条以欲望制衡欲望的思想道路，而这种用以制衡其他欲望的欲望就是致富欲望，即对利益的诉求。"一些欲望，如过去人所熟知的贪心、贪婪或贪财，可以被用来有效对抗和约束另一些同类的欲望，如野心、贪权或性欲。"②

在这条探索以欲望制衡欲望的思路上，休谟做出了重要的理论贡献。我们都知道，休谟试图以怀疑论的态度质疑因果律等基本规律的有效性，从而动摇理性主义的理论体系。在这里需要注意的是，虽然怀疑论确实有摧毁原有的论证体系的作用，但休谟在运用怀疑论观点时，其最终目的绝不是要拆毁人类社会中的一切理论体系，休谟绝不是要否定人类社会中的一切伦理道德规范。事实上，休谟所要做的是拆毁伦理道德体系背后的理性主义根基，并进一步在经验主义的地基上重建伦理、道德、制度、法律等的合法性。其所强调的"理性是激情的奴隶"这一命题也应该在这一意义上被加以理解，强调激情凌驾于理性之上的真实意义在于，休谟试图将道德、秩序建立在人的冲动、欲望、激情这一主体本身的现实性倾向上，而非建立在理性反思的能力的基础之上。正是在这一基础上，休谟发现人民仅以人的致富欲望为基础就能形成一套正义原则和社会秩序。首先，就人的欲望对象方面而言，休谟指出："人类所有的福利共有三种：一是我们内心的满意；二是我们身体的外表的优点；三是对我们凭勤劳和幸运而获得的所有物的享用。"③ 这三种福

① ［美］阿尔伯特·赫希曼：《欲望与利益：资本主义胜利之前的政治争论》，冯克利译，浙江大学出版社 2015 年版，第 17 页。

② ［美］阿尔伯特·赫希曼：《欲望与利益：资本主义胜利之前的政治争论》，冯克利译，浙江大学出版社 2015 年版，第 36 页。

③ ［英］休谟：《人性论》下册，关文运译，郑之骧校，商务印书馆 1980 年版，第 528 页。

利各有不同特点，内心的满意是属于我们自己的，无论如何我们都能确保享有这种福利。身体的外表优点不及内心的满意稳定，因为别人是能够破坏它的，但是这种破坏并不会为破坏者带来任何利益，因此这种福利也是相对安全的。而第三种福利则不同，因为所有物是可以转移的，它既可以通过公正合法的手段进行转让，也可以被暴力夺走，无论转移是如何实现的，它都能为新的所有者带来利益。而人类社会所面对的现实是，一方面，人并不具有一种无限的仁爱与慷慨，"我们最强烈的注意是专限于我们自己的；次强烈的注意才扩展到我们的亲戚和相识；对于陌生人和不相关的人们，则只有最弱的注意达到他们身上"①。而另一方面，自然资源又是匮乏的，以至于人们总是会不满于自己的所有物，而觊觎他人的财物。所以休谟认为，"只有这种为自己和最接近的亲友取得财物和所有物的贪欲是难以满足的、永久的、普遍的、直接摧毁社会的"②。这种指向财物的贪欲是每个人最为持久而稳定的欲望。

在休谟看来，"正义只是起源于人的自私和有限的慷慨以及自然为满足人类需要所准备的稀少的供应"③。当每个人都完全由致富欲望驱使，而每个人又都认识到其他人也都是完全受致富欲望驱使的时候，休谟认为，人们就会形成一种对于利益的共同感觉。"我观察到，让别人占有他的财物，对我是有利的，假如他也同样地对待我。他感觉到，调整他的行为对他也同样有利。当这种共同的利益感觉互相表示出来并为双方所了解时，它就产生了一种适当的决心和行为。这可以恰当地称为我们之间的协议或合同，虽然中间并没有插入一个许诺；因为我们双方各自的行为都参照对方的行为，

① ［英］休谟：《人性论》下册，关文运译，郑之骧校，商务印书馆 1980 年版，第 529 页。

② ［英］休谟：《人性论》下册，关文运译，郑之骧校，商务印书馆 1980 年版，第 532 页。

③ 参见［英］休谟《人性论》下册，关文运译，郑之骧校，商务印书馆 1980 年版，第 536 页。

而且在作那些行为时，也假定对方要作某种行为。"① 在休谟看来，从形式上来说，这种互相尊重他人所有物的协议并不是通过契约论的方式，以普遍同意为基础所订立的社会契约，因为协议只是一种一般的共同利益的感觉。但从具体内容上来说，这一协议的诞生实际上也就是正义的诞生。虽然从结果上来看，正义规则最终所实现的目的，与利己心这个最初动机是不一样的，但正义确实是从人的利己心中所形成的。"利己心才是正义法则的真正根源；而一个人的利己心和其他人的利己心既是自然地相反的，所以这些各自的计较利害的情感就不得不调整得符合于某种行为体系。因此，这个包含着各个人利益的体系，对公众自然是有利的；虽然原来的发明人并不是为了这个目的。"② 因此，正如哈孔森所指出的那样，"正义是如何被确立的是一回事，而一旦它被建立起来了，我们与它的关系则是另外一回事"③。而这种自利心将导致整个社会的和谐与稳定的观点在斯密这里，便体现为看不见的手的观念，即"我们所需的食物不是出自屠宰业者、酿酒业者、面包业者的恩惠，而仅仅是出自他们自己的利益的顾虑，我们不要求助于他们的爱他心，只要求助于他们的自爱心。我们不要向他们说我们必须，只说他们有利"④。每个人都完全追求私利，其结果反而是社会财富的增长。

　　通过休谟的论证我们可以看到，人的致富欲望与其他各种形式的欲望相比，体现出了巨大的优势。这种欲望是持续稳定的、目标明确的，因而每个人都能感觉到它，并理解它、把握它。而这种欲望本身又是温和的，它会导向一套特定的社会秩序和规则，而不会

　　① ［英］休谟：《人性论》下册，关文运译，郑之骧校，商务印书馆1980年版，第530页。

　　② ［英］休谟：《人性论》下册，关文运译，郑之骧校，商务印书馆1980年版，第569页。

　　③ ［丹］努德·哈孔森：《立法者的科学：大卫·休谟与亚当·斯密的自然法理学》，赵立岩译，刘斌校，浙江大学出版社2010年版，第24页。

　　④ ［英］亚当·斯密：《国富论》（上），郭大力、王亚南译，北京联合出版公司2013年版，第10页。

造成社会的持续性动荡。正是在这一意义上，赫希曼认为，致富欲望就成了人们用以制衡其他欲望的那种恰当的欲望形式，而休谟的论证则意味着，"资本主义得到了那个时代一位哲学领袖的喝彩，因为它会减少人类的邪恶秉性，激发人类的善良秉性——因为人们有这样的期待：资本主义由此便会抑制、大概还会减少人性中导致灾难的破坏性成分"①。致富欲望便成了一种为人们所普遍接受的，现代社会中唯一合理的欲望形式。

当然，在这里我们必须注意的是，虽然在资本主义社会完全形成之前，对于致富欲望的肯定和用致富欲望制衡其他欲望的思路就已经形成，但事实上在这里的致富欲望还只是一种致富欲望的初步形式、原始形式。正如马克思所揭示的那样，"货币不仅是致富欲望的一个对象，而且是致富欲望的唯一对象"②。只有完全以货币这种财富的一般形式为对象的欲望才是真正意义上的致富欲望，并且只有在资本主义生产方式全面形成的基础上这种致富欲望本身才是可能的。而就用以制衡其他欲望的这种追求利益的致富欲望而言，它还尚且无法与追求各种特殊财产的贪欲完全区别开来。但无论如何，这种能够战胜其他一切欲望形式的欲望，也是在资本主义社会中唯一的欲望形式，已经随着近代社会的逐渐发展而初步形成。而从权力的角度来看的话我们就会发现，这种致富欲望的初步形成，事实上体现出购买力这种资本权力的史前形态已经在政治权力和神权的夹缝中开始逐步发挥作用，逐步形成对人类社会的影响，并在后续的社会发展过程中不断壮大，从而逐渐迎来完全意义上的资本权力的最终形成。在接下来的分析中我们将进一步看到，正是这种初步形式的致富欲望推动了原始积累过程的发生，摧毁了旧有生产方式的现实基础，促成了资本主义生产方式的最终形成，而也正是

---

① ［美］阿尔伯特·赫希曼：《欲望与利益：资本主义胜利之前的政治争论》，冯克利译，浙江大学出版社 2015 年版，第 61 页。

② 《马克思恩格斯全集》第 30 卷，人民出版社 1995 年版，第 174 页。

在原始积累过程的作用下，完全意义上的资本权力才得以生成。

三 原始积累与社会生活的资本化

在前面的分析中我们看到，随着人类社会的逐渐发展，一种初步形式的致富欲望开始形成。而正是在这种初步形式的致富欲望的影响下，资本的原始积累过程开始形成。资本的原始积累过程之所以被称作原始积累以区别于正常的资本积累过程，其主要特点就在于，"所谓原始积累只不过是生产者和生产资料分离的历史过程。这个过程所以表现为'原始的'，因为它形成资本及与之相适应的生产方式的前史"①。在这一过程中，资本主义生产方式还没有彻底形成。因此，从外观上来看，原始积累过程中人们所进行的一系列行为还保持着一定程度的历史延续性，而这就体现为原始积累过程并不体现为一种纯粹的贸易过程，而是包含大量的政治权力和暴力的运用。正如马克思所指出的那样，"资本来到世间，从头到脚，每个毛孔都滴着血和肮脏的东西"②。原始积累过程本身绝非像古典政治经济学所设想的那样，是一种田园诗般的、逐步完成的预先积累过程，而是包含了大量暴力手段的运用，包括国家间的征服，农民的财产、土地被剥夺，新大陆的开发与血腥的奴隶贸易等各种要素，其手段与封建时代领主们所采取的各种暴力手段有很大的相似性。

从表面上来看，原始积累大量运用了政治权力和暴力手段，这与在传统社会中由政治权力或神权所主导的暴力的施行有很大的相似性，但我们必须注意到的是，原始积累与传统社会中的暴力运用之间还是存在着重要区别的。在传统社会中，政治权力与暴力的运用可以服务于多种目的，既可以是奴役臣民、聚敛财富，也可以是开疆拓土，或为了信仰、荣誉等目的而战。但在原始积累的过程中

---

① 《马克思恩格斯文集》第5卷，人民出版社2009年版，第822页。
② 《马克思恩格斯文集》第5卷，人民出版社2009年版，第871页。

我们则发现，满足致富欲望开始逐渐成为人们的唯一目的。"大规模的封建战争已经消灭了旧的封建贵族，而新的封建贵族则是他们自己的时代的儿子，对这一时代说来，货币是一切权力的权力。"①在传统社会中，追求财富当然也是封建贵族们运用其暴力手段所要追求的目的之一，然而问题在于，在传统社会之中作为目的之一的追求财富，在原始积累的过程中则成了暴力运用的唯一目标。在马克思进一步的论述中我们看到，"掠夺教会地产，欺骗性地出让国有土地，盗窃公有地，用剥夺方法、用残暴的恐怖手段把封建财产和克兰财产转化为现代私有财产——这就是原始积累的各种田园诗式的方法"②。当暴力在国内被广泛施行的时候，它们的目的不再是荣誉，不再是追寻某些领主的各种各样的特殊欲望，而是完全指向于财富，指向于占有土地，占有财富。在国际上的情况也是如此，对商业利益的考量而非传统意义上的征服成了各种国际战争的核心要素，无论是对非洲以及美洲的探索，在全球各地建立殖民地，还是各欧洲国家之间的战争，甚或是欧洲国家对中国的鸦片战争，等等，其背后所追求的都是更多的经济利益。事实上，这样的情况在之前的历史中是从未出现过的。因此，原始积累的独特性特征就体现为，政治权力和暴力的运用开始服务于致富欲望。

在原始积累的过程中，各种政治权力的运用与暴力的施行不再服务于权力拥有者个人的某种特殊欲望，而是全部服务于致富欲望，服务于财富积累。事实上，这一过程不仅仅增加了封建领主或有权阶级的财富总量，其更为关键的影响在于，这种政治权力及暴力的运用同时也摧毁了传统封建社会的经济基础，它实现了人类社会生活的资本化，从而为资本主义生产方式的形成及资本权力的全面运用奠定了基础。

马克思指出："资本的原始形成只不过是这样发生的：作为货

---

① 《马克思恩格斯文集》第 5 卷，人民出版社 2009 年版，第 825 页。
② 《马克思恩格斯文集》第 5 卷，人民出版社 2009 年版，第 842 页。

币财富而存在的价值，由于旧的生产方式解体的历史过程，一方面能买到劳动的客观条件，另一方面也能用货币从已经自由的工人那里换到活劳动本身。"① 资本主义生产方式的确立首先需要资本家手里已经集聚了大量的生产资料，从而构成雇佣劳动的基础，这就要求资本家在资本主义生产方式完全建立之前就已经在手中积累了一定量的物质财富。同时，资本主义生产方式还需要在市场上能够找到活劳动的充足供源，即自由劳动者。而这就需要一方面剥夺劳动者的全部财产，使之成为无产阶级并只能出卖自己的劳动力；另一方面切断其与传统社会中的依附性形式的联系，使之能够成为自由劳动者，在市场上自由地出卖自己的劳动力。这也就意味着，当一个传统社会满足了这两个条件时，资本主义生产方式就能够在其中生根发芽。因此，"创造资本关系的过程，只能是劳动者和他的劳动条件的所有权分离的过程，这个过程一方面使社会的生活资料和生产资料转化为资本，另一方面使直接生产者转化为雇佣工人"②。当某个社会满足了这两个条件时，实际上也就意味着这个社会实现了资本化。

从这一角度来看我们就会发现，当近代资产阶级及封建贵族因致富欲望的驱动运用政治权力及暴力，推动原始积累进程前进的时候，它也同时实现了传统社会的资本化。原始积累的第一个方面在于占有土地，"虽然王权——它自己也是资产阶级发展的一个产物——在追求绝对权力时，用暴力加速了这些家臣的解散，但王权决不是这件事情的唯一原因。不如说，同王室和议会顽强对抗的大封建主，通过把农民从土地上强行赶走，夺去他们的公有地的办法，造成了人数更多得无比的无产阶级"③。无论是农奴，还是小规模的自耕农，他们自给自足式的生活得以实现在很大程度上都要依

---

① 《马克思恩格斯文集》第 8 卷，人民出版社 2009 年版，第 160 页。
② 《马克思恩格斯文集》第 5 卷，人民出版社 2009 年版，第 822 页。
③ 《马克思恩格斯文集》第 5 卷，人民出版社 2009 年版，第 825 页。

赖于土地，他们的生产资料来源于土地，他们的经济独立性也依赖于土地。原始积累过程中掠夺土地的风潮直接造成了小农经济的破产，自给自足式的自耕农失去了自己的全部财产，被抛入无产者的行列。与此同时，"宗教改革和随之而来的对教会地产的大规模的盗窃，使暴力剥夺人民群众的过程得到新的惊人的推动。在宗教改革的时候，天主教会是英国相当大一部分土地的封建所有者。对修道院等的压迫，把住在里面的人抛进了无产阶级行列"①。不仅封建贵族及新兴资产阶级的圈地运动从小农生产者的手中剥夺了土地，而且宗教改革运动也从侧面实现了剥夺土地的作用，二者结合在一起造成了自耕农的破产。而与自耕农的破产形成鲜明对照的是，资产阶级拥有了大量土地，从而掌握了大量的生产资料。在此基础上，通过殖民制度、国债、重税、保护关税制度、商业战争等一系列手段，新兴资产阶级进一步积累了财富，而人民群众则只能变得更加劳动过度、更加贫穷、更加遭受残酷的压迫。

在剥夺土地的风波之下，小农经济的破产不仅为资本主义的发展贡献了大量的无产阶级劳动力，而且这一过程同时也消解了传统权力形式的支配地位。在传统社会中，政治权力和神权在整个社会中处于支配性地位，然而一方面，随着宗教改革运动的进行，教会地产受到剥夺，教权的神圣性受到质疑，这共同催生了神权的衰落；另一方面，传统封建制度是建立在不发达的小规模生产的基础之上的，土地的剥夺所造成的小农经济的破产，同时也动摇了传统封建制度的现实根基，这导致了政治权力同神权一样也跌落神坛。事实上，在原始积累的过程中，来自传统封建权力的反抗也一直在同步进行。正如马克思在讨论原始积累时所提到的那样，事实上不断有封建君主试图通过法令的方式来维护、稳固封建制度的现实根基。但问题在于，在原始积累的浪潮中，来自封建势力的对抗并没

---

① 《马克思恩格斯文集》第 5 卷，人民出版社 2009 年版，第 828 页。

有产生应有的效果。① 与封建国王的法令越来越不起效力相对应的是，新兴资产阶级对土地的剥夺越来越普遍化。"在斯图亚特王朝复辟时期，土地所有者通过立法实行掠夺，而这种掠夺在大陆各处都是不经过立法手续就直接完成了的。"② 其结果就是，一方面，农民与传统封建统治权的关系逐步消解，他们成了不受人身依附性关系支配的自由劳动者；另一方面，经济领域也得以摆脱政治、神学的压制，而开始拥有独立地位。

与此同时，在原始积累过程中，除了剥夺农民的土地，将他们转化为无产阶级之外，统治者们还通过法令、政治权力及暴力来迫使这些新无产者投身到资本主义生产方式中去。例如禁止劳动人口成为乞丐或流浪汉的规定，对工作日和工资进行规定的法令，等等，最终都实现了"被暴力剥夺了土地、被驱逐出来而变成了流浪者的农村居民，由于这些古怪的恐怖的法律，通过鞭打、烙印、酷刑，被迫习惯于雇佣劳动制度所必需的纪律"③。因此，在致富欲望驱动下的原始积累过程，最终实现了人类社会全部活动基础的资本化。其一，原始积累过程造成了农民与土地的分离，农民丧失了自己的劳动资料，成了只能出卖自己劳动力的无产阶级工人。其二，在原始积累过程中，资本家占有了大量的土地，积累了大量的财富，从而为资本主义生产囤积了大量的生产资料。其三，原始积累摧毁了旧社会形态的经济基础，造成政治权力、神权等传统权力丧失其社会基础，从而使经济领域开始拥有独立地位，无产阶级工人能够自由地出卖自己的劳动力。其四，新兴资产阶级夺取政权，国家通过法令等形式保障了新生产方式的稳定。因此，在这一过程中，传统封建社会实现了资本化，资本主义生产方式得以确立并稳固，而资本权力也因之具有了用武之地。

---

① 参见《马克思恩格斯文集》第 5 卷，人民出版社 2009 年版，第 826—828 页。
② 《马克思恩格斯文集》第 5 卷，人民出版社 2009 年版，第 831 页。
③ 《马克思恩格斯文集》第 5 卷，人民出版社 2009 年版，第 846 页。

第二节　资本积累与资本权力的运行

原始积累的过程构成了资本主义生产方式的前史，在原始积累中，虽然作为购买力的资本权力在致富欲望的形成过程中发挥了一定的作用，但贯穿整个原始积累过程的基本权力形式依然是政治权力，以及与之配套的暴力手段的应用。而随着资本主义生产方式的全面建立，资本积累开始代替原始积累成为资本家们聚敛财富的首要领域。而在资本积累这一领域中，资本权力得以充分地发挥其作用。因此，本章的目标就在于揭示资本权力与资本积累是如何互相促进、共同发展的。

一　资本积累与资本权力的自我生产

原始积累瓦解了原有的生产方式，一方面，原始积累剥夺了自耕农手中的生产资料，使他们除了自己所拥有的劳动能力之外一无所有；另一方面，原始积累剥夺了旧的地主、教会的财产，从而也将人类社会从政治权力和神权的长期统治之下解放出来。在这一过程中，资本家也积累了包括土地在内的大量物质财富，这些都为资本主义生产方式的诞生奠定了基础。而随着资本主义生产方式的正式确立，不同于原始积累的真正的资本积累过程也开始了。

一方面，在原始积累过程中，农奴、自耕农和小手工业者全部都转化为了自由工人。首先，随着封建社会的解体，他们都摆脱了对封建领主的依附性关系，成了自己的身体以及自己的劳动能力的主人。其次，他们在原始积累过程中都失去了自己在之前的生产过程中所使用的生产资料，他们除了自己的身体所具有的劳动能力以外一无所有。最后，在原始积累过程中，他们不仅失去了自己的全部生产资料，也失去了生活资料，他们迫切地需要谋生手段。而由于手中没有生产资料，因而他们也不能将自己的劳动能力与生产资料结合起来，用自己所生产出来的劳动产品去换取生活资料，他们唯一能够出售的只是自己的劳动能力本身。随着原始积累过程的不断进行，大量处于这种状态下的自由工人进入市场之中，这构成了资本积累的一个前提。

另一方面，资产阶级在原始积累过程中囤积了大量的生产资料。生产资料只有与劳动生产结合起来才有意义，正如不同商品以其不同的使用价值来满足人们的不同需求一样，生产资料的使用价值是指向于生产过程的，只有在生产过程之中被劳动所激活，生产资料才算是被消费掉了。因此，资产阶级迫切地需要活劳动，以使自己的生产资料运转起来。

在市场上，资本家和工人相遇了。一方面，工人由于其"自由得一无所有"，因而他只能将自己的劳动作为商品在市场上出售，从而换取生活资料。而且工人并不能将自己的劳动能力连同自己的身体一起都出售出去，这样的话他就将自己变成了奴隶。因此，"他作为人，必须总是把自己的劳动力当作自己的财产，从而当作自己的商品。而要做到这一点，他必须始终让买者只是在一定期限内暂时支配他的劳动力，消费他的劳动力，就是说，他在让渡自己的劳动力时不放弃自己对它的所有权"①。这样，工人实际上就将对自己劳动行为的支配权打包为商品在市场上出售。另一方面，资本家作为货币持有者，其手中持有大量货币。货币以其作为一般等价物的能力，赋予了资本家以购买力。在市场上，资本家用货币购买到工人所出售的劳动力，实际上也就是将购买力转化为了对劳动的支配力。

在生产过程中，由于资本家同时拥有了生产资料和劳动支配力，因而他就可以将工人的活劳动与自己的生产资料结合起来，进行生产了。一方面，劳动实现了生产资料的物质形态变换，劳动消费了生产资料，生产资料的价值被转移到了劳动产品之中。另一方面，劳动本身也会创造价值，这一部分价值将附加到生产资料的变

---

① 《马克思恩格斯文集》第 5 卷，人民出版社 2009 年版，第 195—196 页。

换过程中，并凝固在最终的劳动产品之中。因此，对资本家来说，产品的价值增殖是在生产过程中实现的。当然在这里需要注意的是，通过生产过程，资本家所要谋求的不仅仅是简单的价值增殖，而且需要增殖总量能够大于他的投入总量。在生产过程开始之前，为了购买工人的劳动力，资本家已经预付了一部分工资，而工人的劳动所创造出的价值增殖，实际上是既可能多于这一部分预付量，也有可能少于这一部分预付量的。为了获得价值增殖，资本家必然会要求工人的劳动所创造出的价值要多于工资预付量。正是在这里，资本家所拥有的劳动支配力发挥了作用。"货币占有者支付了劳动力的日价值，因此，劳动力一天的使用即一天的劳动就归他所有。劳动力维持一天只费半个工作日，而劳动力却能发挥作用或劳动一整天，因此，劳动力使用一天所创造的价值比劳动力自身一天的价值大一倍。这种情况对买者是一种特别的幸运，对卖者也决不是不公平。"① 由于资本家握有劳动支配力，因而他可以要求工人按其规定的方式工作，从而保证工人的劳动始终能创造出剩余价值。

当然，资本家要想实现资本的持续积累，就不会将所有剩余价值全部转化为消费资料，而资本要想实现持续积累，就必须不仅仅是资本产生剩余价值，而且剩余价值也要转化为资本，并保证这一过程的循环持续进行。所以，资本家必然会将一部分剩余产品转化为生产资料，重新投入生产过程。而在原有劳动生产率不变的前提下，要想在生产过程中消耗掉这些追加的剩余产品，资本家就必须追加工人，因此，资本家必须不断扩大其生产规模才能实现持续积累。而在扩大生产规模的过程中我们发现，资本家的原预付资本只足够在原有规模上进行生产，要想扩大生产规模，就必须将剩余产品转化为生产资料，并且用剩余价值去雇佣新的工人。而最初的剩余价值是由工人的无酬劳动所创造的，所以扩大生产规模的结果竟

---

① 《马克思恩格斯文集》第 5 卷，人民出版社 2009 年版，第 226 页。

是这样的，就新增加的工人而言，无论是用于支付他们工资的价值，还是作为他们的劳动对象的生产资料中的价值，实际上都是由最初的工人所创造的剩余价值组成的。而这也就意味着，资本家对新工人的支配力，实际上是由原有的工人所生产出来的，"第一，用来交换劳动力的那部分资本本身只是不付等价物而占有的他人的劳动产品的一部分；第二，这部分资本不仅必须由它的生产者即工人来补偿，而且在补偿时还要加上新的剩余额"①。在这里，劳动支配力实现了自我生产，通过生产规模扩大和资本积累，劳动支配力本身生产出了新的劳动支配力，在这一过程中劳动支配力逐渐扩大。而随着生产规模越来越大，越来越多新的工人加入到生产过程中来，最终将形成这样的情况，即新加入的工人数量将远远大于最早的那些工人数量，全部价值量将远远大于资本家本人最初的预付资本，以至于"全部原预付资本，与直接积累的资本即重新转化为资本（不论它是在积累者手中，还是在他人手中执行职能）的剩余价值或剩余产品比较起来，总是一个近于消失的量（数学意义上的无限小的量）"②。而与之相应地，此时资本家所拥有的劳动支配力也扩展到了空前强大的程度，资本家本人所提供的劳动支配力已经成了一个近于消失的量，而工人们自己生产出了资本家对自己的支配力。

由此可见，在原始积累的基础上，资本积累过程全面形成。作为劳动支配力的资本权力从购买力当中产生出来，最初的剩余价值生产过程是由劳动支配力所推动的，资本积累的形成有赖于资本权力。但在资本积累的过程中，资本积累本身也不断地生产出新的资本权力，这就使得资本积累与资本权力得以同步增长，通过这一过程，资本家得以越来越全面地控制工人的生产活动。

---

① 《马克思恩格斯文集》第 5 卷，人民出版社 2009 年版，第 673 页。
② 《马克思恩格斯文集》第 5 卷，人民出版社 2009 年版，第 678 页。

二　从"劳动对资本的形式上的从属"到"劳动对资本的实际上的从属"

随着资本积累过程的不断进行，工人不断地为资本家生产出剩余价值，在这一过程中工人也在不断地生产出资本家对工人自己的支配力。因而随着资本积累过程的逐渐深入，实际上工人与资本家之间的关系也在逐渐发生变化，资本家对工人的支配力日渐增强，劳动对资本的从属性逐步加深。马克思指出，这最终导致了工人的劳动对资本的从属关系从形式上的从属发展到了实际上的从属。

劳动对资本的形式上的从属和实际上的从属都是与资本家占有工人的剩余价值的方式联系在一起的。随着原始积累过程的逐步展开，资本家实际上已经逐渐拥有了对劳动的支配力。为了谋求更大程度的资本增殖，资本家首先试图运用这种权力来实现绝对剩余价值生产的增加。在这里，工人和资本家尚未形成任何更为深入的从属性关系，"工人作为他自己的人身的所有者，从而作为他自己的劳动能力的所有者，以暂时被使用的这种劳动能力的卖者的身份，同拥有货币的资本家相对立；因此，他们双方作为商品占有者，作为卖者和买者而互相对立，这样，他们双方在形式上是自由人，他们之间除买者和卖者的关系外，实际上不存在任何其他关系；不再存在任何政治上或社会上固定的统治和从属的关系"①。在这里，工人和资本家在外观上依然是相互独立而自由的，二者除了在市场上进行劳动力与工资的交换之外，并无任何其他形式的从属关系。

尽管资本家获得了对工人劳动的支配力，但"在生产方式本身中还没有区别。劳动过程从工艺来看完全和过去一样进行，只是现在它成了从属于资本的劳动过程"②。生产活动依然按之前的方式进行，因而资本家要想占有更多的剩余价值，他所能采取的唯一方式就是增加支付给工人的工资与工人一日劳动的时间之间的差值，也

---

① 《马克思恩格斯文集》第 8 卷，人民出版社 2009 年版，第 371 页。
② 《马克思恩格斯文集》第 8 卷，人民出版社 2009 年版，第 372 页。

就是延长工作日长度，生产更多的绝对剩余价值。然而，工作日并不是能够无限延长的，工作日本身是有界限的，"它不能延长到超出某个一定的界限。这个最高界限取决于两点。第一是劳动力的身体界限。……除了这种纯粹身体的界限之外，工作日的延长还碰到道德界限"①。而这也就意味着，对工人本人来说，一方面他自己工作的目的依然是为自己创造足够的生活资料，另一方面他每天的必要劳动时间也能够得到保障。

然而，随着资本积累过程的逐渐深入，资本家积累起了越来越强的对劳动的支配力，劳动对资本的从属性地位也随之越发加深，最终，劳动对资本的形式上的从属逐渐开始转化为实际上的从属。"绝对剩余价值的生产构成资本主义制度的一般基础，并且是相对剩余价值生产的起点。"② 以绝对剩余价值的生产为基础，辅之以劳动支配力的逐渐增强，资本家得以探索出更大限度地占有剩余价值的新方式，即相对剩余价值生产。一方面，随着科学技术的发展，机器逐渐成熟并为资本家所广泛采用。机器体系的运用使得大幅提升劳动生产力成为可能，在保持原有工资水平不变的情况下，无论是必要劳动时间长度还是剩余劳动时间长度，都能够通过机器的运用而得到缩短。然而，"在资本主义生产条件下，通过发展劳动生产力来节约劳动，目的决不是为了缩短工作日。它的目的只是为了缩短生产一定量商品所必要的劳动时间"③。机器体系的运用本应对应着工作日的整体缩短，但是在资本权力的支配下，工作日整体长度保持不变，事实上这就意味着机器体系的运用仅仅缩短了必要劳动时间的长度，这也就变相延长了剩余劳动时间，这就使得资本家即使不继续延长工作日，也能够继续榨取更多的剩余价值。另一方面，劳动协作体系的运用也起到了类似的作用，多个工人通过分工

①　《马克思恩格斯文集》第 5 卷，人民出版社 2009 年版，第 267—268 页。
②　《马克思恩格斯文集》第 5 卷，人民出版社 2009 年版，第 583 页。
③　《马克思恩格斯文集》第 5 卷，人民出版社 2009 年版，第 372—373 页。

协作来完成某一生产过程要比几个工人分别单独地完成同一生产过程更有效率，而且协作也能在某种程度上节约生产资料。资本家手中掌握着劳动支配力，因而他可以用权力将工人们安排在一起进行协作劳动，从而提高劳动生产力。虽然在自然条件下也会产生简单的分工协作从而提高劳动生产力，但在资本主义条件下，由协作所节约的劳动时间全部被视为必要劳动部分，而通过协作所多生产出来的产品全部被视作属于资本家的剩余价值。因此，"如果说资本主义的管理就其内容来说是二重的，——因为它所管理的生产过程本身具有二重性：一方面是制造产品的社会劳动过程，另一方面是资本的价值增殖过程，——那么，资本主义的管理就其形式来说是专制的。随着大规模协作的发展，这种专制也发展了自己特有的形式"①。这样，资本主义条件下的大规模协作就成了资本权力支配下的专制体制。

由此可见，随着绝对剩余价值生产到相对剩余价值生产的发展，从表面上看重点在于机器体系的运用以及大规模协作的展开，但事实上，随着资本权力的不断发展，工人与资本家的地位发生了深刻的变化，工人生产的最终目的变成了为资本家生产剩余价值，而不是为自己生产保障自己的个人生活的产品，这也就意味着，劳动由对资本的形式上的从属转变为对资本的实际上的从属。"资本主义生产现在完全抛掉了为生活而生产的形式，变成了为贸易而生产，而且无论是自己的消费，无论是已有的买者们的直接需要，都不再是生产的界限；只有资本本身的量才是这种界限。另一方面，因为一切产品都变成了商品，所以产品的一切要素都作为商品从流通转入生产活动。"② 在这里，资本的原则战胜了一切人的原则，成了整个人类社会的统治性原则，生产力的发展本应同时服务于物质财富的创造和工人生活水平的提高，但在劳动实际上从属于资本的

---

① 《马克思恩格斯文集》第 5 卷，人民出版社 2009 年版，第 385 页。
② 《马克思恩格斯文集》第 8 卷，人民出版社 2009 年版，第 384 页。

条件下，资本追求剩余价值的意愿成了全部劳动生产过程的唯一目的。

所以，劳动力对资本的实际从属的形成，实际上也意味着工人的异化状态的全面形成。在劳动对资本的形式上的从属条件下，工人尚且还能够在一定程度上为满足自己的需要而生产，但在劳动实际上从属于资本的情况下，"为生产而生产因而表现为它的直接对立物。生产不是作为人的生产率的发展，而是作为与人的个性的生产发展相对立的物质财富的生产"①。任何生产都完全指向于资本家所占有的剩余产品的增加，因而对工人来说，他越是生产，就越是生产出异己的存在物，越是生产出资本家的剩余价值的增殖，同时也就越是生产出资本家对自己的支配力。"工人在劳动中耗费的力量越多，他亲手创造出来反对自身的、异己的对象世界的力量就越强大，他自身、他的内部世界就越贫乏，归他所有的东西就越少……工人把自己的生命投入对象；但现在这个生命已不再属于他而属于对象了。因此，这种活动越多，工人就越丧失对象。"②

因此，从劳动对资本的形式从属到劳动对资本的实际从属的转变过程，与资本权力的不断壮大是紧密联系在一起的。资本权力的壮大使得更深入地占有工人的剩余价值成为可能，从而催生了劳动对资本的实际从属，而在劳动对资本的实际从属条件下，工人与自己的劳动彻底相异化，工人越是劳动就越是生产出异己性力量。因而劳动对资本的从属程度越高，资本权力的力量也就越强，二者既相互作用，又同步发展。

三　致富欲望与资本积累的协同作用

在对原始积累过程的分析中我们看到，随着生产力的不断发展，人类社会中已经形成了一种初步形式的致富欲望，其与原始积

---

① 《马克思恩格斯文集》第 8 卷，人民出版社 2009 年版，第 387 页。
② 《马克思恩格斯文集》第 1 卷，人民出版社 2009 年版，第 157 页。

累相结合，共同推进了社会生活的资本化。而随着资本主义生产方式的全面形成，致富欲望发展到了其成熟形态，并在与资本积累的协同作用中共同服务于资本权力对人类社会的支配和控制。

马克思分析了交换领域中的两种不同的流通形式，即从商品到货币再到商品的这种为买而卖的流通形式，和从货币到商品再到货币的这种为卖而买的流通形式。马克思发现，当流通的结果是为了追求某种特殊商品的时候，该商品无论是会被直接消费掉，还是作为生产原料而消费掉，商品都已经退出了流通领域，在这一过程中，货币是作为商品之间的中介而存在的。但当流通的结果是货币本身的时候，情况就发生了变化，因为货币作为从各种特殊商品中所析出的一般等价物，其本身并不会被直接消费或被生产活动消费掉，因而货币并不会退出流通过程，当货币在一次流通中作为结果而出现时，它马上就会成为新的一次流通过程的起点。因而在这里，以货币为起点和终点的流通过程并不会随着生产或消费活动而迎来自己的终结，而是会无止境地、周而复始地运行。正是在这里马克思发现，在这种无限的循环运动中，"货币既不是仅仅充当尺度也不是仅仅充当交换手段，又不是仅仅充当这两者，货币还有第三种规定。货币在这里首先表现为目的本身，商品交易和交换只是为实现这一目的而服务的"①。正是在这货币的第三种规定的基础之上，货币得以在一定程度上超出单纯流通领域的范围，不再仅仅作为流通过程中的中介，而是本身成了财富的一般代表。

随着货币在其第三种规定的基础上脱离单纯的流通领域，成为财富的一般代表，人们的欲望也发生了根本性变化。在前文对原始积累中致富欲望的初步形成的分析中我们可以看到，随着生产力的逐渐发展，经济领域开始得以逐渐摆脱政治、神学等领域的压制而获得其独立地位，而随着近代政治哲学中关于财产权的理论的逐步发展，一种针对财产的欲望也在逐步壮大，并发挥了推动原始积累

①　《马克思恩格斯全集》第 30 卷，人民出版社 1995 年版，第 153—154 页。

过程的作用。虽然这种对于财产的欲望构成致富欲望的初步形式，但事实上在这里，这种欲望还保留着其自然性特征，因为只要货币还仅仅被理解为流通过程的中介，只要人们所追求的还只是商品的有用性而不是作为交换价值的货币，那么人们对财产的理解就依然会落实到一系列具体的财物之上，而这些财物的有用性则对应着人们的一系列自然需要和生理需要。但随着货币的第三种规定的形成，当货币不再仅仅作为流通的中介出现，而是同时也作为流通的结果，即货币成为人们所追求的目标时，实际上这就意味着人们所追求的目标不再是商品的特殊的有用性，而是在商品中所体现出的财富本身。从马克思对使用价值和价值的划分这一角度来看的话，人们此时所追求的便已不再是商品的使用价值，而是价值本身，这种价值本身体现在作为一般等价物的货币之上。因此，对于各种特殊财物的欲望最终都转化为了对货币的欲望。

在马克思看来，这种以货币为对象的欲望实际上才是真正的成熟形态的致富欲望。对各种特殊财物的欲望依然是一种具有自然性的欲望形式，对应着自然形成的需要，但成熟形态的致富欲望则是一种历史性的欲望形式，对应着历史形成的需要。"贪欲在没有货币的情况下也是可能的；致富欲望本身则是一定的社会发展的产物，而不是与历史产物相对立的自然产物。"① 只有随着社会生产力的逐步发展，随着货币脱离单纯的流通领域成为财富的一般代表，人们才会形成针对货币本身的致富欲望。而与此同时，随着人们对于各种特殊财物的自然形成的需要被转化为对于货币的历史形成的需要，人们的欲望便也得以突破其所受到的自然性的限制。因为当人们所意欲的是"服装、武器、首饰、女人、美酒"② 等现实性的对象时，人们欲望的满足要受到人的自然条件的制约，人不能超越自己的生理界限而无止境地享受这些欲望的满足。但对货币的占有

---

① 《马克思恩格斯全集》第 30 卷，人民出版社 1995 年版，第 174 页。

② 《马克思恩格斯全集》第 30 卷，人民出版社 1995 年版，第 174 页。

则是不会受到人们的生理条件的制约的，由于货币作为财富的一般代表可以脱离于流通过程而独立存在，因而人们可以无止境地占有货币，从而无尽地追求致富欲望的满足，这造成了人的欲望的无限膨胀。

资本主义社会不仅造成了人的致富欲望的无限膨胀，而且资本积累过程的不断运转也为致富欲望的无限满足提供了现实条件。一方面，在资本积累的过程中，通过占有工人所生产的剩余价值，资本家得以不断获得越来越多的货币财富，从而不断满足其致富欲望。另一方面，工人虽然在生产过程中被资本家剥削了剩余价值，但是在资本主义生产方式的条件下，工人手中并没有生产资料，他们只能通过雇佣劳动这种方式赚取资本家所提供的工资，而工资也确实为工人提供了用以满足致富欲望的货币财富，因而资本积累过程的不断运行同时也能够不断满足工人的致富欲望。这样，资本无止境的自我增殖过程，即无止境地循环往复的资本积累过程，同时也就成了无限膨胀的致富欲望得到不断满足的过程。而与此同时我们也会发现，不仅资本积累体现为致富欲望不断得到满足的过程，而且人们对财富的追求本身也推动了资本积累的发展。无论是工人全面地投身于雇佣劳动之中，还是资本家不断地扩大再生产以更多地占有剩余价值，这二者实际上都服务于资本的自我增殖。因而在这一意义上，致富欲望与资本积累实际上形成了一种协同关系，二者互为满足、互相促进，共同服务于资本的自我增殖。

正是在这致富欲望与资本积累的协同作用之下，一种通过致富欲望以控制包括资本家和工人在内的全部人类生活的资本权力已经全面形成。致富欲望驱使着资本家和工人共同投身到资本积累的过程中去，资本增殖成了全社会每一个人的奋斗目标，资本逻辑裹挟着整个人类社会不断前进。

四　资本集中、垄断与资本权力的社会化

综上所述，资本积累过程的全部发展，都是与资本权力的发展

相互缠绕在一起的。资本积累的最初发生需要资本权力发挥作用，资本权力将工人的劳动纳入生产过程中，完善了资本主义生产方式，保障了资本积累的稳定运转，资本权力也随着扩大再生产而得到扩大。在这一过程中，资本权力加强了劳动对资本的从属性，使劳动对资本的形式从属转变为对资本的实际从属，而这一过程同时又催生了资本权力的增长。随着资本主义的发展进入成熟阶段，资本权力也随着扩大、增长而逐渐走向集中、垄断，并逐渐成为垄断性的资本权力。

资本主义生产的最初形成是建立在一系列小的、单个的资本家的基础之上的。"为了有足够的同时被剥削的工人人数，从而有足够的生产出来的剩余价值数量，以便使雇主本身摆脱体力劳动，由小业主变成资本家，从而使资本关系在形式上建立起来，需要有一定的最低限额的单个资本。"① 只要拥有了最低限度的资本，资本家就可以通过其资本权力将工人的劳动纳入生产过程中来，从事资本主义生产，并不断通过机器的运用和分工协作规模的扩大来榨取更多的剩余价值。在这里我们看到，虽然所有单个资本都在为总体性的社会积累做贡献，但这些单个的资本家所进行的资本积累过程呈现出两个特征，"第一，在其他条件不变的情况下，社会生产资料在单个资本家手中积聚的增进，受社会财富增长程度的限制。第二，社会资本中固定在每个特殊生产部门的部分，分在许多资本家身上，他们作为独立的和互相竞争的商品生产者彼此对立着"②。不同资本家之间实际上是处于竞争关系的。虽然我们可以通过平均来找到一个确定的社会劳动生产率水平，但具体到每个单个资本上时我们就会发现，实际上每个单个资本内部的劳动生产力水平是不尽相同的。由于生产规模的不同、机器运用水平的不同以及各种其他相关因素的影响，这就使得具体到每个资本身上的劳动生产率都是

---

① 《马克思恩格斯文集》第 5 卷，人民出版社 2009 年版，第 383 页。

② 《马克思恩格斯文集》第 5 卷，人民出版社 2009 年版，第 721 页。

不同的，有些规模较大、机器运用水平较高的资本的劳动生产率高于社会平均水平，而有些小规模生产的劳动生产率则低于社会平均水平，实际上这就使得大资本能够处于竞争中的优势地位，较大的资本能够战胜较小的资本。

随着较大的资本战胜较小的资本，将较小资本的生产资料和工人都纳入大资本之中，大资本的规模得以进一步扩大，劳动生产力得以进一步提高，从而在该领域中的竞争力得以进一步提高。实际上，这时就形成了一个与资本间的排斥、竞争关系相反的相互吸引、集中的关系。正如我们之前所分析过的那样，每个单个资本要想提高其劳动生产力，就必须依赖于其资本权力的提升，这只能通过不断扩大生产规模来实现。直接从市场上雇佣更多工人是一条可行的策略，但这需要更大量的预付资本投入，而不同资本的兼并、融合则构成了另外一条提升资本权力、扩大生产规模的有效手段。在资本融合的过程中，不同资本所具有的权力得到融合、提升，而这一过程并不需要更多预付资本的投入。"这已不再是生产资料和对劳动的支配权的简单的、和积累等同的积聚。这是已经形成的各资本的积聚，是它们的个体独立性的消灭，是资本家剥夺资本家，是许多小资本转化为少数大资本。这一过程和前一过程不同的地方就在于，它仅仅以已经存在的并且执行职能的资本在分配上的变化为前提，因而，它的作用范围不受社会财富的绝对增长或积累的绝对界限的限制。资本所以能在这里，在一个人手中膨胀成很大的量，是因为它在那里，在许多人手中丧失了。这是不同于积累和积聚的本来意义的集中。"① 在这里，资本集中的趋势就诞生了。

由此观之，资本的集中构成了除资本积累之外，资本家获取更强大的资本权力的另一条可行道路。当然，通过不断竞争所实现的大资本吞并小资本的过程是非常缓慢的，资本集中相较于资本积累中资本权力的缓慢提升的优势就在于资本集中能够在更短、更快的

---

① 《马克思恩格斯文集》第 5 卷，人民出版社 2009 年版，第 721—722 页。

时间内完成目标，因而除了原有的竞争关系之外，信用体系逐渐形成了。信用体系的形成使得原有的资本家个人的资本能够转变为股份制公司，通过发行股票的方式股份制公司得以将形成大规模资本所需要的资本预先集中起来，从而极为快速地扩大生产规模。由于每一个单独的生产部门的总体体量都是有限的，因而当资本积累和资本集中共同使资本的发展达到本领域内的最高限度时，实际上垄断也就随之产生了。

垄断首先表现为私人垄断的形式，表现为私人资本在某一领域内获得了支配性地位。在不断发展的过程中，垄断逐渐打破领域的限制，并成为横跨多个生产部门的卡特尔、托拉斯等垄断形式。而随着信用体系对垄断的推广，最终某些企业得以深入人类社会生活的方方面面，将各种资源都容纳于其中，在这一意义上，资本具有了社会性特征。在马克思看来，股份公司的建立使得"生产规模惊人地扩大了，个别资本不可能建立的企业出现了"①。在这一过程中，资本所具有的支配力获得了空前发展。事实上，当垄断资本产生的时候，资本权力就获得了极大的发展，之前的资本权力仅仅意味着对生产过程内部的工人们具有劳动支配力，而垄断的形成则意味着资本权力已经扩展到了受垄断的整个区域之中，资本对整个生产领域的全部环节都拥有广泛的支配力。信用制度催生下的社会资本的形成则进一步扩展并增强了资本权力，因为在这种情况下事实上出现了一种不同于之前私人垄断意义上的国家垄断，国家垄断虽然具有社会性的外表，然而"无论向股份公司和托拉斯的转变，还是向国家财产的转变，都没有消除生产力的资本属性"。所以说，在这里的生产依然是在资本家的资本权力支配下所进行的追求剩余价值的资本主义生产，"现代国家也只是资产阶级社会为了维护资本主义生产方式的一般外部条件使之不受工人和个别资本家的侵犯而建立的组织。现代国家，不管它的形式如何，本质上都是资本主

---

① 《马克思恩格斯文集》第 7 卷，人民出版社 2009 年版，第 494 页。

义的机器，资本家的国家，理想的总资本家"①。在这里我们可以看出，与这种国家垄断相伴随而来的是，资本权力成了整个资本主义国家中的支配性力量，资本权力不再仅仅指向工人，而且是指向全体公民，指向整个资本主义国家。正是在这一意义上，当代激进思想家哈特和奈格里认为，今天的资本主义国家事实上都是财产共和国。"现代共和主义的具体定义脱颖而出：这种共和主义是奠基于财治和私有产权神圣不可侵犯原则之上的，这就排除或者支配了那些没有财产的人。"② 欧洲的资产阶级"所确立的正是资产阶级共和国的根本原则：财治"③。通过这一过程，资本权力最终实现了它的社会化，它在劳动支配力的基础上，获得了社会支配力的新形式。

第三节　金融资本、数字资本的结合与资本权力的全面扩展

众所周知，在马克思所处的年代，占统治地位的资本形式还是依托于工业革命以来所形成的机器化体系的产业资本。而随着资本主义社会的不断发展，金融资本、数字资本等新的资本形式开始出现并不断壮大，以至于在当今社会中它们已经代替了产业资本的统治性地位，这是资本主义发展过程中所出现的新变化。在这里我们需要注意的是，虽然从外表上来看，似乎金融资本的形成更多的是商业行为发展的结果，而数字资本的形成则更多的是科学技术发展的结果，二者在历史性形成过程和发挥作用的具体方式等方面存在着较大差异。但如果从内在逻辑的角度来看的话我们就会发现，实

---

① 《马克思恩格斯文集》第 3 卷，人民出版社 2009 年版，第 559 页。
② ［美］迈克尔·哈特、［意］安东尼奥·奈格里：《大同世界》，王行坤译，中国人民大学出版社 2016 年版，第 5 页。
③ ［美］迈克尔·哈特、［意］安东尼奥·奈格里：《大同世界》，王行坤译，中国人民大学出版社 2016 年版，第 9 页。

际上二者都构成了资本逻辑进行扩展从而使资本增殖能够趋于无限的一种具体方式，而且金融资本和数字资本对资本逻辑进行扩展的角度之间还存在着互补关系，因而在当代社会中二者必然会趋向融合，以形成一种"金融—数字"资本，这在推动资本逻辑走向更高发展阶段的同时，也极大地扩展了资本权力的运行范围，甚至在一定程度上转变了资本权力的运行方式。因此，在对金融资本及数字资本本身特性的把握的基础上，理解二者趋向结合的必然性及其后果，将使我们能够更为充分地理解资本权力在当代社会的最新发展。

一　金融资本：资本权力从 G 的角度的扩展

马克思通过对资本主义生产方式的本质性研究揭示出，资本不同于集聚起来的一定量的货币的根本性区别就在于：资本遵循 G—W—G' 的方式运动，在这里货币不再作为交换活动的中介，而是既充当交换的起点，也充当其目的和结果；资本所谋求的不是附着在某种特殊商品之上的特殊使用价值，而是以货币的形式所表现出来的价值的无尽增殖，也即自我增殖。资本对无尽的自我增殖的追求也就构成了资本的逻辑的核心内容。在马克思所处的时代，资本的原始积累已经完成，以农业劳动为基础的旧的生产关系已经宣告解体，依托于工业革命而形成的机器化大生产成了当时在社会上占主导地位的生产组织形式，工人通过雇佣劳动关系进入到工厂中，运用资本家所拥有的生产资料从事生产，资本家对工人的剥削也相应地主要是通过这种方式在工厂中得以实现的。资本的自我增殖主要是通过工厂中的机器化大生产这种方式而实现的，因而在这个时代中，资本主要体现为依托于机器化大生产的产业资本。

在这里需要注意的是，虽然在马克思所处的时代，资本依托于工业产业获得了巨大发展，但从资本逻辑的角度来看的话我们就会发现，产业资本实际上并不是资本发展的最高形态，它并不是资本逻辑的最纯粹、最充分的表达形式。要知道，资本所追求的并不是任何特殊的使用价值，而是其本身无尽的自我增殖。在工业革命的浪潮下，机器体系的运用极大地促进了物质财富的增长和资本对工人的剥削，因而它极大地促进了资本的自我增殖。但与此同时，我们也要注意到，机器化大生产在推动资本增殖的同时，其本身也构成了资本逻辑能够在何种程度上得以实现的界限。因为资本所追求的实际上是自我增殖，从其本性上来讲资本对增殖的追求是无限的。而当资本主要体现为产业资本的时候，资本增殖的节律就必然要依附于机器体系和工业产业本身的发展节律，而这又是由科学技术的发展、工艺水平的提升、社会组织形式的变化、现实的物质资源条件等一系列要素所决定的。因而在产业资本阶段，资本增殖的实现依然要受到这一系列外在条件的必然性限制，资本逻辑的展开要在一定程度上受制于外在条件，资本权力的运用也必然要依托于工厂、机器体系等要素才能发挥作用。因此，资本逻辑对于无限自我增殖的要求、资本权力对整个资本主义社会的全面控制的要求，必然会推动资本尝试摆脱这些外在条件的限制，而得以更为充分地发展其自身。

事实上，金融资本的形成与发展就构成了资本对其所受到的外在条件限制的一种摆脱。在《资本论》第 3 卷中，马克思就已经对这种将在日后成为金融资本的生息资本的特性进行了考察。马克思发现，生息资本的运行虽然与资本的 G—W—G' 的这一现实运动方式有紧密联系，但是两者间存在着重要差异。马克思发现，生息资本的运动方式是"G—G—W—G'—G'"[①]，即资本家 A 将资本出借给另一位资本家 B，资本家 B 运用资本从事生产，赚取剩余价值，并将其所借入的资本附上一定量的增值额之后交还给资本家 A。在这里我们可以给运动过程添加括号，以区别两种资本发挥作用的具体方式，即将运动过程表达为 G—（G—W—G'）—G'。在这里，括号内的部分是马克思所揭示的、资本的一般性运动方式。

---

① 《马克思恩格斯文集》第 7 卷，人民出版社 2009 年版，第 380 页。

当我们将括号内的部分看作一个整体来重新审视这一公式时我们就会发现，括号内的部分从整体上来说是一种资本，它并没有出现在运动过程的两端，而是处在运动的中间位置。换言之，在这里"资本是作为商品出现的，或者说，货币作为资本变成了商品"①。G—W—G'的公式得以成立的条件就在于，资本在 W 这一环节中找到了劳动力这种特殊的商品，对其进行消费本身就能创造出新的价值，因而将包含劳动力商品的 W 置于公式中间位置可以使公式成立。而当资本主义生产方式得以全面确立之时，资本可以持续性地通过剥削工人的剩余劳动实现自我增殖，资本本身也表现为一个可以不断创造价值的要素，因而在这里，将资本作为一个整体放置在G—W—G'公式的中间位置同样能够使公式成立。在这种情况下，"货币除了作为货币具有的使用价值以外，又取得一种追加的使用价值，即作为资本来执行职能的使用价值"②。资本执行职能可以实现自我增殖，因而自我增殖也就构成了资本的使用价值。

因此，当我们将自我增殖看作资本的使用价值，将资本看作生息资本运行过程中的一个处在中间位置的特殊商品的时候我们就会发现，在这里，"价值额，货币，在没有等价物的情况下付出去，经过一定时间以后交回来"③。从生息资本的角度来看，在这一过程中，货币并没有转化为商品，资本也没有通过商品转化为货币而实现自我增殖，资本始终保持着货币形态走完了整个运动过程，即"它在运动中保存自己，并在执行职能以后，流回到原来的支出者手中"④，并实现了自我增殖。而这也就意味着，在生息资本的情况下，资本不用再考虑增殖得以实现的具体方式，只要资本能够作为资本执行职能，那么资本就可以通过一系列金融手段实现自我增殖，并且在这一过程中所面对的对象均是各式各样的资本，而无须

---

① 《马克思恩格斯文集》第 7 卷，人民出版社 2009 年版，第 382 页。
② 《马克思恩格斯文集》第 7 卷，人民出版社 2009 年版，第 378 页。
③ 《马克思恩格斯文集》第 7 卷，人民出版社 2009 年版，第 395 页。
④ 《马克思恩格斯文集》第 7 卷，人民出版社 2009 年版，第 384 页。

面对具体的生产过程。正如马克思所指出的那样，"商品和货币在这里成为资本，并不是由于商品转化为货币，货币转化为商品，并不是由于它们对买者或对卖者的现实的关系，而只是由于它们的观念上的关系"①。只要促成资本执行职能的雇佣劳动关系存在，这一增殖过程就能持续进行。

事实上，这就构成了金融资本相较于产业资本所具有的一个重要特点。当资本主要表现为产业资本的时候，资本逻辑的扩展必然要受到产业本身发展的外在条件的限制，资本权力的运用要与具体的产业密切相关。在这种情况下，资本增殖的实现程度与资本权力的运用方式都不是由其自身所决定的，而是由与产业相关的一系列外在条件所限定的。然而当发展到金融资本阶段之后，只要资本能够作为资本执行职能，那么资本就具有了一种实现自我增殖的特殊使用价值，资本增殖的过程就不必再经历资本与具体产业之间的形态变换、货币与商品之间的形态变换，而完全在资本本身的范畴内就能持续不断地进行。在这一情况下，当 G—W—G' 这一运动公式中的 W 不再由某种特殊的商品来充当，而是由具有特殊使用价值的资本来充当时，资本增殖的公式便不再需要掺杂进任何非资本的要素，从而能够被进一步简化为 G—G' 的公式，即由资本直接导向资本的自我增殖。这样，资本增殖将不再受各种外在条件的限制，而是成了资本以自身为对象的真正的"自我"增殖，也即达到一种不以外物为对象，而是以自我为对象的"无限"增殖。这也就意味着，在这种情况下，资本仅仅因为自己是资本就拥有了对全部产业的支配权。

也正是在这一意义上，金融资本的形成意味着资本主义社会中的拜物教形式发展到了资本拜物教这一最高发展阶段。在金融资本这里，正如马克思所指出的那样，"好像贷出的资本从来就没有丧失货币形式。当然，这种交易实际上是由现实的回流决定的。但这

---

① 《马克思恩格斯文集》第 7 卷，人民出版社 2009 年版，第 384 页。

一点不会在交易本身中表现出来"①。虽然资本增殖最终要依托于具体的生产过程，但金融资本掩盖了这种具体的生产过程与资本增殖之间的联系。在 G—G'公式能够直接成立的情况下，就好像自我增殖本来就是资本自身所天然拥有的一种能力，而具体的生产过程只是附着在资本增殖之上、是资本增殖的具体体现一样。这样，产业与资本之间的关系就发生了颠倒，产业不再能够决定资本的运行，而资本却反而成了产业赖以存在的根基，资本能够控制产业的发展。正如马克思所指出的那样，"在生息资本的形式上，资本拜物教的观念完成了"②。资本成了凌驾于整个世界之上的"物神"，具体的生产活动能否得以顺利展开将取决于其能否得到金融资本的青睐。因为金融资本在构成整个增殖过程的结果的同时也构成了增殖过程的前提，即"资本家 B 不是支出自己的资本，而是支出 A 的资本；但没有 A 的同意，他就不能支出 A 的资本"③。所以在这一意义上，金融资本获得了对整个生产体系的决定权，他可以反过来决定生产活动的节律，从而使之能够更好地服务于金融资本的增殖。

因此，总的来说，金融资本代表了资本摆脱外在条件限制、追求自身无限增殖的一种重要形态，它试图从 G—W—G'公式中 G 的角度对公式进行扩展，最终将具体的劳动过程排除出了资本增殖的公式，使资本拜物教真正趋于完成。通过这种扩展，资本仅仅由于其本身是资本就获得了一种对于全部产业及生产活动的支配权，资本权力得到了巨大扩展。

二　数字资本：资本权力从 W 的角度的扩展

资本自我增殖的逻辑要求资本摆脱一切外在条件的限制，从而

---

① 《马克思恩格斯文集》第 7 卷，人民出版社 2009 年版，第 390 页。
② 《马克思恩格斯文集》第 7 卷，人民出版社 2009 年版，第 449 页。
③ 《马克思恩格斯文集》第 7 卷，人民出版社 2009 年版，第 380 页。

达到一种无限性的自我增殖。金融资本从 G—W—G'公式中 G 的角度对资本进行扩展，使资本增殖能够在一定程度上通过以自身为对象而趋于无限，从而极大地破除了资本增殖所受的限制，使资本权力得到巨大扩展。事实上，对资本的扩展绝非仅有这一种方式。除了从 G 的角度入手之外，资本还可以从 W 的角度入手扩展资本。这一对 W 部分的转变与扩展是通过数字资本而实现的。

马克思的政治经济学批判理论超越于古典政治经济学理论的一个重要环节在于，古典政治经济学在对资本主义的经济规律进行把握的时候，所关注的往往是交换领域中的基本规律，而马克思则将研究的目光进一步推进到了生产领域。通过将对资本主义经济规律的分析推进到生产领域，马克思发现资本增殖虽然最终是在交换领域中实现的，但其秘密实际上深藏在生产领域之中。正是由于古典政治经济学没有将研究的视野深入生产领域，因而他们才会看到"劳动力的买和卖是在流通领域或商品交换领域的界限以内进行的，这个领域确实是天赋人权的真正伊甸园。那里占统治地位的只是自由、平等、所有权和边沁"①。但一旦将研究视野推进到生产领域我们就会发现，"我们的剧中人的面貌已经起了某些变化。原来的货币占有者作为资本家，昂首前行；劳动力占有者作为他的工人，尾随于后。一个笑容满面，雄心勃勃；一个战战兢兢，畏缩不前，像在市场上出卖了自己的皮一样，只有一个前途——让人家来鞣"②。在生产领域中所展现出来的实际上是资本对劳动、资本家对工人的无情剥削。因为在劳动价值论的视域之下，交换活动本身并不创造价值，只有劳动本身才是价值创造的源泉。旧的生产方式的解体使得自耕农等前资本主义社会中的生产者丧失了其生产资料，成了只能通过出卖劳动以谋生的劳动力提供者，而资本家在垄断了大量生产资料的同时也拥有了购买并消费工人的劳动力的可能性。在这一

① 《马克思恩格斯文集》第 5 卷，人民出版社 2009 年版，第 204 页。
② 《马克思恩格斯文集》第 5 卷，人民出版社 2009 年版，第 205 页。

情况下，资本家便得以通过雇佣劳动来支配工人进行劳动，并无偿占有工人的劳动所创造出的剩余价值，从而推动资本的不断增殖。因此，资本增殖的秘密实际上就在于，资本家无偿占有了工人的劳动所生产出来的剩余价值，正如马克思所指出的那样，"资本是死劳动，它像吸血鬼一样，只有吮吸活劳动才有生命，吮吸的活劳动越多，它的生命就越旺盛"①。

资本通过吮吸、吸纳活劳动而实现增殖，因而在资本的无限自我增殖的要求之下，资本必然会试图无限地吸纳活劳动。但需要注意的是，资本对活劳动的吸纳并不能凭空进行，它需要依托于一定的具体的劳动和生产过程。在产业资本占主导的年代里，资本对活劳动的吸纳依托于机器化大生产而进行。正如前文中所提到过的那样，在这种情况下，资源的有限性、产业本身的发展规律、技术进步的节律等一系列要素都会成为资本增殖无法真正趋向无限的界限。而依托于20世纪以来信息技术、数字技术的飞速发展所逐渐兴起的数字资本则为突破这些限制提供了可能性。通过与数字技术相结合成为数字资本，通过运用数字化的虚拟世界的基本特点，资本对活劳动进行吸纳的方式得到了极大扩展。由于能够直接创设或改变虚拟世界中的基本规律和行为方式，因而数字资本就能够直接对劳动本身进行调整，既能够将原本的非劳动行为重新定义、扩展为可以被剥削的劳动行为，同时也能够创造一系列新的、更便于资本对其进行剥削的新劳动形式，从而突破对活劳动的吸纳所受到的外在条件的限制，使资本权力能够作用于每一个人的全部行为之上。

首先，就重新定义劳动行为这一方面而言，数字资本的兴起使得一系列传统意义上的非劳动行为成了劳动行为。人们的包括劳动和非劳动在内的一切行为都会在世界中留下某种痕迹，在数字化的虚拟世界中这些痕迹会以数据的形式残留下来。"大数据"技术的

---

① 《马克思恩格斯文集》第5卷，人民出版社2009年版，第269页。

广泛应用使得对这些信息的全面收集和把握成为可能，通过对这些数据的分析、收集，对每个人的基本形象和行为模式的全面刻画就成为可能。而当一个人的性格特征及行为模式已经被全面掌握之后，以各种手段对他进行支配和控制实际上也就成了可能。事实上，这正是国内外各大互联网巨头所正在从事的工作，他们通过广泛地收集人们的行为数据，准确刻画每个人的用户画像，并进一步通过资讯、广告的精准投放等方式来塑造、引导人们的消费倾向和行为以实现更高的获利。从这一角度来说，数据实际上就已经成了具有特定的使用价值的商品，人们生产数据的活动也具有了劳动的特征。而人们在数字化世界中对数据的生产与人们在现实世界中对商品的生产之间又有着很大的不同，因为一般而言人们都会清晰地意识到自己所从事的生产具体商品的行为是一种劳动，但对数据的生产则往往不是如此。被大数据技术所捕获的数据往往都来自于人们的购物、休闲娱乐、资讯搜索等行为，这些行为一般都会被认为是日常生活中的非劳动行为，但是这些行为却事实性地创造出了可供分析和运用的数据，因而实际上已经具有了劳动的特质。劳动与非劳动之间的界限趋向模糊，生产与消费之间的界限也趋向模糊，甚至出现了一系列"生产性消费"。而更进一步来说，数字资本不仅通过数字技术将人们的非劳动行为转化为了劳动，而且同时创造了对这些劳动进行剥削的具体方式。虽然数据是通过每一个人的活动所生产出来的，但实际上数据的生产者并不拥有数据本身，人们在一系列互联网平台中所生成的活动数据都被各大互联网平台所掌握。各大平台直接拥有这些数据，并且能够对其进行挖掘和利用，但创造了数据的每个个人却既不拥有这些数据，也无法对其加以运用。因此在这里，数字资本不仅实现了对劳动的重新定义，人们的一系列日常性的非劳动行为都通过数字化而被转化为了能够生产数据的劳动行为，同时数字资本也已形成了一整套无偿占有人们的劳动成果从而对人们的劳动进行剥削的具体运作机制，这都构成了资本权力用以控制每个人的新武器。

其次，就创造新的劳动形式这一方面而言，数字资本的兴起创造了一系列新的、更便于剥削的新劳动形式。在前数字化时代，劳动的具体形式无论发生怎样的变化，从大体上来说，它都是要与现实的物质前提密切相关的，因而劳动的具体形式也要受到现实物质条件的制约。而数字技术的诞生为人类社会带来的一个重要变化在于，它创造了一个不同于人们所生活于其中的现实世界的虚拟世界，虽然这个虚拟世界要运行在一系列硬件平台之上，它归根到底无法根本性地摆脱物质基础，但就人在其中的存在和生活方式而言，数字化的虚拟世界确实已经成了一个人们真实地生活于其中，又与现实物质生活有较大间距的新生活世界。现实世界是人类对自然界进行改造所形成的产物，其中既体现了人们的能动性，同时也体现了自然条件对人的限制；而虚拟世界则是一个完全人造的世界，无论是其底层逻辑，还是人们在其中的行为方式，实际上都是人为设计的结果。在虚拟世界中，人们可以在很大程度上摆脱外在客观性规律的制约，并自行创设规律。事实上这也就意味着，依托于数字化技术所形成的虚拟世界，人类得以根据自己的意愿和目的创造一系列新的、可以摆脱具体的物质性条件限制的非物质劳动形式。

正是基于这一特点我们发现，由于数字资本可以直接创制虚拟世界中的基本规则，因而数字资本可以在虚拟世界中创设和塑造一系列新劳动形式，这些劳动形式所满足的不是每个人的自由而全面发展的需要，而是资本的自我增殖的需要。同时由于这些劳动都是在虚拟世界中完成的，因而能够在最大程度上摆脱外在物质性条件的制约。例如我们都知道在今天的各大数字平台上都有多种多样的应用商店排行榜，网络购物平台销量热度排行榜，微博、知乎、豆瓣等平台的热搜排行榜，以及娱乐选秀节目的粉丝人气排行榜等一系列榜单，这些榜单的出现催生了众多专门从事打榜、刷流量、刷评价的工作者乃至服务机构，他们付出了劳动时间，满足了人们对排名和评价的需要，收获了一定的经济利益，这构成了一种新的劳动形式。但通过从事这种所谓劳动，人们付出了大量的劳动时间，却又并未产出任何具体的劳动产品，也没有促进个人的自我完善和提升。这些劳动的意义仅仅在于为资本增殖提供了可供吸纳的劳动时间，其缘起本身就是为资本所塑造的，其对劳动主体本身而言仅仅体现为一种无意义的异化劳动。数字资本能够通过不断制定虚拟世界的基本规则来创造出越来越多与之类似的无意义劳动，从而推向对人的劳动时间的无尽占有。在这一意义上，数字资本通过创造一系列新的、更便于资本对其进行剥削的新劳动形式，突破了对劳动的吸纳所受到的外在条件的限制，使资本权力对人们行为的控制以及对人的剥削趋向于纵深化发展。

三　"金融—数字"资本与资本权力的全面扩展

通过对金融资本和数字资本的分析我们可以看出，对于 G—W—G'的增殖公式而言，金融资本实现了资本以资本为对象的纯粹自我增殖，将公式简化为 G—G'，实现了资本拜物教的彻底形成，从而从 G 的角度对资本进行了扩展；数字资本则通过对非劳动行为的改造和对新劳动形式的创设，使资本对劳动的吸纳过程得以摆脱外在条件的限制而无限扩展，从而从 W 的角度对资本进行了扩展。因此，资本追求无限扩展自身的需要必然会趋向于将二者结合在一起，形成一种"金融—数字"资本。这同时从 G、W 两个角度共同对资本进行了扩展，使之能够全面摆脱各种外在条件的限制，而趋向于资本以自身为对象的无限性自我增殖。事实上，在当代社会中这一融合已趋近于完成，在日常生活中我们随时都能看到大资本与数字技术的高度融合。这种融合催生了一个又一个以数字技术、互联网技术为基础的行业风口，催生了一次又一次对传统领域、传统行业的革命，催生了一次又一次大资本之间的"烧钱"、竞争、并购大战。而金融资本与数字资本的结合所带来的一个重要结果就是，人类社会的发展将与生产力的发展全面脱钩，并完全服务于资本的无限自我增殖，服务于资本权力对整个社会的全面控制。

在这里需要我们加以注意的是，虽然在很长一段历史时期之内，生产力的发展与资本主义生产方式的发展及资本增殖的进程保持着一致性，经济发展即意味着生产力的发展，但事实上，生产力发展与资本增殖的发展之间并不具有天然的一致性。在这里我们可以通过凡勃伦所提出的"工业"和"商业"这两个概念的区别来把握这一特点。在凡勃伦看来，工业意味着一种对生产的集体性探索，其背后的逻辑是生产力的发展，而商业背后的逻辑则是财富的增加。"工业的主要目标，也就是凡勃伦所说的其'存在理由'，是高效生产优质商品和服务，以改善人类生活。"① 而"根据凡勃伦的观点，商业在方法和目标上都不同于工业。商业企业意味着以盈利为目的的投资，它通过买卖而向积累金钱财富的隐秘目标前进"②。在资本主义社会条件下，商业背后的逻辑实际就是资本增殖的逻辑。在产业资本占主导的年代，资本增殖主要通过生产力发展而扩展自身，因而在这里，生产力发展与资本增殖之间呈现出一致性的特征。也正是在这一意义上马克思发现，资本具有文明面特征，资本主义生产方式在人类历史上曾发挥过重要的积极作用，"资产阶级在历史上曾经起过非常革命的作用"③。尤其是在产业资本时代，资本主义生产方式的推进同工业革命及科学技术的飞速发展一道，共同推动了社会生产力的快速发展。正如马克思所指出的："资产阶级在它的不到一百年的阶级统治中所创造的生产力，比过去一切世代创造的全部生产力还要多，还要大。自然力的征服，机器的采用，化学在工业和农业中的应用，轮船的行驶，铁路的通行，电报的使用，整个大陆的开垦，河川的通航，仿佛用法术

---

① JonathanNitzan andShimshon Bichler，*Capital as Power：A Study of Order and Creorder*，Abingdon and New York，NY：Routledge，2009，p. 219.

② JonathanNitzan andShimshon Bichler，*Capital as Power：A Study of Order and Creorder*，Abingdon and New York，NY：Routledge，2009，p. 220.

③ 《马克思恩格斯文集》第2卷，人民出版社2009年版，第33页。

从地下呼唤出来的大量人口——过去哪一个世纪料想到在社会劳动里蕴藏有这样的生产力呢?"① 透过对原始积累和资本积累过程的分析我们也可以看到,尽管其中包含了资本权力的诞生和逐步运用,但对资本权力的运用在一定程度上还是会推动生产力的发展的。因而在产业资本时代,资本与生产力发展之间还没有出现明显的背离。

金融资本与数字资本的出现,尤其是二者的相互结合,使得资本与生产力发展之间的全面背离成为可能。金融资本颠倒了资本与现实的生产过程之间的关系,将资本拜物教推向完成,在 G—G' 公式能够成立的情况下,资本增殖能够不再必须依赖于生产力的发展,而是可以自行发生。尽管如此,金融资本本身还不足以斩断资本增殖与生产力发展之间的最后的联系。虽然金融资本在很大程度上使得资本增殖得以摆脱现实生产活动,从而使得资本增殖得以趋向于无限运行,但仅仅依靠金融资本事实上还无法使资本增殖真正脱离一切外在性的限制而达至真正的无限。正如金融资本的运行公式 G—(G—W—G')—G' 所表达出来的那样,无论我们在这一过程中如何增加复杂的金融手段,其作用都是在公式的两端添加新的 G 和 G' 以增加公式的长度,并将最中间的括号内的部分伪装、隐藏起来。但无论如何伪装,金融资本最终都不能真正摆脱正中间被括号所括起来的部分,事实上资本的现实运动依然构成金融资本得以成立的真正地基。只有当资本能够作为资本执行职能的时候,贷出的货币才能够被视为能够实现自我增殖的资本,从而推动金融资本的层层增殖。换言之,就 G—W—G' 这一原初的资本增殖的公式而言,金融资本最终不能真正取消掉 W 这一与现实生产活动相关的关键环节。一旦脱离了作为其地基的现实支撑,一旦失去了生产力发展所提供的现实支撑,金融资本的运作就只能是呈现为巨大的金融泡沫,其所带来的就只能是财富的虚假增长,这种虚假增

---

① 《马克思恩格斯文集》第 2 卷,人民出版社 2009 年版,第 36 页。

长随时都会趋于崩溃。

数字资本的兴起则通过重新定义虚拟世界的规律、重新定义劳动、重新定义生产过程消除了金融资本所面临的最后障碍。通过创造一个在极大程度上独立于物质生产过程的虚拟世界，资本增殖将不再最终受制于现实的生产活动，而是能够为自己创造自己所需的劳动形式以支撑资本的无限增殖。这样，资本增殖的节律就得以完全抛弃生产力发展的节律而自行发展，而且甚至能够绑架推动生产力发展的现实条件，使之服务于资本增殖，从而造成生产力发展的停滞和资本增殖的高速运行。现代社会中以比特币为代表的数字货币技术的形成实际上就是这种金融资本与数字资本相结合的典型案例。比特币由计算机生成的一串串复杂代码组成，获取比特币的方式被称为"挖矿"，其实质就是通过对哈希运算的不断重复而最终获得一串特定的数值。这一过程非但对人类社会的生产力发展是毫无意义的，而且反而消耗了大量可以被用来推动生产力发展的电力和算力资源，以谋求一种纯粹的货币财富的增加。同时，无意义的挖矿运算成了"币圈"金融资本无限增殖的坚实后盾，数字货币本身也成了金融寡头用以收割社会财富的重要工具。当其渗透到人类社会的全部方面之时，实际上也就意味着整个人类社会都成了建立在无意义劳动基础上的金融资本无限增殖的附庸。事实上，一系列大型互联网企业的发展轨迹也体现出了同样的特点。很多互联网平台虽然打着高科技企业的旗号，但实际上所从事的却只是资源整合的工作。其所提供的并不是一系列足以真正改变世界的新技术，而只是一系列用于强化对人的行为进行分析和控制的新算法，其最终目标只是促成资本更快、更好的自我增殖，而不是服务于科技水平和人们生活质量的稳步提升。

因此，正如马克思对资本主义生产方式的把握那样，虽然资产阶级在历史上曾经起到过积极作用，但随着人类社会的不断发展，这种生产关系将逐渐成为限制生产力发展的新的桎梏。在产业资本年代，这种资本对生产力发展的桎梏效应还没有全面体现出来，而今天"金融—数字"资本的形成则清晰而明确地为我们展现了资本逻辑的发展对生产力发展的全面桎梏。"金融—数字"资本造成了人类社会的发展与生产力发展相脱钩，人类社会完全成了资本增殖的附庸。事实上，这种金融资本与数字资本的联动也展现了资本权力的全面扩展。在"金融—数字"资本已形成的情况下，资本权力已不再需要一方面服务于资本对整个社会的控制，而另一方面又在"不自觉地"推动社会生产力的发展。现在，通过金融资本对全产业的掌控，以及数字资本对劳动的全面控制、创造一系列无意义的劳动，资本权力不仅获得了一系列新的对每个人进行控制和管理的新方式，同时它也使得对社会的控制完全服务于资本的目的，服务于资本增殖的需要。在这一意义上，资本权力获得了进一步扩展和完善。

第四节　资本权力与虚幻的共同体

随着资本积累与资本权力增长的同步进行，资本权力最终在整个国家内部获得了统治性地位，而在这一情况下，作为共同体的资本主义国家实际上就成了虚幻的共同体。资本积累、资本权力与虚幻的共同体三者是结合在一起的，资本积累的程度越高，社会劳动分工的程度也就越高，资本权力也就越强，而共同体的虚幻性也就越强。虚幻的共同体实际上标志了资本权力在国内领域所能达到的最高地位。

一　虚幻的共同体的虚幻性

在马克思看来，共同体这一形式的产生本身是具有必然性的。人的"第一个历史活动就是生产满足这些需要的资料，即生产物质生活本身"[1]，而只要人类不断从事物质生产活动，人们就会不断地

---

[1] 《马克思恩格斯文集》第 1 卷，人民出版社 2009 年版，第 531 页。

繁殖自身，从而形成越来越复杂的社会关系与交往方式，在这一意义上，人类就形成了某种形式的共同体。

然而，共同体本身所代表的利益则并不一定与所有人的利益都保持一致。随着人们的物质生产活动逐渐发展，劳动分工也随之逐渐地发展起来。劳动分工首先是依据人们的自然条件所产生的自然分工，而后随着社会生产力与交往形式的不断发展又产生了多样的社会分工形式。分工虽然在一定程度上体现了人类社会生产力的整体提升，但事实上分工也促成了人与人之间的分化。由于分工的存在，每个人都在劳动及消费的时候负责不同的方面，因而每个人的个人利益都是不同的，个人利益与共同利益也是不同的，分工的发展实际上就促成了各个人、各群体、各阶级之间的利益冲突。

在各阶级、各群体的利益冲突中，最终某一个阶级的特殊利益在斗争中占据了统治性地位，在共同体中，这一统治阶级就会把自己的特殊利益上升为整个共同体的普遍利益。在这里需要注意的是，虽然这一统治阶级获得了对共同体的统治，他们的特殊利益获得了普遍利益、共同利益的形式，但事实上，这并没有消解、扬弃各阶级之间的利益对立，这一所谓共同利益也并没有形成代表全体个人利益之集合的全体利益。从这一角度来看的话我们就会发现，"正因为各个人所追求的仅仅是自己的特殊的、对他们来说是同他们的共同利益不相符合的利益，所以他们认为，这种共同利益是'异己的'和'不依赖'于他们的，即仍旧是一种特殊的独特的'普遍'利益，或者说，他们本身必须在这种不一致的状况下活动，就像在民主制中一样"[①]。服务于这种所谓共同利益并不会使人自己的特殊利益得到满足，也不会促成人的全面发展，而是会造成人的异化，人们越是追求这种所谓共同利益，越是生产这种所谓共同利益，人们就越是在事实上服务于某一阶级的特殊利益，因而就越是在生产自己的对立面、生产异己性力量。正是在这一意义上，共同

---

① 《马克思恩格斯文集》第 1 卷，人民出版社 2009 年版，第 537 页。

体成了一种虚假的、虚幻的共同体，它虽依然保有共同体的形式，但它并不是使每个人的利益都能得到彻底实现的共同体，而是服务于统治阶级的特殊利益的虚幻的共同体，在资本主义社会条件下，这种虚幻的共同体就是资本主义国家。

与此同时，每个人在追求自己的特殊利益的过程中，必然会形成自己的特殊利益与统治阶级的特殊利益之间的冲突与对抗，而这种统治阶级的特殊利益又在虚幻的共同体中表现为所谓共同利益，因而在虚幻的共同体的条件下，这种对抗也就表现为个人与共同体的对抗，个人与资本主义国家的对抗。而虚幻的共同体为了维护统治阶级的特殊利益的稳定，就必然会通过一系列手段来维护这些利益，这就形成了资本主义国家中的制度、法律以及各种干涉、约束手段。需要注意的是，由于在虚幻的共同体中，这些统治阶级的特殊利益被表述为共同体的共同利益，因而这些干涉和约束手段也被表述为是为了维护共同利益而设定的，正如近代政治哲学所表述的那样，资本主义国家通过制度、法律的形式保护每个人的利益都不受侵犯，虽然事实上受到保护的只是统治阶级的特殊利益，但它取得了一种保护每个人的共同利益的虚假形式。因而在这一意义上，虚幻的共同体的虚幻性进一步加深了。

最后，在黑格尔的法哲学这里，虚幻的共同体的虚幻性被上升到了概念层次上。在黑格尔的法哲学理论体系中，人类社会按照家庭—市民社会—国家的进程而发展，在这一过程中，市民社会只是伦理发展的一个中间性阶段，只有到了国家中，伦理精神的发展才达到了其最高阶段。在黑格尔看来："具体的人作为特殊的人本身就是目的；作为各种需要的整体以及自然必然性与任性的混合体来说，他是市民社会的一个原则。但是特殊的人在本质上是同另一些这种特殊性相关的，所以每一个特殊的人都是通过他人的中介，同时也无条件地通过普遍性的形式的中介，而肯定自己并得到满足。

这一普遍性的形式是市民社会的另一个原则。"① 市民社会一方面作为需要的体系，是每个人的特殊性获得全面发展的领域，而与此同时，市民社会也构成了特殊性向普遍性过渡的中间环节，在这里人的特殊性都是以普遍性的形式为中介的。然而需要注意的是，尽管在市民社会中已经存在着这种普遍性的形式，但在市民社会中，这种统一不是伦理性的同一，正因为如此，它不是作为自由，而是作为必然性而存在的，因为特殊的东西必然要把自己提高到普遍性的形式，并在这种形式中寻找而获得它的生存②。所以，市民社会实际上还不能实现彻底的自由，它无法彻底解决特殊性的发展所带来的各种矛盾。只有到了国家中，自由才能真正得以实现。在黑格尔看来："国家是绝对自在自为的理性的东西，因为它是实体性意志的现实，它在被提升到普遍性的特殊自我意识中具有这种现实性。这个实体性的统一是绝对的不受推动的自身目的，在这个自身目的中自由达到它的最高权利，正如这个最终目的对单个人具有最高权利一样，成为国家成员是单个人的最高义务。"③ 单个的个人在国家中也就是与自己的自在自为的实质相统一，从而获得了自己的实体性的自由。因而在黑格尔的国家哲学中，国家意味着对各个特殊阶级的特殊利益的扬弃，意味着对各种特殊阶级间的冲突和矛盾的扬弃，国家将使人们能够实现真正的自由。

而马克思则通过对黑格尔思想体系的批判性思考，重新确认了国家和市民社会之间的关系。马克思发现，政治解放并不是使全部人类以及整个市民社会都随国家一起得到解放，而只是使国家自己获得自由解放的形式。而在这一基础上，国家与市民社会之间的分

---

① ［德］黑格尔：《法哲学原理》，范扬、张企泰译，商务印书馆1961年版，第224页。

② ［德］黑格尔：《法哲学原理》，范扬、张企泰译，商务印书馆1961年版，第228—229页。

③ ［德］黑格尔：《法哲学原理》，范扬、张企泰译，商务印书馆1961年版，第288—289页。

裂就发生了，国家在形式上获得了自由，市民社会则彻底摆脱了国家的束缚，得以按照自己的真实本质继续发挥作用。因此马克思发现，黑格尔所建构起来的理性国家实际上并不是人类获得解放的真实道路，它仅仅在更高的层次上确认了虚幻的共同体的虚幻性事实。事实上，"正是由于特殊利益和共同利益之间的这种矛盾，共同利益才采取国家这种与实际的单个利益和全体利益相脱离的独立形式，同时采取虚幻的共同体的形式"[①]。也就是说，"国家内部的一切斗争——民主政体、贵族政体和君主政体相互之间的斗争，争取选举权的斗争等等，不过是一些虚幻的形式"[②]。

二　虚幻的共同体与资本权力的共谋

通过对共同体的虚幻性的分析我们发现，共同体所代表的所谓共同利益是虚幻的，它实际上只是统治阶级的特殊利益。虚幻的共同体所执行的所谓保障共同利益的政策也是虚幻的，它实际上所保障的是统治阶级的特殊利益。而将虚幻的共同体视为实现人的自由解放的途径同样也是虚幻的，政治国家可以通过政治解放实现自由，但市民社会的基本原则可以在国家形式下继续发挥实质性作用，这意味着这种意义上的自由解放实际上也是虚幻的。而当我们将资本权力引入这一研究领域时我们就会发现，实际上资本权力已经与虚幻的共同体形成了共谋关系，二者不仅互为保障，而且互相促进，共同发展。

首先，虚幻的共同体的形成原因在于分工的形成和逐渐深化，这导致了个人特殊利益之间的冲突，也导致了各阶级之间的利益冲突。事实上，正如我们在前面的部分中所分析过的那样，资本家可以运用资本权力进一步加深分工的程度，从而进一步强化共同体的虚幻性。在马克思看来："只要分工还不是出于自愿，而是自然形

---

① 《马克思恩格斯文集》第 1 卷，人民出版社 2009 年版，第 534 页。
② 《马克思恩格斯文集》第 1 卷，人民出版社 2009 年版，第 534 页。

成的，那么人本身的活动对人来说就成为一种异己的、同他对立的力量，这种力量压迫着人，而不是人驾驭着这种力量。"① 资本权力的运用进一步加深了人们所受到的异己的、同他对立的力量的压迫。资本家运用资本权力将工人们集合起来，进行工场手工业劳动，一方面，这种协作模式的发展促成了劳动生产力的发展，为资本家生产出了更多的劳动产品；而另一方面，在资本权力的作用下，工人的分工越来越适应于工场手工业中的生产安排，工人的特殊利益越来越狭隘，而资本家的利益则越来越具有普遍性的形式。随着机器体系的采用，在机器化大生产的工厂里，为了适应机器的生产节奏，资本家运用资本权力进一步加深工人的分工程度，使其劳动形式越来越片面化、碎片化。随着资本权力的运用所导致的分工程度的逐渐加深，在现代社会中，除资产阶级的共同的特殊利益之外，已经几乎不再存在任何其他具有普遍性力量的特殊利益形式，每个人都成了不值一提的原子化、碎片化的个人，并在资本权力的支配下服务于资产阶级的共同利益。在这一意义上，当代共同体的虚幻性已经发展到了前所未有的高度。

其次，资本权力为纯粹私有制的确立开辟了空间。"私有制，就它在劳动的范围内同劳动相对立来说，是从积累的必然性中发展起来的。起初它大部分仍旧保存着共同体的形式，但是在以后的发展中越来越接近私有制的现代形式。"② 私有制的最初发展与分工也是联系在一起的，从原始的意义上讲，分工就带有着对劳动资料进行分配的意味，因而通过分工划分劳动领域时，实际上也进行了劳动资料和生产工具的分配，在这一意义上，最初的私有制就建立起来了。在原始社会中，这种私有制是与共同体结合在一起的，但随着资本主义生产方式的发展，私有制得以脱离共同体的束缚，"真正的私有制只是随着动产的出现才开始的……在起源于中世纪的民

---

① 《马克思恩格斯文集》第 1 卷，人民出版社 2009 年版，第 537 页。
② 《马克思恩格斯文集》第 1 卷，人民出版社 2009 年版，第 579 页。

族那里，部落所有制经过了几个不同的阶段——封建地产，同业公会的动产，工场手工业资本——才发展为由大工业和普遍竞争所引起的现代资本，即变为抛弃了共同体的一切外观并消除了国家对所有制发展的任何影响的纯粹私有制"①。在这一过程中，资本权力不断推动着生产组织形式的变化和社会分工的逐渐细化，这最终使得私有制得以脱离共同体的领域，获得独立性地位。"由于私有制摆脱了共同体，国家获得了和市民社会并列并且在市民社会之外的独立存在；实际上国家不外是资产者为了在国内外相互保障各自的财产和利益所必然要采取的一种组织形式。"② 这样，国家就获得了最为虚幻的共同体形式，其存在只是为了私有制而服务的。

最后，随着虚幻的共同体的逐步确立，它也为资本权力的充分运作创造了广阔的运行空间。共同体所具有的权力形式，即国家所具有的政治权力，其对市民社会中的利益冲突所发挥的意义和作用总是具有二重性的。在共同体尚未获得虚幻性的形式的情况下，政治权力保障任何一种利益都是有可能发生的，对于资产阶级的利益来说，政治权力既有可能保障它，也有可能反对它，对资本权力的情况也是如此，政治权力既有可能服务于资本权力，也有可能与资本权力相反对。但随着虚幻的共同体的形成，资产阶级的利益成了虚幻的共同体中的共同利益，在这一情况下，实际上政治权力就开始发挥保障资本权力的作用。正是在这一意义上，资产阶级国家才成了资产阶级对工人进行奴役、压迫的政治工具。而且更进一步来说，当共同体彻底获得其虚幻性以后，实际上政治权力就彻底从市民社会领域中脱离出去了。在这种情况下，资本权力就获得了广阔的运行空间，它可以在市民社会中毫无阻碍地以其本来的方式实现对工人的控制、剥削和压迫，它既不需要求助于政治权力的帮助，不需要虚幻的共同体的力量的协助，同时它也不会受到政治力量的

---

① 《马克思恩格斯文集》第 1 卷，人民出版社 2009 年版，第 583 页。
② 《马克思恩格斯文集》第 1 卷，人民出版社 2009 年版，第 584 页。

阻碍。只有在这种情况下，资本权力的运行才获得了最为充分和彻底的形式。

第五节 资本权力与帝国主义

资本权力最终不会仅仅局限在一国的范围之内，资本为了实现其自我增殖的目的，将不断扩大资本积累的范围，从而最终超出国家的范围，走向全世界，这就形成了帝国主义。但需要注意的是，围绕帝国主义问题，事实上已经形成了两种不相同的理论观点，在古典帝国主义看来，资本积累在超出国家边界的过程中，往往会诉诸政治和军事手段，无论是对非资本主义国家进行强制性掠夺，还是摧毁其国家政权，在这里发挥作用的都是政治、军事手段。而新帝国主义理论则认为，通过政治和军事力量所进行的掠夺实际上只是帝国主义的初级阶段，就像原始积累向资本积累的过渡一样，帝国主义最终所要实现的目标依然是靠资本权力本身的力量实现全球资本积累，在某些学者看来，政治性的帝国主义并不是资本主义的最高阶段，资本主义将依靠资本权力、按照资本自己的逻辑实现全球化剥削。事实上，要想理解这两种帝国主义理论之间差异的理论根源，我们就必须首先理解在资本主义体系的历史性发展过程中，资本权力与政治权力所呈现出的复杂关系。

一 资本权力推动下的资本积累与政治权力推动下的原始积累

资本权力与政治权力的关系与积累的方式之间有重要联系。在整个资本主义社会的发展史中我们看到，曾经出现过资本积累和原始积累这两种积累方式，如果单从表面上来看的话，这二者实际上都能实现资产阶级的物质财富的增长。一方面，通过暴力剥夺自耕农、小手工业者、旧的贵族领主、教会所拥有的土地和财富，原始积累为资产阶级带来了最初的财富增长；另一方面，随着资本主义生产的不断推进，资本权力不断为资本家带来剩余价值，也实现了资产阶级的财富增长。但如果从实质性角度来看的话我们就会发现，实际上这两种积累过程的财富来源是不同的。

马克思曾经指出，资本包含不变资本和可变资本两个部分，而原始积累与资本积累所影响的部分实际上是不同的。就原始积累来说，在原始积累中发挥作用的是政治权力、国家立法以及暴力手段的运用，在这里尚不存在资本权力的直接运用。事实上，在封建社会中，封建贵族领主对臣民的奴役、剥夺也是通过政治权力和暴力手段来实现的，但在这里，政治权力和暴力手段对封建贵族和对资产阶级的意义是不一样的。在传统封建社会中，人身依附性关系是传统社会的基本特征，"人都是互相依赖的：农奴和领主，陪臣和诸侯，俗人和牧师。物质生产的社会关系以及建立在这种生产的基础上的生活领域，都是以人身依附为特征的"①。因此在传统社会中，支配他人的人身、支配他人的劳动，以及支配他人的劳动产品，这三者是相一致的。这也就意味着，通过运用政治权力和暴力手段，封建领主能够直接创造农奴对他的依附性关系。农奴依附于领主，他的身体属于领主，他所使用的生产资料属于领主，他所生产出来的劳动产品自然也属于领主，所以对封建领主来说，剥夺劳动资料与剥夺劳动是同一个过程，并且都是通过政治权力来实现的。

而资产阶级的情况则与之不同，在本文的第一章中我们已经探讨过，资产阶级的意识形态是建立在近代政治哲学的基础之上的，而近代政治哲学则彻底摧毁了封建贵族及其政治权力的理论基础。在资产阶级核心观点的奠基人洛克看来，建立在神学基础上的传统父权制观念是不成立的，人类社会的根基应该建立在自然状态和自然权利的基础之上。在这种情况下，任何试图直接奴役别人身体或剥夺别人生命的行为都会使人类社会退回到战争状态中去，而要想使每个人都能尽可能多地享受自己的自然权利的话，人类社会就必

---

① 《马克思恩格斯文集》第5卷，人民出版社2009年版，第94—95页。

须退出战争状态，进入社会状态，放弃人与人之间暴力的直接运用，承认每个人的平等地位。在这种情况下，政治权力和暴力手段就无法成为资产阶级创造人身依附关系的手段，而只能成为实现政治解放的手段。所以在近代政治解放运动中我们看到，资产阶级虽然与封建领主一样都诉诸暴力手段，但他们通过暴力手段瓦解了传统的封建所有制关系，将农民从对领主的人身依附性关系中解放出来，成为市民社会中的自由个人。而这也就意味着，当资产阶级运用政治权力及暴力手段来进行原始积累的时候，他们不能像封建领主一样直接用政治权力奴役工人，那样会使资产阶级重新回到他们所反对的封建制度中去。所以，资产阶级在原始积累中所运用的政治权力和暴力手段只能为他们带来不变资本的增长，而不能带来可变资本的增长。

与原始积累相对，资本积累以资本权力的运用为核心。在前文的分析中我们已经看到，资本由其购买力衍生出了劳动支配力，所以在资本积累过程中，资本权力为资产阶级带来了活劳动。正是由于在资本主义生产过程中，活劳动所构成的可变资本能够生产出剩余价值，这部分剩余价值是可大可小的，而资本家手中又握有劳动支配力，他们能够支配工人生产出更多的剩余价值，因而就区别于原始积累的资本积累过程而言，在这里增加的是可变资本，而不变资本保持不变。尽管随着再生产过程的不断展开，不变资本部分也会相应增加，但从最根本的意义上来说，不变资本的增加量是由可变资本所转化而来的，因此，资本积累为资产阶级最先带来的是可变资本的增长，而不是不变资本的增长。

在这里我们就会发现，以政治权力为核心的原始积累只能剥夺劳动资料构成不变资本，而不能深入劳动过程中去。要知道，在劳动价值论的理论背景下，只有劳动才能够创造新的价值。政治权力无法深入劳动过程中去，无法捕获活劳动，这也就意味着政治权力推动下的原始积累实际上仅仅意味着现存财富的重新分配，它本身并不生产新的价值。所以当整个社会中的所有财富都按资产阶级的意愿完成重新分配之后，原始积累就找不到新的价值来源了。而资本积累过程则不同，资本积累过程深入劳动过程的内部中去，从最纯粹的意义上来说，它并不掠夺现有财富，而是支配劳动创造新财富，并占有新财富中的剩余部分。因此，只要市场能够不断扩张，劳动力的来源能够得到充足的保障，资本积累过程就能无止境地持续循环下去。

尽管从这一角度来看的话，以资本权力为基础的资本积累似乎比以政治权力为基础的原始积累具有更高的稳定性和持续性，然而问题在于，就如政治权力和暴力手段所能掠夺的物质财富是有限的一样，市场的扩大与劳动力的供给也是有限的，当整个社会的全部领域都参与到了资本主义生产过程中，当每一个人都成了工人之后，资本积累过程也就迎来了自己的极限。要想突破这一极限，资本积累必须反而求助于原始积累，资本权力必须反而求助于政治权力。因为政治权力推动下的原始积累在剥夺物质性财富的同时，它也同时摧毁了原有社会关系的基础。正如我们在马克思所描述的原始积累过程中所看到的那样，原始积累一方面剥夺了地主的土地、剥夺了教会的财富、摧毁了封建贵族的物质基础，促成了原有社会体系的解体。另一方面，原始积累也剥夺了农奴、自耕农、小手工业者的劳动资料，无论这些劳动资料原属于劳动者本人，还是属于劳动者所依附的领主。而这就造成了这些人的无产阶级化，他们被剥夺了一切劳动资料，他们除了与自己身体结合在一起的劳动能力以外一无所有，同时他们又不再在政治上依附于任何特定的社会阶级，他们成了自由工人，因而在这种情况下，他们必然只能将自己的劳动能力当作商品在市场上出售，以谋求最基本的生活资料。而这就意味着资本主义生产方式的基础已经确立，资本权力可以在此基础上开始运转，从而建立资本积累过程了。因此，政治权力推动下的原始积累与资本权力推动下的资本积累实际上是能够实现相互转化的。

由此可见，虽然原始积累常常被表述为资本主义社会的前史，但实际上原始积累与资本积累是相互缠绕在一起的，而其背后所体现出的资本权力与政治权力也是相互缠绕在一起的。政治权力推动下的原始积累是有限度的，在达到其限度之后就必须在其基础上转化为资本权力推动下的资本积累，而资本积累同样也是有限度的，当资本权力推动下的资本积累达到其限度之后，它又要回过头来求助于政治权力与原始积累，从而为资本增殖开拓进一步的发展空间。

二 政治权力与古典帝国主义

以政治权力与经济权力的复杂关系，以及以二者为基础所推动的原始积累与资本积累的复杂关系为基础，我们就能探明古典帝国主义与新帝国主义，乃至更为超越的观点的内在本质。

首先，古典帝国主义的奠基者们，无论是列宁还是罗莎·卢森堡，他们都认识到了当资本积累逐渐逼近其限度的时候，当资本权力无法进一步施展的时候，它们就会求助于政治权力推动下的原始积累，实际上也就是准备向非资本主义领域进行扩张。

列宁对帝国主义的考察是从生产的集中与垄断开始的。正如我们在前文中所分析的一样，马克思认为在资本积累的过程中必然会形成竞争，而竞争将导致资本集中，在信用体系的帮助下，这种集中将发展为垄断。列宁继承了马克思对集中、竞争和垄断的观点，列宁指出，"集中发展到一定阶段，可以说就自然而然地走到垄断。因为几十个大型企业彼此之间容易达成协议；另一方面，正是企业的规模巨大造成了竞争的困难，产生了垄断的趋势。这种从竞争到垄断的转变，不说是最新资本主义经济中最重要的现象，也是最重要的现象之一"[1]。当然，在马克思所处的时代，大规模的垄断实际上还没有普遍发生，而列宁则目睹了在卡特尔、托拉斯等大型企业联合推动下的垄断的全面实现。因此列宁认为："现在已经不是小

---

[1] 《列宁专题文集：论资本主义》，人民出版社2009年版，第108页。

企业同大企业、技术落后的企业同技术先进的企业进行竞争。现在已经是垄断者在扼杀那些不屈服于垄断、不屈服于垄断的压迫和摆布的企业了。"①

与此同时，列宁也亲身经历了银行业的发展与完善，在列宁所处的时代，银行与信用体系的发展已经使得金融资本获得了对整个社会的支配性力量。"随着资本的集中和银行周转额的增加，银行的作用根本改变了。分散的资本家合成了一个集体的资本家……极少数垄断者就控制整个资本主义社会的工商业业务。"② 而随着金融业对整个社会的垄断的产生，实际上资本主义所输出的主要产品也发生了变化。在列宁看来，在尚处于自由竞争阶段的资本主义社会中，商品生产是社会主要的生产形式，因而过剩商品的生产就会谋求商品输出。但在金融业垄断整个社会的资本主义新阶段下，资本主义社会得以通过银行、金融业直接将资本输出，在这种情况下，过剩的资本将直接谋求资本输出。因此，这就导致了众多发达资本主义国家不断在世界范围内进行大幅度扩张，将众多落后国家转换为其殖民地，从而才能够进一步在这些国家中继续进行资本输出。

当整个世界都被瓜分完毕，世界上的每一块土地都已经被某一个资本主义国家占领之后，资本的进一步输出就达到了极限，资本积累的过程就触及了其可能遇到的界限。因此在列宁看来，帝国主义绝不会发展成如考茨基所设想的那种稳定、和平的超帝国主义，而是必然会诉诸政治和军事手段，这样，帝国主义列强之间的战争就成了不可避免的状况。"不管是一个帝国主义联盟去反对另一个帝国主义联盟，还是所有帝国主义大国结成一个总联盟，都不可避免地只会是两次战争之间的'喘息'。和平的联盟准备着战争，同时它又是从战争中生长出来的，两者互相制约，在世界经济和世界政治的帝国主义联系和相互关系这个同一基础上，形成和平斗争形

---

① 《列宁专题文集：论资本主义》，人民出版社 2009 年版，第 116 页。
② 《列宁专题文集：论资本主义》，人民出版社 2009 年版，第 125 页。

式与非和平斗争形式的彼此交替。"①

卢森堡从资本积累的角度对帝国主义进行了考察。卢森堡发现了马克思的扩大再生产图式存在问题。在资本主义生产过程中，剩余价值是在生产领域中生产出来的，但只有将包含剩余价值的产品出售出去，并换回货币，资本的自我增殖才算完成，因而剩余价值的生产在生产领域中，而剩余价值的实现则在流通领域中。所以，资本家要想不断扩大再生产的话，他就不仅要在生产领域内使用更多的生产资料，雇佣更多工人，扩大生产规模；而且还要在流通领域中将不断增大的剩余价值实现出来，这样扩大再生产过程才能不断进行。但问题在于："为了保证积累事实上前进和生产事实上能够扩大，需要另外一个条件，即对商品的有支付能力的需求必须也在增长。在马克思的图式中，这形成了规模不断扩大的再生产的基础。但这个不断增长的需求是从那里来的呢？"②

通过对马克思的扩大再生产图式的分析，以及对生产生产资料的第一部类与生产消费资料的第二部类的分析，卢森堡发现，事实上生产力的无限发展与社会消费能力之间是存在矛盾的，社会消费能力是有限的，尤其是工人在资本家越来越严重的剥削中逐渐趋于赤贫之后，情况尤为如此。然而在马克思的扩大再生产图式里，新生产出来的剩余价值总能在流通领域中得以实现，也就是社会消费的能力也是无限巨大的，事实上，这就意味着马克思的扩大再生产图式之中存在着问题了。

为了解决马克思扩大再生产图式中的问题，卢森堡引入了第三市场的概念。如果说资本主义社会本身无法满足扩大再生产所提出的不断扩大的要求的话，那么这一要求显然就只能由资本主义社会以外的部分来予以满足，也就是由非资本主义的第三市场予以满

---

① 《列宁专题文集：论资本主义》，人民出版社2009年版，第205页。

② ［德］卢森堡：《资本积累论》，彭尘舜、吴纪先译，生活·读书·新知三联书店1959年版，第87页。

足。在这里，非资本主义社会为扩大再生产过程的成立提供了物质支持。事实上，非资本主义社会首先并不单纯指非资本主义国家，资本主义国家中的非资本主义部分同样能够构成扩大再生产所需要的第三市场，但随着资本主义社会的发展，这些非资本主义部分都逐渐资本化，被纳入资本积累过程中之后，资本积累就必然要求走向国外，从非资本主义国家那里谋求物质财富的支持。因此，在卢森堡看来，资本积累必然催生帝国主义，"帝国主义是一个政治名词，用来表达在争夺尚未被侵占的非资本主义环境的竞争中所进行的资本积累的"[①]。一方面，帝国主义是服务于资本积累的，它为资本积累过程提供物质财富；另一方面，由于其所针对的是非资本主义国家，所以帝国主义必然是对政治权力及军事力量的运用，而不是资本力量的直接运用。所以，古典帝国主义所体现出的特征实际上就蕴含着浓郁的"原始积累"的色彩，它的目的是要服务于资本积累过程，但它所采取的主要手段则是政治权力和军事力量。通过运用政治权力和军事力量，帝国主义将非资本主义社会转化为了资本主义社会。

三　资本权力与新帝国主义

新帝国主义与古典帝国主义的区别就在于，他们不仅认识到了资本积累达到限度之后会向政治权力、原始积累过程求助，从而形成以政治权力、军事力量的运用为核心的帝国主义，而且他们也认识到了以政治权力为基础的财富剥夺并不是长久之计，它本身最终还是会向资本积累过渡，所以最终的结果就是资本权力统治世界。

大卫·哈维将自己的帝国主义理论称为新帝国主义，但实际上，如果将新帝国主义的本质特征理解为最终诉诸资本权力运用而非政治权力运用的话，那么哈维实际上最多只能算半个新帝国主义

---

① ［德］卢森堡：《资本积累论》，彭尘舜、吴纪先译，生活·读书·新知三联书店 1959 年版，第 359 页。

者。在哈维的帝国主义理论中，他特别强调剥夺性积累的概念，这一概念实际上是与原始积累有着异曲同工之妙的。他所反对的只是将原始积累视作资本主义的史前阶段这一观点，他认为原始积累实际上在当今时代依然广泛地存在，除此之外，他的剥夺性积累概念基本上继承了原始积累概念的主要内涵。

在哈维看来，卢森堡在研究帝国主义问题时所指认的主要问题是消费不足，正是由于消费不足，才导致了资本积累需要第三市场的补充，从而形成帝国主义。而哈维则认为，在当今时代的背景之下，过度积累才是资本主义所遇到的核心问题。"过度积累的理论则认为缺乏赢利性投资的机会才是问题的根本所在。"① 而剥夺性积累实际上就是资本主义国家为了解决过度积累问题所找到的解决方案。"剥夺性积累所做的是以极低的价格（在某些时候甚至完全免费）释放一系列资产（其中包括劳动力）。过度积累的资本能够抓住这些资产，并迅速利用这些资产进行赢利活动。"② 在这里我们可以看出，只有在运用剥夺性积累解决过度积累问题，才能为资本寻找到新的赢利活动。在这一方面，哈维和新帝国主义的基本原则是一致的，因为剥夺性积累过程和原始积累一样，都是通过政治权力，甚至是暴力手段来为资本积累的进一步发展提供广阔的空间，资本积累的进一步进行则是依据资本权力与资本自己的逻辑而展开的。通过剥夺性积累，资本获得了新的赢利空间，最终的结果依然是资本积累过程的持续进行而非原始积累，在帝国主义最终将诉诸资本权力这一点上，可以说哈维持有的是新帝国主义观点。

然而在坚持剥夺性积累的持续性、永恒性这一方面，哈维又与古典帝国主义观点结合在一起了，因为哈维认为："当代资本主义的属性在根本上由超经济暴力决定，帝国主义在一般资本主义（列

---

① ［英］大卫·哈维：《新帝国主义》，初立忠、沈晓雷译，社会科学文献出版社 2009 年版，第 112 页。

② ［英］大卫·哈维：《新帝国主义》，初立忠、沈晓雷译，社会科学文献出版社 2009 年版，第 120—121 页。

宁语）中发展而来，但一经形成就反过来控制了后者，非生产性积累支配生产性积累是其逻辑特征，这在经验上亦被证实，仅从世界尺度看，全球已分化出以非生产性积累为主（世界警察）和以生产性积累为主（世界工厂）两类中心，后者深受前者控制。"① 剥夺性积累与原始积累过程一样，都是以政治、军事力量的运用为主导的，哈维认为剥夺性积累这种超经济暴力一经采用，就成了帝国主义的首要特征，而这也就意味着，哈维意义上的帝国主义实际上依然是一种以运用政治权力为核心的帝国主义，而非以运用资本权力为核心的帝国主义。虽然哈维对权力的领土逻辑与权力的资本逻辑进行了区分，但实际上在这里两种逻辑下的权力都是政治权力，资本并未展现出自己的逻辑。

艾伦·伍德对哈维的帝国主义理论进行了有力的批评。在伍德看来，哈维认为，"不断扩张的资本积累必然伴随着不断扩张的政治力量和对领土的控制，这是资本主义的帝国主义逻辑。我的观点正相反：资本主义的帝国主义的特殊性在于资本无须基于领土的政治力量的扩张就能强加霸权的独特能力。在所有其他形式的帝国中，霸权的范围直接依赖于地缘政治和军事力量的范围。只有资本主义创造了一种自主的经济支配形式"②。事实上，资本主义社会的一个本质性特征就在于，在这里资本权力脱离了政治权力，获得了独立性地位，所有权独立于政治权力。因而，如果根据哈维的观点，以政治权力为核心的剥夺性积累成了当今时代以及今后的帝国主义力量核心的话，那么在这里资本的独立性地位就被掩盖了。由此观之，今天的资本主义国家所进行的政治和军事行动，实际上就与人类历史上存在过的各种古代帝国运用政治和军事力量进行全球扩张之间没有任何实质性的区别了。而以这一观点为基础所暴露出

① 付清松：《资本再生产批判视阈的反向延展——大卫·哈维的剥夺性积累理论探赜》，《马克思主义与现实》2016 年第 1 期。

② ［加］艾伦·M. 伍德、凭颖：《资本主义扩张的双重逻辑——从〈新帝国主义〉与〈资本的帝国〉谈起》，《国外理论动态》2017 年第 7 期。

的问题就在于，哈维这种以剥夺性积累为核心来实现资本积累的观点，实际上就将马克思的资本积累概念退回到了斯密的理论层次上去了。因为在古典政治经济学的视域中，他们尚未注意到资本主义生产方式与前资本主义生产方式的本质性区别，因而他们的研究仅仅关注财富的增长，并忽视了财富增长的深层原因。而马克思通过对资本主义生产方式的研究发现，只有通过剥削工人、不断占有工人的剩余价值从而促成的资本的自我增殖才是资本主义社会的本质性特征，因而以政治权力为推动因素的原始积累过程，无论在多大程度上造成了财富的增长，都只能被理解为资本主义的前史，而只有与资本主义生产方式相适合的资本积累才是资本主义时代的独特积累方式。哈维的观点抹平了这两种观点之间的根本性区别，从而矮化了马克思的理论。

因此，伍德认为发现资本积累将导致对政治权力的需要，实际上这并不是资本主义条件下的帝国主义的根本性特征，因为"资本主义的经济和政治关系中最与众不同的地方不是资本需要政治力量的无限积累，而是经济力量使自身与直接的政治强制相分离的独特能力。资本主义的经济领域拥有自己的强制形式，它们使剥削和资本积累不需要直接依赖于超经济力量"①。资本主义与前资本主义的根本性区别就在于，资本主义发展出了与自己的生产方式相适应的新的强制性力量，因而在资本主义社会中，人对人的支配性关系不再需要通过显性的政治权力以及可见的暴力手段来维系，而是通过隐性的资本权力就能够实现对人的支配和控制。也正是在这一意义上，与资本主义相适应的新帝国主义应该从根本上区别于以古罗马帝国为代表的传统帝国，而其关键点就在于，新帝国主义最终会在政治权力的基础上重回其以资本权力为核心的资本积累模式，这样，一种全球性的剥削体系才真正诞生。

---

① ［加］艾伦·M. 伍德、凭颖：《资本主义扩张的双重逻辑——从〈新帝国主义〉与〈资本的帝国〉谈起》，《国外理论动态》2017 年第 7 期。

正是在这一意义上我们发现，尽管哈特和奈格里不认为帝国主义是资本主义的最终形态，并认为今天一个超越民族国家的帝国已经诞生，但事实上他们的观点真正贯彻了新帝国主义的理论愿景。在哈特和奈格里看来，当代帝国主义已经在不断衰落，而帝国则正在逐渐兴起。虽然这看起来似乎与新帝国主义的观点有所冲突，但事实上，新帝国主义之新并不在于其以民族国家为依托，而是在于其以资本权力为依托，形成了一种不同于古代帝国的新的统治方式，只有当这种新的、不依赖于传统的政治权力及暴力手段的新支配方式被揭示出来时，新帝国主义研究的真正目的才算达到了。而哈特和奈格里实际上将这种依托于资本权力的新统治形式单独抽象出来，形成了帝国的核心特征。所以哈特和奈格里才会认为，"与帝国主义相比，帝国不建立权力的中心，不依赖固定的疆界和界限。它是一个无中心、无疆界的统治机器。在其开放的、扩展的边界当中，这一统治机器不断加强对整个全球领域的统合"①。事实上，"今天，帝国正作为一种中心出现于世界，它支撑起生产全球化之网，试图把所有权力关系都笼罩在它的世界秩序之下"②。帝国就是支配现代社会的新秩序形式的体现，它将新帝国主义之新具象化出来了。因此我们可以认为，哈特和奈格里的帝国从实质上发展了新帝国主义。

哈特和奈格里认为，帝国的权力运作方式已经与之前的各种权力形式形成了根本的区别，它已经具有了福柯意义上的生命权力的特征。如果预先给出结论的话，哈特和奈格里所研究的帝国就是资本帝国，贯穿其中的统治性原则实际上就是资本权力。在当代社会中，资本权力已经体现为一种生命政治权力，资本权力在很大程度上已经具有了生命政治性的权力运行机制，在下一章中，我们将详细地探讨资本权力所具有的生命政治性机制。

---

① ［美］迈克尔·哈特、［意］安东尼奥·奈格里：《帝国：全球化的政治秩序》，杨建国、范一亭译，江苏人民出版社 2003 年版，"序言"第 2 页。

② ［美］迈克尔·哈特、［意］安东尼奥·奈格里：《帝国：全球化的政治秩序》，杨建国、范一亭译，江苏人民出版社 2003 年版，第 17 页。

第 三 章

资本权力的生命政治性机制

通过对资本权力的历史性生成过程的研究，我们明确了资本权力在原始积累中的生成过程，资本权力与政治权力在当代社会中相互交织、纠缠的复杂关系，以及资本权力本身集中、扩展的发展趋势。但对于揭示资本权力的全部秘密而言，仅仅揭示其历史生成过程还是远远不够的。实际上，资本权力在其形成过程中也同时形成了一套与传统权力完全不同的运行机制。在传统社会中，政治权力及神权等权力形式都是显性地存在于人类社会生活之中的，它们的存在是尽人皆知的，它们的作用方式也是直接的，在传统社会中，人们可以直接看到政治权力及神权的运行。但在现代社会中情况则有所不同，资本权力不再像传统权力一样直接在人类社会中堂而皇之地发挥作用，而是将自己隐藏在了复杂的社会关系背后，并通过隐匿性的手段发挥支配性作用。因此，在传统社会与现代社会中出现了两幅完全不同的社会图景，传统社会中的统治与支配关系是明显的，政治权力或神权的代表者直接向社会宣布自己手中权力的合法性，并直接运用这些权力统治整个社会。在现代资本主义社会中，资产阶级一方面宣布现代社会已经超越了人与人之间的支配性权力关系，在现代社会中每个人都是真正自由而平等的；另一方面则运用自己手中所握有的隐匿性的资本权力继续统治人类社会，成为现代社会背后的隐匿性、事实性的统治者。所以，只有对资本权力这种独特的运行机制进行研究，我们才能真正深入地了解现代资本主义社会。

　　在研究资本权力的运行机制的时候我们发现，近年来逐渐为学界所热烈讨论的生命政治学为我们揭示资本权力的运行机制提供了可资借鉴的理论资源。实际上生命政治学的研究起点也是建立在与传统权力形式相断裂的基础上的，生命政治学试图直面现代社会中现实存在的权力关系，并从中揭示出这种现代权力独特的运行机制。事实上，这种生命政治权力与资本权力之间是具有很高的契合性的，生命政治学研究所揭示的生命政治性权力机制，实际上在很大程度上也展现了资本权力的独特运行机制。

第一节　资本权力与生命政治的内在契合性

　　众所周知的是，虽然生命政治这一概念并不是由福柯所首先提出的，但毫无疑问的是，福柯的生命政治研究在很大程度上奠定了当代生命政治学研究的理论基调。福柯想要研究的是现代社会中权力的运行方式，并进而揭示其背后的权力机制，这与资本权力研究的理论旨趣和主要内容都有着很大的契合性。事实上，福柯所揭示的现代资产阶级用以控制整个社会的新型权力，也就是资本家用以控制整个社会的资本权力，它们都通过惩戒肉体的技术与调节生命的技术这两种生命政治技术的运用，来实现对人类社会的全面控制。

一　规训与惩戒肉体的技术

　　在福柯看来，生命政治性权力机制主要体现为两种既有不同，又紧密联系的新型权力技术，它们分别是惩戒肉体的技术与调节生命的技术。事实上，这两种不同的权力技术也从不同的角度代表了生命政治性权力机制的两个方面。

　　首先，就惩戒肉体的技术方面来说，在早期对规训问题的研究中福柯注意到，在现代社会的形成过程中，实际上已经逐渐形成了一种新的权力技术。福柯发现，在古代社会中，君主权力的使用往往与公开处决、酷刑的使用等手段联系在一起，通过君主对酷刑以及公开处决的运用，君主昭示了自己所拥有的权威。因此福柯认为："君主的权力只能从君主可以杀人开始才有效果。归根结底，他身上掌握的生与死的权力本质实际上是杀人的权力。"①

　　然而，随着社会的发展，在君主权力的逐渐弱化、资产阶级逐渐兴起、启蒙运动的推进等历史背景之下，惩罚的方式发生了重大变化。"19 世纪初，肉体惩罚的大场面消失了，对肉体的酷刑也停止使用了，惩罚不再有戏剧性的痛苦表现。"② 刑罚的具体方式逐渐人道化，残酷的肉体折磨与公开处刑等方式逐渐消失。在福柯看来，这实际上意味着惩罚的主要目的已经发生了变化。"我们可以发现，在这种刑罚人道化的背后，所隐含的是所有那些认可，或更准确地说是要求'仁慈'的原则，是一种精心计算的惩罚权力经济学。"③ 在这里，惩罚不再主要被用来彰显君主的最高权力，而是成了一种通过精密计算所形成的对人进行控制的方式，其目的在于控制人的精神。而与这种新的目的相对应地，惩罚手段的使用自然就不再直接指向通过对人的肉体性消灭或通过酷刑仪式来昭示君主的权威，而是转化为一套复杂的权力技术，以力求使自己的每一步都能真实地发挥控制人的作用。正是在这一意义上，权力运行的方式开始发生转变，一套新的惩罚手段开始逐渐出现。人们渐渐发现，要想使惩罚真正地对人们的精神产生影响，尤其是对全社会的人们都产生影响，那么惩罚手段就必须是直接指向罪行的，它一方面应该起到防止社会上相似罪行重演的作用，另一方面也应该起到改造

---

① ［法］米歇尔·福柯：《必须保卫社会》，钱翰译，上海人民出版社 1999 年版，第 227 页。

② ［法］米歇尔·福柯：《规训与惩罚：监狱的诞生》，刘北成、杨远婴译，生活·读书·新知三联书店 1999 年版，第 15 页。

③ ［法］米歇尔·福柯：《规训与惩罚：监狱的诞生》，刘北成、杨远婴译，生活·读书·新知三联书店 1999 年版，第 111 页。

罪犯的作用。从这一角度来看，传统的"监禁"这种惩罚模式就是不合时宜的了，因为它虽然限制了罪犯的人身自由，但它对任何形式的罪行的惩罚方式都是同一的，因而不能对不同罪行起到特定的警示作用。同时罪犯在传统监禁过程中也被隔离出了社会，其本人并不会发生什么改变，甚至会使罪犯更加败坏。在这里福柯发现，近代以来逐渐出现的教养所这种新的惩罚模式在很大程度上克服了传统监禁的缺点，因为在这里所发生的不再是单纯的关押，而是通过监督、训诫、强制劳动、规定严格的作息时间等方式控制犯人的全部行为。而实际上这也就意味着，一种新的惩戒肉体的权力技术逐渐形成了，惩罚通过控制人的行为、行动，来实现对人的全面控制与改造。

最终，这种新的权力技术被整个社会所采纳，它不再仅仅是一种运用于罪犯的特殊手段，而且是成为在监狱、学校、医院、工厂等社会场所内被广泛运用的普遍性权力技术。这是"一种支配人体的技术，其目标不是增加人体的技能，也不是强化对人体的征服，而是要建立一种关系，要通过这种机制本身来使人体在变得更有用时也变得更顺从，或者因更顺从而变得更有用"①。为了让人们变得更有用，这种权力机制对人的行为的关注越来越细致，它不再将人当作完整的人体看待，而是越来越将人体拆分为一系列的动作和行为，并通过对每一个动作和行为细节的精确控制来使得人们变得更顺从也更有用。因此，纪律和训练就必然性地成为这种权力技术的主要内容，他们都能通过一系列零敲碎打的方式对人们的动作和行为的每一个细节进行指导和控制，"纪律既增强了人体的力量（从功利的经济角度看），又减弱了这些力量（从服从的政治角度看）。总之，它使体能脱离了肉体。一方面，它把体能变成了一种'才能'、'能力'，并竭力增强它。另一方面，它颠倒了体能的生产过

---

① ［法］米歇尔·福柯：《规训与惩罚：监狱的诞生》，刘北成、杨远婴译，生活·读书·新知三联书店 1999 年版，第 156 页。

程，把后者变成一种严格的征服关系"①。通过这一整套直接作用于人的肉体及其各组成部分的权力技术，人们被彻底地支配、控制了起来。也正是在这一意义上，福柯将其称为一种"权力解剖学"或"权力力学"。事实上，这种惩戒肉体的技术就构成了生命政治性权力机制的第一个方面，它不再以君主权力的方式实现对人的支配或毁灭，而是通过一系列零敲碎打的方式，运用纪律、训练、时间表、严格而有规律的活动，既增强了人们的有用性，又实现了对人们的隐性征服。

二　治理术与调节生命的技术

随着研究的不断展开，福柯发现，惩戒肉体的技术实际上并不能完全展现权力形态变革的所有方面。随着古代社会中作为杀人的权力的君主权力逐渐衰落，这种"可以使人死和让人活"的权力逐渐转变为现代社会中"'使'人活和'让'人死的权力"②。在这里，规训权力的诞生固然与这一变化相符合，规训权力不再试图对人进行肉体消灭，而是通过一系列技术手段，在使人的肉体更有用的同时也更加全面地实现对人的控制。但在法兰西学院演讲中福柯注意到，在权力由古代形式向现代形式转变的过程中，实际上除了形成规训权力这一种新权力形式以外，另一种新的权力形式也在逐渐形成。"在18世纪下半叶，出现了某种新东西，即权力的另一种技术，这一次不是惩戒的技术。这种权力技术不排斥第一种，不排斥惩戒技术，而是包容它，把它纳入进来……这个新技术没有取消惩戒技术，仅仅因为它处于另一个层面，它处于另一个等级，它有

---

① ［法］米歇尔·福柯：《规训与惩罚：监狱的诞生》，刘北成、杨远婴译，生活·读书·新知三联书店1999年版，第156页。

② ［法］米歇尔·福柯：《必须保卫社会》，钱翰译，上海人民出版社1999年版，第228页。

另一个有效平面，它需要其他工具的帮助。"① 这种不同于惩戒技术的新的权力技术实际上就是调节生命的技术。

为了理解这种新的权力技术，福柯引入了治理术的概念。在福柯看来，这种新的权力技术作为现代社会中的治理术，实际上它是建立在对人类历史上三个重要因素的综合的基础上的。第一个重要因素是基督教所创立的牧领制度，在牧领制度中，教会、教士作为牧人，他们的目标是使作为羊群的人们获得拯救，而人们要想获得拯救，就要遵从神的律法，遵从宗教的引导。因此在这里，"一个宗教、一个宗教团体构成了教会，也就是说作为一种机构，它要求治理人们的日常生活，其原因是为了把他们引入另一个永生的世界，这一切不仅仅局限于一个确定的团体，也不局限于一个城邦或一个国家，而是全体人类"②。事实上，这种牧领制度就为治理术赋予了最初步的含义。第二个重要因素是国家理性，全面意义上的国家理性概念是在近代才逐渐形成的，国家理性"就是某种政治上的考虑，在一切公共事务中，在所有意见和规划中，人们必须具有这样的考虑，这种考虑只能旨在维护和扩大国家，为国家谋得幸福，为了国家，人们必须采取最简单和最敏捷的手段"③。由此观之，国家理性以国家利益为根本关注点，"实际上，国家理性谈论的，是一种没有主体的幸福，说的是'国家的幸福'，而从来都不是'人口的幸福'"④。而国家又是由人们组成的，由人们的各种各样的社会性要素所组成的，因而国家理性必然要诉诸公共管理的概念，通过公共管理以实现对社会的整体治理，从而服务于国家的幸福与利

---

① ［法］米歇尔·福柯：《必须保卫社会》，钱翰译，上海人民出版社 1999 年版，第 229 页。

② ［法］米歇尔·福柯：《安全、领土与人口》，钱翰、陈晓径译，上海人民出版社 2018 年版，第 193 页。

③ ［法］米歇尔·福柯：《安全、领土与人口》，钱翰、陈晓径译，上海人民出版社 2018 年版，第 337 页。

④ ［法］米歇尔·福柯：《安全、领土与人口》，钱翰、陈晓径译，上海人民出版社 2018 年版，第 364 页。

益。第三个重要因素是随着政治经济学的兴起，尤其是重商主义和重农主义政治经济学的兴起，人口概念开始进入人们的研究视野。在政治经济学这里，人口开始被理解为一种自然现象。就像其他一些自然的经济规律一样，人口也同样是一种自然现象，它具有自己的内在规律，能够受一定的因素的影响，也同时能产生一定的结果。而这也就意味着，一方面，我们可以通过对一系列因素的调节来影响人口，"通过这些因子的运转，人们就可以对人口施加影响。这样一种新的技术逐渐成形了：不再是使臣民对统治者的意志的服从，而是控制一些看上去与人口不相干的事物，通过计算、分析和观察思考，人们知道控制这些事物可以实际上对人口施加影响"①。另一方面，人口是社会、国家和财富的基础，因而对人口的调节将对这些领域产生影响。正是以这三个重要因素为基础，现代治理术的概念才得以最终形成。

　　因此，正如福柯所言，这种新的权力技术与惩戒技术并不处于同一个水平面上。惩戒技术所针对的主要是人的肉体，"规训，根据其定义来说，对一切进行调整。规训不放过任何东西。不仅仅不会放任自流，而且其原则就是不让最细微的事物摆脱其控制。对纪律最细微的违背也应当被指出，越细微，越要小心"②。而调节生命的技术则以人的生命为对象，这里的生命所指的不再是单个人的肉体生命，其核心是人口概念，因而它并不关注某一个细微的个人，而是试图从总体上对人进行把握。这种新的观点不再单纯关注个人的有用性，因为当我们从人口这一总体性视角出发来看时我们就会发现，个人的行为往往是偶然的，难以预测的，但如果将这些独立的个人整合起来从集体的角度来看的话，我们就会发现其中的一些一般性规律。例如我们无法确知某个具体的个人是否会死亡，但我

---

①　［法］米歇尔·福柯：《安全、领土与人口》，钱翰、陈晓径译，上海人民出版社 2018 年版，第 90 页。
②　［法］米歇尔·福柯：《安全、领土与人口》，钱翰、陈晓径译，上海人民出版社 2018 年版，第 56 页。

们可以从整体上把握人口的死亡率，而只要能够用某种方式掌握了人口的死亡率，那么单个人是否会死亡这一偶然性事实的意义就不是那么大了。因此，这种新的权力技术实际上所关注的是人口整体的有用性，它不再追求将每一个单独的个人都训练成有用又驯顺的肉体，而是追求使人口总体发挥作用。

因此，在这一新的权力技术中，"安全"代替"规训"成为其中的关键概念。这种新的权力技术的作用对象"不是围绕肉体，而是作用于生命；这种技术集中纯粹属于人口的大众的后果，它试图控制可能在活着的大众中产生的一系列偶然事件；它试图控制（可能改变）其概率，无论如何要补偿其后果。这种技术的目标不是个人的训练，而是通过总体的平衡，达到某种生理常数的稳定：相对于内在危险的整体安全"①。虽然我们不能直接把握每一个个人，但我们可以通过出生率、死亡率、疾病情况、人口迁移、环境影响等不同因素来从整体上把握人口，而这也就同时意味着我们可以通过对影响出生率、死亡率等概率的因素加以调节，进而保证人口的总体安全。从表面上看，这种权力技术的运行显得极为合理，它力求保障人们的安全，而不是试图控制人们。然而从本质上看，"生命政治学只关心生命，它所有的统计的数据、治理的行为，仅仅只有在个体的生命存在下才具有意义"②。因此，在调节生命的技术将人作为抽象的人口来对待的时候，它所关注的仅仅是人的生物性生命，人就被降低到了生物性生命的层面。事实上，这就构成了生命政治性权力机制的第二个方面，在这里，调节生命的权力机制通过保障人口总体安全的方式实现了对人口的总体治理。

---

① ［法］米歇尔·福柯：《必须保卫社会》，钱翰译，上海人民出版社 1999 年版，第 234—235 页。

② 蓝江、董金平：《生命政治：从福柯到埃斯波西托》，《哲学研究》2015 年第 4 期。

三　资本权力的规训性与生命性

在明确了生命政治性权力机制的两个方面之后我们就会发现，实际上资本权力的运行机制与生命政治的这两个方面都有着很高的契合性。

就惩戒肉体的技术这一方面来说，这种新的权力形式是在君主权力衰落的背景下才逐渐产生的。君主权力是一种力量更大、范围更广的权力形式，它不仅能够支配人们的行为，而且可以直接支配人的生死，在传统社会的背景下，君主权力表现为一种至大无外的最高统治权。而规训权力则与君主权力不同，相较于君主权力，规训权力实际上是一种力量更小、范围更小的权力形式。规训权力实际上并不能像君主权力一样直接支配人的生死，它的作用范围是比较狭小的，它只能通过纪律、训练等方式来对人的肉体行为进行规范，除此之外，它并没有其他的合法运行方式。

规训权力所具有的主要特征，实际上也是资本权力所具有的主要特征。首先，正如前文已多次提到的那样，购买力构成了资本权力的史前形式，劳动支配力构成了资本权力的核心形式。资本以追寻无尽的自我增殖为目的，而马克思的政治经济学批判理论已经指出，价值不可能在交换领域中产生，而只能在生产领域中产生。购买力只能促成财富的重新分配，而不能创造新的价值，因而为了实现资本增殖的目的，资本家所最能依靠的只能是劳动支配力这种权力。自由工人将对自己劳动能力的支配权作为劳动力商品在市场上进行出售，资本家则通过在市场上购买到劳动力从而获得了劳动支配力。在这里我们马上就可以发现，工人在市场上所出售的只是对他自己劳动能力的支配力，而不是对其人身、财产甚至生命的彻底的支配力。资本家通过购买工人的劳动力从而获得对工人劳动的支配权，他所获得的也只是对工人的劳动能力的支配权。因此，资本权力从一开始就不同于能对人直接进行生杀予夺的君主权力，资本权力再大也不能直接剥夺人的生命，因而资本权力实际上跟规训权力一样，都是一种力量更小、范围更小的权力形式。

其次，购买力不能为资本带来自我增殖，只有劳动支配力能够为资本带来自我增殖，因而为了获得更大量的资本增殖，资本家们只能求助于以更丰富、更有效的方式来运用劳动支配力。由此可见，资本家要想在限定时间内获得更大的资本增殖，他们就必须发展出一种针对工人的劳动的技术形式来。这种技术只能以工人的劳动行为为对象，它必须力求在可能的范围内最大限度地运用工人的肉体，并且降低工人的反抗。在这一过程中，资本家们将必然会发现纪律、训练的重要性，他们将必然意识到，只有对工人的每一个肉体活动都进行精细化的管理，才能实现生产效率达到最高，工人的反抗性最小。他们也将必然会学习军队、医院等部门的成功经验，制定严格的劳动纪律和时间表，开展严格的劳动训练，并对工人的一举一动严加监控。只有在这种条件下，资本家才能实现其所购买到的劳动力商品的效用最大化。因此，资本权力自身的特性，尤其是劳动支配力自身的特性决定了资本权力必然会演化为一种规训权力，资本家必然会将规训权力运用到资本主义生产过程中来提高劳动生产率。因此，资本权力与规训权力之间存在着极高的契合性，资本权力也会形成一套惩戒肉体的权力技术。

与此同时，就调节生命的技术这一方面来说，资本权力与这种权力技术之间同样有着极高的契合性。工人为资本的增殖过程提供了源源不断的劳动力来源和剩余价值来源，因此工人群体的基本稳定必然构成了资本主义生产过程能够持续进行的基础，如果没有稳定的工人来源，资本主义生产方式将直接崩溃。从表面上看，这一判断似乎与资本主义社会中的事实相违背，因为我们都知道马克思曾经在批判资本主义时指出："不顾工人死活地使资本价值增殖，从而创造剩余价值，是推动资本主义生产的灵魂。"[①] 这似乎意味着资本家并不顾及工人的死活，在资本主义生产方式下，工人所受到

---

① 《马克思恩格斯文集》第 8 卷，人民出版社 2009 年版，第 534 页。

的压迫是如此的深重，以至于连正常的生活都难以维持。"资本由于无限度地盲目追逐剩余劳动，像狼一般地贪求剩余劳动，不仅突破了工作日的道德极限，而且突破了工作日的纯粹身体的极限。"[1]不仅在《资本论》中，而且在资本主义野蛮生长那段时期的很多文学作品中，我们都能读到类似的段落，工人不仅身体畸形、身患疾病，而且随时都有冻死、饿死的危险。从这一角度来说，资本权力似乎试图消灭工人。

　　然而事实上如果我们从资本本身的角度来看的话我们就会发现，资本在这里和调节生命的权力技术的观点是完全一致的。调节生命的技术虽然极为关注人口的安全，但实际上他们眼中所关注的并不是有血有肉的个人所组成的集体，他们所关注的仅仅是把人们的动物性特征集合在一起所形成的抽象的人口概念。资本主义社会中的情况也是类似，对于资本增殖来说，资本所需要的是工人所提供的劳动，尤其是无酬劳动。在这里，工人本人的真实状况是无关紧要的，无论是残疾还是健康，聪明还是愚笨，只要他能够按资本的要求那样稳定地提供劳动力，那么他就是工人中的一员。而资本权力所要保障的工人群体的整体安全，实际上也就是这种意义上的工人的安全和稳定。正因如此我们可以发现，资本主义生产方式创造了相对过剩人口，创造了产业后备军，他们构成了能够随时填补生产力空缺的后备力量。而且资本家通过资本权力将过剩人口和劳动人口都完全控制了起来，以至于出现了这样的情况："过剩的工人人口是积累或资本主义基础上的财富发展的必然产物，但是这种过剩人口反过来又成为资本主义积累的杠杆，甚至成为资本主义生产方式存在的一个条件。过剩的工人人口形成一支可供支配的产业后备军，它绝对地从属于资本，就好像它是由资本出钱养大的一样。"[2] 因此，资本实际上通过自己的权力，在产业后备军和现役劳

---

① 《马克思恩格斯文集》第 5 卷，人民出版社 2009 年版，第 306 页。

② 《马克思恩格斯文集》第 5 卷，人民出版社 2009 年版，第 728—729 页。

动军的动态平衡中，实现了劳动人口的相对稳定。

综上所述，资本权力的运行机制与生命政治性权力的运行机制之间存在着高度的契合性，生命政治性权力机制的两种主要表现形式——惩戒肉体的权力和调节生命的权力——实际上同样也在资本权力的运行过程中体现出来，资本家们早已开始根据这两种权力技术来运用资本权力，实现对资本主义社会的全面控制了。在后面的章节中，我们将会把资本主义生产过程的各个环节逐一展开，这样我们就能更为清晰地看到资本权力的生命政治机制及其具体运作方式了。

第二节　资本权力与惩戒肉体的技术

劳动支配力构成资本权力的重要环节，正是建立在对这种权力的充分运用的前提下，资本家们才建立起了多种多样的生产组织形式，并充分地在生产过程和生产场所中不断规训工人的肉体，将工人生产成既对资本生产有用，又对资产阶级顺从的驯顺的肉体。在资本主义生产方式初步建立的历史时段里，资本权力对工人的这种规训功能主要在工场手工业这种小作坊式的生产中呈现出来，虽然在这里资本权力对工人的规训力度还没有达到其顶峰，但是其先兆和初步形式实际上就已经体现出来了。随着资本主义生产方式的发展，机器大工业生产逐步形成，在工厂里，资本权力对工人的规训以最为完整而彻底的方式体现出来。而到了现代企业里，这种规训力实际上已经渗透到了工作场所的每一个角落，并同时随之渗透到整个人类社会之中，逐渐成为对整个人类社会的规训力。

一　工场手工业中的规训机制

虽然从外观上来看，似乎只有以工业革命和机器化大生产开始盛行为标志，资本主义生产方式才得以全面地确立起来，人类社会才全面地步入资本主义阶段。但事实上在此之前，在工场手工业尚占据社会主导性地位的年代里，资本主义生产方式就已经开始形成并逐渐发挥作用了。实际上，在人类历史中，资本主义生产方式曾长期与工场手工业结合在一起，并依靠工场手工业这种生产组织形式而不断发展、不断完善。根据马克思在研究原始积累问题时所指出的："虽然在 14 和 15 世纪，在地中海沿岸的某些城市已经稀疏地出现了资本主义生产的最初萌芽，但是资本主义时代是从 16 世纪才开始的。在这个时代来到的地方，农奴制早已废除，中世纪的顶点——主权城市也早已衰落。"① 换言之，资本主义生产方式实际上在从 16 世纪起已经明确开始的原始积累运动中就已经逐步确立起来了，而直到 18 世纪，工业革命与机器化大生产模式才逐渐形成并确立。因而在 16 到 18 世纪这一段漫长的历史时期内，工场手工业都是社会主要的生产组织形式，同时它也充当了资本权力运行的主要场所。

工场手工业的形成以分工的发展为基础。从最根本性的角度来看，劳动分工的发展根源于社会生产力水平的发展，"一个民族的生产力发展的水平，最明显地表现于该民族分工的发展程度。任何新的生产力，只要它不是迄今已知的生产力单纯的量的扩大（例如，开垦土地），都会引起分工的进一步发展"②。从这一角度来看的话，分工首先是自然形成的，并随着生产力的发展而逐步发展。工场手工业正是在这一前提下逐渐形成的。"一方面，它以不同种的独立手工业的结合为出发点，这些手工业非独立化和片面化到了这种程度，以致它们在同一个商品的生产过程中成为只是互相补充的局部操作。另一方面，工场手工业以同种手工业者的协作为出发点，它把这种个人手工业分成各种不同的特殊操作，使之孤立和独立化到这种程度，以致每一种操作成为一个特殊工人的专门职能。因此，一方面工场手工业在生产过程中引进了分工，或者进一步发

---

① 《马克思恩格斯文集》第 5 卷，人民出版社 2009 年版，第 823 页。
② 《马克思恩格斯文集》第 1 卷，人民出版社 2009 年版，第 520 页。

展了分工，另一方面它又把过去分开的手工业结合在一起。"①

虽然人类社会中的分工是自发形成的，工场手工业最初的雏形也是在这种分工的自然演化的基础上建立起来的，然而资本家们则发现，他们可以将这种自然形成的生产组织方式利用起来，将资本权力对劳动的支配性力量在其中运作起来。所以"以分工为基础的协作或工场手工业，最初是自发地形成的。一旦它得到一定的巩固和扩展，它就成为资本主义生产方式的有意识的、有计划的和系统的形式"②。资本家们发现，"一个在制品的生产中依次完成各个局部过程的手工业者，必须时而变更位置，时而调换工具。由一种操作转到另一种操作会打断他的劳动流程，造成他的工作日中某种空隙"③。而劳动分工的细化则可以将原有的需要一步一步依次完成的生产过程分解为很多相互独立的局部过程，通过指派不同工人负责不同的生产环节，原有生产活动所造成的工作日中的各种空隙就得到了填补。事实上，由于在资本主义生产方式中，资本家已经获得了对工人劳动的支配力这种资本权力，因而资本家得以在工场手工业中实现自己的想法。在资本权力的推动下，工场中逐渐形成了一种不同于自然形成的劳动分工的工场手工业分工，这种分工实际上是资本家运用资本权力所创造出来的，"整个社会内的分工，不论是否以商品交换为中介，是各种经济的社会形态所共有的，而工场手工业分工却完全是资本主义生产方式的独特创造"④。通过这种新创造出来的劳动分工，劳动过程得以细化，劳动中的空隙得以有效减少，劳动生产率逐渐提高。

在这里需要注意的是，虽然劳动分工的进一步发展提高了劳动生产率，然而事实上劳动分工的进一步细化，尤其是资本权力推动下的工场手工业分工，造成了工人本身的局部化、片面化。"工场

① 《马克思恩格斯文集》第5卷，人民出版社2009年版，第392页。
② 《马克思恩格斯文集》第5卷，人民出版社2009年版，第421页。
③ 《马克思恩格斯文集》第5卷，人民出版社2009年版，第395页。
④ 《马克思恩格斯文集》第5卷，人民出版社2009年版，第415—416页。

手工业在工场内部把社会上现存的各种手工业的自然形成的分立再生产出来，并系统地把它发展到极端，从而在实际上生产出局部工人的技艺。另一方面，工场手工业把局部劳动转化为一个人的终生职业，符合以前社会的如下倾向：使手工业变成世袭职业，使它固定为种姓，或当一定历史条件产生与种姓制度相矛盾的个人变化时，使它硬化为行会。"① 正是在这里，资本权力所具有的惩戒肉体的权力技术就开始体现出来了。在原始的意义上，每个工人的能力都是丰富的，但这并不适用于劳动分工的需求。因而资本权力通过将工人固定在某个特殊的岗位上，实际上实现了对工人肉体的规训。在这个特定的岗位上，工人不再能够全面发展自己的能力，他只能按照劳动分工的方式，按照资本增殖的要求来发展自己的片面性力量，以至于他成了除了自己所负责的生产领域之外别无他用的局部工人。一方面，他对工场手工业生产而言变得更有用了；另一方面，他已经无法再脱离工场手工业而独立存在了，因为他只能生产作为整个生产过程的一个环节的产品，这种产品只构成整个生产过程的一个原材料，因而他无法在市场上顺利地卖出自己所生产的产品，只有对于工场内的生产环节来说，他的产品才是必要的。他只能依附于工场手工业体系才能生存。从这一角度来看，工人的肉体在变得更有用的同时也变得更顺从于资本主义生产活动。

事实上，由于每个工人的生产能力都变得局部化、片面化，因而工人就必须通过工场手工业进行协作生产。"一旦从属于资本的劳动成为协作劳动，这种管理、监督和调节的职能就成为资本的职能。这种管理的职能作为资本的特殊职能取得了特殊的性质。"② 在这种管理、监督和调节的职能的推动之下，在工场手工业中，最早的生产纪律也诞生了。一方面，资本家建立了工场中的纪律，用以进一步规训工人；另一方面，资本家通过将工人区分为熟练工人和

① 《马克思恩格斯文集》第 5 卷，人民出版社 2009 年版，第 394 页。
② 《马克思恩格斯文集》第 5 卷，人民出版社 2009 年版，第 384 页。

非熟练工人，更好地将工人们与生产纪律、与提高劳动生产率捆绑起来，从而共同服务于资本增殖。资本家们在创造出工场手工业分工的同时，也在不断地利用纪律手段，利用劳动训练过程，运用自己手中的资本权力来控制工人，使他们服从于工场手工业体系。最终，资本家通过工场手工业将工人塑造成了畸形的个人，"工场手工业把工人变成畸形物，它压抑工人的多种多样的生产志趣和生产才能，人为地培植工人片面的技巧……不仅各种特殊的局部劳动分配给不同的个体，而且个体本身也被分割开来，转化为某种局部劳动的自动的工具"①。通过这一过程，资本家在使工人更有用的同时，也在将工人生产为驯顺的肉体，资本权力所具有的惩戒肉体的权力技术开始初步发挥作用。

二　机器大生产与工厂中的规训机制

虽然工场手工业仅仅是资本主义生产方式发展的初步阶段，但在这里我们就已经能够看到，资本权力正在努力地规训工人，并试图不断将工人生产为更符合工场手工业分工的局部工人与畸形工人。尽管在工场手工业中，资本家就已经在运用惩戒技术，但工场手工业毕竟仅仅是资本主义发展的初步阶段，工场手工业本身是存在着天然界限的。事实上，只有到了机器化大生产和工厂中，这些天然界限才得以打破。

首先，在工场手工业中并没有机器的大规模使用，手工劳动依然占主导地位，这就导致了熟练工人与非熟练工人之间的差距是不易弥合的。从事手工劳动的工人必须经过长期的培训才能成为熟练工人，这就导致了在资本家的各种纪律面前，熟练工人依然拥有很强的反抗能力，毕竟某一工作岗位的空缺是很难被短期解决的。因此马克思指出："在整个工场手工业时期，都可听到关于工人缺乏

---

① 《马克思恩格斯文集》第5卷，人民出版社2009年版，第417页。

纪律的怨言。"① 尽管资本家试图将工人完全塑造为畸形工人或局部工人，但由于手工劳动的传授时间长，而且传授过程只能通过长时间的师徒教学这种方式来进行，因而事实上新培养出来的工人依然具备了较为全面的劳动技能，他们并没有被资本权力完全规训。

其次，在工场手工业阶段，手工劳动自身的特点决定了工场的规模是无法无限制扩大的。在机器诞生前的很长一段历史时期内，工场的规模都是很小的，斯密所提到的制作工场甚至只有十几名员工。较小的劳动规模制约了劳动分工本身的进一步发展，因而事实上也限制了资本权力的发挥。

然而，机器的产生摧毁了工场手工业的限制，"机器使手工业的活动不再成为社会生产的支配原则"②。随着机器体系的推行，由手工劳动这一特点所附加上的所有限制都被消除。手工劳动对熟练工人的依赖性较高，工人的熟练度对劳动生产率有较高影响。而机器的广泛使用则在很大程度上将传统意义上的熟练工人与非熟练工人之间的区分抹平了，因为当生产主要是由人运用工具而进行的时候，人本身的素质对于生产过程本身有很大影响。然而在机器化生产的过程中，人与机器的关系发生了颠倒。"在这里，整个过程是客观地按其本身的性质分解为各个组成阶段，每个局部过程如何完成和各个局部过程如何结合的问题，由力学、化学等在技术上的应用来解决。"③ 机器体系的运行不再依赖于工人本身的生产技能，机器的运转规律是建立在力学、化学等现代科学原理的基础之上的。因而生产主要是由机器来完成的，工人仅仅是服务于机器，依附于机器的存在。这就导致了生产过程对工人本身的手工能力的要求急速降低，在工场手工业中，要想生产不同的劳动产品必须具备不同的生产技能，每种生产技能的获得都需要漫长的学习过程。而在机

---

① 《马克思恩格斯文集》第 5 卷，人民出版社 2009 年版，第 425—426 页。
② 《马克思恩格斯文集》第 5 卷，人民出版社 2009 年版，第 426 页。
③ 《马克思恩格斯文集》第 5 卷，人民出版社 2009 年版，第 437 页。

器化生产中，完成不同种类生产所需要的不同技能完全由机器所驱动，工人的劳动全部被转化为机器操作活动，机器抹平了各种生产活动间的差别，缩短了熟练工与非熟练工的差异，这就使得对工人的训练可以变得更简单化，专门化。

事实上，这种手工生产的权威的消失直接导致了熟练工人的反抗力直线下降，在机器生产的背景下，产业工人的培养是极其简单的，这就导致了每一个工人都能够被简单地替换掉，工人的抵抗力量被缩小了。在这种情况下，资本家得以更为广泛地运用其资本权力，建立更为严格的工厂纪律，并要求工人严格执行。与此同时，机器生产本身的特点就决定了，生产过程必须与机器的运作保持严格的一致，这同样催生了对严格的工厂纪律的要求。因此，"工人在技术上服从劳动资料的划一运动以及由各种年龄的男女个体组成的劳动体的特殊构成，创造了一种兵营式的纪律。这种纪律发展成为完整的工厂制度，并且使前面已经提到的监督劳动得到充分发展，同时使那种把工人划分为劳工和监工，划分为普通工业士兵和工业军士的现象得到充分发展"①。工人再也无力抵抗资本家所建立起来的严密的工厂制度，在这种严密的工厂制度之下，工人的每一个行为都得到了严格的规定，这使工人对机器化生产而言越来越有用，对机器体系及资本家而言则越来越顺从，没有反抗的力量。与此同时，机器的运作方式本身也为人们规定了其劳动的具体进行方式，从这一角度来说，机器本身的规律就成了工人的纪律，"工人要服从机器的连续的、划一的运动，早已造成了最严格的纪律"②。因此，机器在有助于资本家推行工厂纪律的同时，事实上机器本身就提供了严格的劳动纪律。这种纪律与资本家所制定的纪律一起完成了对工人的规训过程，工人必须严格服从这些工作纪律，从而变为更加合格的机器体系的附庸。

---

① 《马克思恩格斯文集》第 5 卷，人民出版社 2009 年版，第 488 页。
② 《马克思恩格斯文集》第 5 卷，人民出版社 2009 年版，第 473 页。

而且更进一步来说，从工人对机器体系的依附性关系角度来看的话，机器生产代替手工生产的一个重要意义就在于，机器按照自己的需要要求不同的劳动形式，因而事实上机器完成了对劳动分工的进一步细化。随着机器生产体系的建立，分工不再以生产力的自然发展所提出的自然要求为基础，而是以机器体系的要求为基础，只有在机器尚无法完成的生产空隙内，人力劳动才有其存在的价值，这导致了每个工人都成了平均化的工人，其劳动过程越来越单调、抽象化，因而工人也越来越成为局部工人、畸形工人。

由此可见，随着机器体系的建立，资本家对工人的控制上升到了一个全新的高度。在这里，纪律得以彻底推行，资本权力得以充分运用其惩戒肉体的技术，把每一个工人都塑造为更适应机器化大生产的驯顺的肉体。机器不仅为这一过程提供有力的保障，而且其本身也直接涉入规训工人的过程之中。机器本身就创造了新的劳动分工，机器本身就意味着新的劳动纪律，机器成为资本权力的帮凶。也正是在这一意义上我们可以看到，在机器化大生产时代，工人对资本主义生产方式的反抗首先体现为捣毁机器的斗争。尽管资产阶级才是工人们所受到的控制和压迫的真正根源，但工人所直接体会到的首先是来自机器体系的控制力。

三　现代企业中的规训机制

随着机器的广泛运用以及与之相适应的工厂制度的逐渐形成，资本权力对工人的规训上升到了一个新的阶段。实际上在这里，一种规训权力机制的新倾向已经开始出现，那就是规训过程开始越来越呈现出自动化的特点。在工场手工业时代，资本家对工人肉体的直接强制是规训工人的唯一可靠手段，而在工厂中，机器体系本身也提供了一种规训性力量，这使得在某些情况下，资本权力不再需要以资本家的直接个人行为的方式作用在工人的身体上，而是通过整个机器体系的建立就能在工人身上发挥作用。实际上，这就已经包含了规训权力自动化的端倪，当然在这里，这种新倾向尚处于萌芽阶段，它的作用范围还受到机器体系本身的制约。而到了当代后工业社会里，随着生产的组织形式不再局限于工厂，而是依托于现代公司和企业，这种规训的新机制才得到彻底的推广。

在惩戒肉体的权力技术发挥作用的过程中，监督构成了其中的一个重要环节。纪律的制定并不能直接导致纪律被全面遵守，这就使得监督构成了规训权力发挥作用的一个重要环节。"纪律的实施必须有一种借助监视而实行强制的机制。在这种机制中，监视的技术能够诱发出权力的效应，反之，强制手段能使对象历历在目。"[①]实际上，福柯本人已经意识到，在工场手工业向机器化大工厂转变的过程中，必然也会伴随着对监视的要求的变化。在工场手工业时期，监视主要是由负责实施规章的巡视员从外面进行的监视，这种监视活动并不是贯穿整个劳动过程始终的。而在机器化大工厂中，随着生产规模的扩大和生产流程的日益复杂，对监视要求也随之提升。而要想加强监视的作用，我们就不能再依靠外在于生产过程的巡视员的外部审视，而是要将监视活动贯彻到整个劳动过程中去，因此在这里，监视"变成了一项专门职能，成为生产过程的一部分，与整个生产过程并行"[②]。

当监视活动还是由处在劳动过程外部的巡视员来进行的时候，这种监视是明显的，易于察觉的。而随着这种监视过程逐渐贯穿于整个劳动过程中，监视活动开始与生产活动本身融为一体，再加上机器体系本身所提供的劳动纪律和对工人的强制力，这就使得监视和规训的具体运作方式开始越来越匿名化，越来越将自己隐藏起来。"通过这种监督，规训权力变成一种'内在'体系，与它在其中发挥作用的那种机制的经济目标有了内在联系。它也被安排成一

---

① ［法］米歇尔·福柯：《规训与惩罚：监狱的诞生》，刘北成、杨远婴译，生活·读书·新知三联书店 1999 年版，第 194 页。

② ［法］米歇尔·福柯：《规训与惩罚：监狱的诞生》，刘北成、杨远婴译，生活·读书·新知三联书店 1999 年版，第 198 页。

种复杂的、自动的和匿名的权力。"① 资本家开始越来越谋求通过一种不可见的手段，在工人毫无察觉的情况下就实现对其控制，而这也就意味着，监视不再必须通过特定的巡视员来执行，实际上某种特殊的劳动组织方式，甚至某种特殊的工具、特殊的建筑都能够实现监视和规训的目的。

正是在这一思想的引领下，福柯发现由边沁所提出的"全景敞视主义监狱"构成了一个能够使监视和规训全面发挥作用的完美场所。这种全景敞视主义监狱与传统意义上的监狱的最大区别就在于，传统意义上的监狱往往强调将犯人完全封闭起来，关押在黑暗的角落中，然而福柯发现，"充分的光线和监督者的注视比黑暗更能有效地捕捉囚禁者，因为黑暗说到底是保证被囚禁者的。可见性就是一个捕捉器"②。黑暗与光亮的间隔同时也体现了权力的运作范围，在光亮中，犯人处在权力的支配和监视下；而在黑暗中时，实际上犯人就脱离了这种监视。全景敞视主义监狱彻底打破了光亮与黑暗之间的间隔，它将光线所具有的捕捉囚禁者的功能发挥到极致。在这样一种新型监狱中，每个犯人都是无时无刻不暴露在光线之中的，即便事实上的监视者仍然是在断断续续地进行监视，但是暴露在光亮中这一事实就使犯人感到监视的目光是持续性的，他无法确知监视者此时此刻是否确实存在，但是他明确知道监视的目光随时可能会聚焦到他的身上。福柯认为，在这里一种重要的新机制就诞生了，"它使权力自动化和非个性化，权力不再体现在某个人身上，而是体现在对于肉体、表面、光线、目光的某种统一分配上，体现在一种安排上。这种安排的内在机制能够产生制约每个人

---

① ［法］米歇尔·福柯：《规训与惩罚：监狱的诞生》，刘北成、杨远婴译，生活·读书·新知三联书店1999年版，第200页。

② ［法］米歇尔·福柯：《规训与惩罚：监狱的诞生》，刘北成、杨远婴译，生活·读书·新知三联书店1999年版，第225页。

的关系"①。由于每个人都暴露在光线下，每个人都意识到自己正处在一种长期的、持续性的监视状况之下，因而监视与规训不再需要与掌权者的某种特定行为相挂钩，即便没有掌权者的直接性权力运作，这种监视的目光也会实现对人进行控制、支配的目的。

由此可见，在机器化大工厂中，这种全景敞视主义权力机制实际上已经在发挥作用了，工厂的巨大厂房构成了一个开阔的监视空间，随着监视过程越来越贯穿在整个劳动过程中，工人们无法确知监视者究竟何时出现，他们只知道只要进入劳动过程中，他们就正暴露在资本家的监视目光之下。然而这里的问题在于，虽然工厂本身已经构成了一种全景敞视主义监狱，但机器生产本身的界限构成了工厂的界限。工人不能24小时都一直处在工厂中，以机器为核心的劳动活动与工人的非劳动性日常活动是相互割裂的，因而只有当工人进入工厂开始从事生产的时候，他才暴露在监视的目光中，而当工人走出工厂，回到自己的日常生活中之后，他实际上就脱离了监视的目光。因而实际上，这时的规训权力运作还没有实现彻底的自动化，它需要依赖于工厂来进行。

但随着社会生产力的发展，尤其是人类社会逐步脱离机器化大生产时代而进入所谓后工业时代，情况则发生了彻底的变化。首先是劳动形式的发展与变化，在机器化大工业时代，虽然机器的制造本身需要大量的智力投入，但毫无疑问，在那个时代大多数工人依然是体力劳动者，他们的体力劳动必须依附于某种机器体系。然而在现代社会中，越来越多的劳动形式开始不再是单纯的体力劳动，而是体现为单纯的脑力劳动或脑力劳动与体力劳动的结合。与此同时，除传统意义上的生产性劳动以外，以生产观念、形象、交流方式、情感或社会关系为主要内容的非物质劳动开始大量兴起。这些劳动形式的发展与变化催生了生产组织形式的变化，在当代社会

---

① ［法］米歇尔·福柯：《规训与惩罚：监狱的诞生》，刘北成、杨远婴译，生活·读书·新知三联书店1999年版，第226—227页。

中，工厂不再是生产组织的唯一形式，大量现代化企业、公司开始兴起，并成为当代社会中的主要生产组织方式。

现代企业的兴起极大地扩展了资本家所拥有的监视的目光。首先，现代企业同工厂一样，都呈现出全景敞视主义监狱的特点。在现代企业中已经形成了由董事会、经理阶层与普通员工阶层所组成的等级制体系，每个人都时刻暴露在其他人的目光中，监视活动与生产活动完全融为一体。与此同时，随着对机器体系依赖的消失，生产与生活的界限也逐渐模糊。一方面，随着劳动方式的多样化，人们的劳动场所开始多样化，劳动场所已经不仅限于劳动者自己的公司或工位，人们也能够在家里、在通勤路上、在旅途中继续处理工作事项。另一方面，人们在工厂中所从事的生产活动与人们在生活中所从事的生活活动是明显不同的，然而在今天随着劳动的内容的逐渐丰富，生产活动与生活活动之间的界限也日趋模糊，社交、娱乐、旅行以及各种休闲、运动都有可能构成一种劳动行为。而事实上，只要构成一种劳动行为，资本家就有意愿对其加以监视，并试图从中赚取更多的剩余价值。所以在今天我们可以看到，现代企业、公司对员工的监视目光已经不仅仅局限在工作场所中，而且进一步深入人们的日常生活中，很多企业都不仅对员工在工作场所中的行为有严格的规定，甚至对员工在非工作时间中的行为也有严格规定。随着现代企业和公司的形成，监视的目光开始真正地伸展到人类社会的全部领域。

因此我们看到，在当代后工业社会中，规训权力的运作方式已经实现了自动化，监视的目光在当代社会中无处不在，它不仅存在于工作场所中，也贯穿于人们的日常生活中，整个人类社会都成为全景敞视主义的规训社会。

第三节　资本权力与调节生命的技术

在上一节的分析中我们看到，资本权力通过惩戒肉体的技术实现了对工人的肉体的全面控制。随着人类社会由工场手工业时代、机器大生产时代到当代后工业社会的发展，主要的生产组织形式也由手工工场、机器化大工厂逐渐发展为现代企业、公司，资本权力的惩戒肉体的技术逐渐贯穿到整个人类社会之中，从而实现了对人们的全面规训。而在接下来的分析中我们将会看到，通过工资、机器体系和产业后备军等概念，资本权力也在运用调节生命的技术实现对人的整体性控制。惩戒肉体的技术更多地强调的是直接作用在人的肉体之上，其普遍性效用也更多地体现为作用在单个人身上的权力机制的普遍化。而调节生命的技术则首先剥离了人的全面性，将人们看作一个聚合在一起的抽象人口整体，并通过对这一整体的调节来实现对人类社会的全面控制。

一　工资与工人生命的赤裸化

在福柯所探讨的调节生命的技术中，人的生命被降低到了自然性的生物性过程的层面上，通过这种方式权力机制实现了对人的整体性掌控。阿甘本通过至高权力前的赤裸生命这一概念，使福柯的思想内涵更为明确化了。阿甘本首先区分了人的自然性生命与政治性、社会性的生命，"'zoē'（近汉语'生命'义）表达了一切活着的存在（诸种动物、人或神）所共通的一个简单事实——'活着'；'bios'（近汉语'生活'义）则指一个个体或一个群体的适当的生存形式或方式"①。在传统的意义上来说的话，政治生活应该是指向人的政治性生命的，即指向于 bios，在古希腊罗马时期的统治权就是这样运作的。然而在现代社会中我们发现，尤其是在集中营当中，人们不再被看作具有政治性生命的社会性存在物，而仅仅被看作单纯的具有生物性特征的生命，即 zoē。这与古代社会中的"神圣人"所处的状况相类似，神圣人被剥除了政治性生命，而成

---

① ［意］吉奥乔·阿甘本：《神圣人：至高权力与赤裸生命》，吴冠军译，中央编译出版社 2016 年版，第 3 页。

为能够被任意支配，甚至是任意杀死的纯肉体性生命。在这里，人的政治性生命被完全剥夺，而只剩下生物性的赤裸生命。实际上，这就使得人成了在至高权力面前的赤裸生命，人的生命不再具有政治性属性，也无力反抗权力的控制。"阿甘本所关注的生命政治正是一种将人的 bios 还原成 zoē，原先属于人类社会的成员的 bios 被彻底地剥夺了，剩下的是纯粹的'命'。这条'命'，由于丧失了 bios，可以让人随意而合法地宰割。"[①] 实际上，正是通过这种方式，生命政治性权力机制得以实现对人的彻底控制。

而当我们将目光转向现代资本主义社会，转向资本权力的运作之后我们就会发现，实际上在这里同样存在着这种权力机制的运作。理解资本权力的调节生命的技术的首要切入点是工资概念。工资是资本主义生产方式中的基础性概念之一，也是资本权力得以正常运行的关键性概念之一。自由工人在市场上出卖自己的劳动力，资本家为了购买工人的劳动力所支付给工人的就是工资。正是由于资本家支付了工资，资本家购买劳动力才成为可能，资本家在这一过程中所获得的劳动支配力也才成立。事实上，工资构成了衔接购买力与劳动支配力这两种资本权力之间的桥梁。

在这里我们必须注意到一个关键区别，那就是与工资相对应的实际上是劳动力概念，而不是劳动概念。正是由于没有区分劳动与劳动力概念，古典政治经济学在其发展过程中遭遇了难以解决的理论问题，并最终因之而走向破产。在第一章中我们已经指出，如果坚持劳动价值论的基本原理的话，那么事实上我们会形成两种关于劳动本身的价值的观点。其一是用劳动本身所生产出来的产品的价值来衡量劳动价值，其二是用维持劳动提供者本人的生活，即用维持劳动所要消耗的东西的价值来衡量劳动的价值。由于资本家在生产过程中占有了工人的剩余价值，因而用这两种方式所衡量的劳动

---

① 蓝江、董金平：《生命政治：从福柯到埃斯波西托》，《哲学研究》2015 年第 4 期。

价值总是不一样的，这一问题古典政治经济学无法解决。

通过区分劳动和劳动力概念，马克思发现，资本家所购买的是劳动力，他所支付的工资所对应的也是劳动力。"工资只是人们通常称为劳动价格的劳动力价格的特种名称，是只能存在于人的血肉中的这种特殊商品价格的特种名称。"① 那么，劳动力的价格究竟有多大，工资能够有多高？实际上，资本家用以定义工资量的方法与古典政治经济学用以定义劳动的自然价格的方法是一样的，他们都通过维持劳动所要耗费的商品的价值量来定义劳动力的价值。但需要注意的是，工人在生活过程中所需要消费的商品是多种多样的，工人本身所享有的不同生活水平，不同家庭状况也决定了每个工人所要消费的商品都是不尽相同的，这将导致每个工人的工资量都是不同的。马克思发现，资本家为了最大限度地占有工人的剩余价值，实际上他们总是在选取劳动力价值的最低限度来定义工资，"劳动力价值的最低限度或最小限度，是劳动力的承担者即人每天得不到就不能更新他的生命过程的那个商品量的价值，也就是维持身体所必不可少的生活资料的价值"②。资本家希望把工资压到最低，他们只愿意支付工人的消费中最后会转化为工人本身用于从事生产活动的体力和脑力的那一部分。

工人的生活情况是各不相同的，而资本家只愿意通过劳动力价值的最低限度来确定工资水平，马克思区分了生产消费和非生产消费，"资本家及其思想家即政治经济学家认为，只有为了使工人阶级永久化而必需的，也就是为了使资本消费劳动力而实际必需消费的那部分工人个人消费，才是生产消费。除此以外，工人为了自己享受而消费的一切都是非生产消费"③。资本家所需要的只是生产消费，而不需要非生产消费。莱博维奇反过来从工人的需要角度来理

① 《马克思恩格斯文集》第 1 卷，人民出版社 2009 年版，第 714 页。
② 《马克思恩格斯文集》第 5 卷，人民出版社 2009 年版，第 201 页。
③ 《马克思恩格斯文集》第 5 卷，人民出版社 2009 年版，第 661 页。

解这一问题，他将工人的需要分为三个层次，分别是生理需要、必需品及社会需要。① 在这里，生理需要层次指的是工人本身的生存，这对应于最低工资即劳动力价值的最低限度；必需品则指一般性的劳动力价值，"劳动力价值是由平均工人通常必要的生活资料的价值决定的"②。生理需要和必需品这两种需要实际上所对应的都是工人的生物性生命，只有满足了生理需要，工人的生物性生命才能存在；只有满足了必需品的需要，工人群体的生物性生命才能存在，工人群体才能在生物性的意义上延续下去。对于这两种需要，资产阶级都能予以满足。但在这里需要注意的是，工人作为人，实际上还进一步要求生物性生命之上的社会性和政治性存在，在这里就形成了工人的社会需要，"这一需要的水平是由工人作为全面发展的社会的人所决定的"③。这种社会需要与工人本身生命的存续是不相关的，但它与工人的社会身份、政治地位等社会属性的形成息息相关，所以生理需要、必需品所对应的是生产消费，而社会需要所对应的则是非生产需要。如果借用阿甘本的分析框架的话我们就会发现，生产消费所对应的工人的生理需要、必需品所指向的是 zoē，而非生产消费所对应的社会需要所指向的则是 bios。然而在资本主义社会中的现实情况是，资本家从没有满足工人的社会需要，"资本主义始终生产着新的不能满足的需要。但是那些未被满足的需要是什么呢？这些需要就是社会需要，它们是必需的但却隐藏了起来"④。资本家的工资中从来不包含着用以满足工人的社会需要的这个部分，因为对资本主义生产而言，工人所提供的劳动是必要的，

① 参见［加］迈克尔·A. 莱博维奇：《超越〈资本论〉：马克思的工人阶级政治经济学》，崔秀红译，张苏等校，经济科学出版社 2007 年版，第 54—55 页。

② 《马克思恩格斯文集》第 5 卷，人民出版社 2009 年版，第 593 页。

③ ［加］迈克尔·A. 莱博维奇：《超越〈资本论〉：马克思的工人阶级政治经济学》，崔秀红译，张苏等校，经济科学出版社 2007 年版，第 54—55 页。

④ ［加］迈克尔·A. 莱博维奇：《超越〈资本论〉：马克思的工人阶级政治经济学》，崔秀红译，张苏等校，经济科学出版社 2007 年版，第 59 页。

但工人的社会属性则是不必要的，无论工人是全面发展的个人，还是片面性、局部性的工人，甚至是畸形的工人，对资本主义生产过程来说都是无关紧要的，只要这种工人能够提供足量的劳动力，那么对于资本家来说，这种工人就是合格的。

由此可见，实际上工资就成了资本家使工人的生命赤裸化的有效手段。首先，在资本主义社会条件下工人没有生产资料，工人要想维持生活就必须出卖自己的劳动力以换取工资，工资是工人用以谋生的唯一手段，这也就意味着工人对于资本家附着在工资形式上的资本权力没有任何抵抗力。其次，随着工人接受了这种仅仅能够维持工人本身生物性生存的工资，工人的社会性生命便萎缩了。通过这一过程，工人生命的 bios 方面被逐渐剥除，工人逐渐成了资本权力面前的赤裸生命。最后，随着工人生命的赤裸化，资本家对工人的进一步控制变得轻而易举，资本家可以通过工资直接掌控工人的死活，资本家可以随意压低必需品的限度，在这一过程中，工人被生产为越来越片面、越来越畸形的存在，他只能在最低限度上维持自己的生物性生命的生存。正是在这一意义上，资本家运用调节生命的资本权力对整个人类社会进行了全面的控制。

二　机器体系、社会加速与数字化

资本家通过工资来展开其调节生命的权力技术，工资虽然成了工人的谋生手段，但工人在通过赚取工资以维持自身生存的同时，也被资本权力剥除了其社会性质，成了资本权力面前的赤裸生命。当然，工资并不是资本家运用调节生命的权力技术的唯一方式，随着生产力的不断发展，科学技术的进步为人类社会创造了机器体系，推动了人类社会的加速发展，并继而在当代社会中创造了数字化体系，事实上，这些技术进步都为资本家对工人人口的调节提供了新的可行方案。

机器体系的形成是科学技术进步为人类社会发展所带来的最为根本性的变革之一。随着科学技术的进步，人们开始逐渐用机器代替原有的手工劳动，机器化大生产开始代替工场手工业成为人类社会生产方式的主流。事实上，随着机器的广泛运用，一种调节工人人口的新技术模式也同步产生了。马克思指出，在资本主义生产方式中，工人提供了活劳动，而资本则构成了死劳动。死劳动本身不会创造新的价值，只有通过活劳动的激活，死劳动才能够服务于资本增殖过程。在资本主义生产的初期状态下，活劳动在整个劳动过程中是处于支配地位的，一切生产资料都要围绕着劳动者的活劳动而运转。资本只有依附于活劳动才具有生命力。然而，随着机器被大规模使用，机器体系逐渐形成，活劳动与死劳动之间的关系和地位发生了翻转。机器体系的形成意味着机器不再需要依赖于水力、风力、畜力等不稳定的动力供给才能运行，机器自己就能驱动自己，不同机器间的配合协作使得在生产的某些领域中，甚至不需要人工的参与，生产过程就能自动完成。在这种情况下，工人的劳动不再能够支配劳动生产的全过程，它只能在机器体系的间隙中，在机器尚无法完成的方面发挥作用。与之相反，反而是以机器体系为代表的死劳动成了生产过程的支配性环节，工人只能依附于机器来完成生产过程。由此可见，当机器体系尚未推广的时候，虽然资本家仅仅将工人看作抽象的劳动力提供者，工资仅仅能够满足工人的自然需要和对必需品的需求，但至少在这种情况下，资本家依然将工人当作活劳动的提供者来看待，工人依然是有血有肉的个人。但在机器体系形成之后，死劳动成为生产过程的推动性因素，工人的活劳动只有服务于机器的死劳动才能发挥作用，因而从根本上来说，现在资本家其实是将工人的劳动当作死劳动的一部分来看待的。在这里，"工人不再是生产过程的主要作用者，而是站在生产过程的旁边"[1]。工人"只不过是死劳动的一个有意识的器官"[2]。从这一角度来看的话，工人不必再是有血有肉的个人，他们只需要

---

[1]　《马克思恩格斯文集》第 8 卷，人民出版社 2009 年版，第 196 页。

[2]　《马克思恩格斯文集》第 8 卷，人民出版社 2009 年版，第 354 页。

像机器一样，能够作为资本增殖过程中的无意识器官来为机器运转提供稳定动力就可以了，此时的人力，同之前在劳动中所广泛运用的水力、风力、畜力，已经没有了实质性区别。机器的运行方式成了调节全部生产活动的唯一尺度。机器按照物理学、化学的规律进行运转，它有自己的运行节律和周期。工人必须按照机器所提供的节律来调节自己的劳动行为，机器需要 24 小时不停歇地运转，工人也就必须突破自己的生理极限，同机器一起运转。

机器体系对劳动过程的统治，活劳动对死劳动的从属，这不仅深刻地变革了人们的生产活动，而且其影响同时也超出了生产领域的范围，对整个人类社会都产生了深远的影响。首先，机器体系不间断运转的特点被推广到整个社会，造成了整个人类社会的加速化。科学技术的不断发展为人类社会的加速趋势奠定了基础，但需要注意的是，科技加速并不直接构成社会加速，如果人们的各项事务总量保持不变的话，那么科技加速实际上反而会使人们的各项事务能够更快地完成从而实现社会减速。事实上，社会变迁的加速与生活步调的加速使这一减速倾向成为不可能。一方面，随着机器体系的广泛运用，资本主义生产方式的发展得到了极大促进，同时人类社会的变迁速度也得以加快。资本主义生产方式给人类社会带来了巨大而快速的社会变迁，"这两个领域——家庭与工作——的变迁，在早期现代是以数个世代的步调来改变，然后在'古典'现代是每个世代的改变，到晚期现代，已经是在世代之内就产生了改变"①。

与社会变迁相伴而生的是，人们的生活步调也大幅度地加速了。随着机器体系的影响遍及整个人类社会，一种与机器的快节奏运转相适应的生活节奏也不断地渗透到了人类社会的方方面面。人们会将不适合机器化大生产的生产节奏的人视为是懒惰、笨拙、不

---

① ［德］哈特穆特·罗萨：《新异化的诞生——社会加速批判理论大纲》，郑作彧译，上海人民出版社 2018 年版，第 19 页。

思进取的，人们想要在越来越短的时间内处理更多的事务以至于生活步调越来越快。"最典型的，就是人们会觉得时间比以前流逝得还要快，然后会抱怨'所有事情'都太快了；他们会担心无法跟上社会生活的步调。从 18 世纪开始，这种抱怨就伴随着现代性而出现。"[①] 越来越激烈的社会竞争逐渐将人们压得喘不过气来，如果不能跟上越来越快的生活步调，人们就会被社会所淘汰。而且更糟糕的是，"上述三个范畴，亦即科技加速、社会变迁加速，以及生活步调的加速，已经形成一种环环相扣、不断自我驱动的反馈系统"[②]。以科技加速为依托，社会变迁的加速将催生生活步调的加速，而生活步调的加速反过来也会催生新技术的产生，从而进一步加快社会变迁速度，三者环环相扣，嵌套在一起。

而与人类生活的整体加速状态相对应的是，资本主义生产方式本身并没有发生加速，甚至反而逐渐走向减速并趋于停滞，资本权力、机器体系成了静止在人类社会上空的支配性原则，实际上，这就形成了一种所谓"极点惰性"。"现代社会系统已经封闭起来了，历史走向了终结，形成如地球自转轴南北极的极点一样，充满极速旋转，却又毫无位移的'疾速的静止'，或曰'极点惰性'。"[③] 就像地球虽然在快速旋转，但处在旋转轴上的极点实际上一直都没有同步快速运动一样，社会加速使人们疲于奔命，拖垮了一系列试图反抗资本权力的尝试，社会本身的速度越快，人们的生活也就越紧张，工人的生命就越从属于资本权力，而与之相应地，资本主义生产方式也越稳定。

与此同时，机器体系本身也产生了新的变化。在当今时代，以

---

① ［德］哈特穆特·罗萨：《新异化的诞生——社会加速批判理论大纲》，郑作彧译，上海人民出版社 2018 年版，第 22 页。

② ［德］哈特穆特·罗萨：《新异化的诞生——社会加速批判理论大纲》，郑作彧译，上海人民出版社 2018 年版，第 38 页。

③ ［德］哈特穆特·罗萨：《新异化的诞生——社会加速批判理论大纲》，郑作彧译，上海人民出版社 2018 年版，第 50 页。

计算机、互联网、各种信息技术的快速发展为基础所形成的数字化体系成为我们今天所面对的新机器体系。这套数字体系消除了人与人之间空间上的间隔，并极大地重塑了人们的生活和行为方式。在数字体系全面建立的背景下，一方面，人们的任何社会行为都会以数据的方式在网络世界中留下自己的痕迹。今天的资本权力已经不再需要依靠并不准确的统计学等手段来把握人口的总体动向，并对人口的各种自然过程进行调节了，它可以直接通过人们的行为所留下的数据将每一个个人都以数字的方式重建起来。这样，对人的生命活动的调节变得异乎寻常的简单，只要通过一些网页、软件上的精准推送，就能够改变人们的生活习惯，从而控制人们的生活。另一方面，手机、电脑等终端是我们接入虚拟世界的唯一接口，这就使得信息技术自身的发展规律成为整个人类社会中的支配性规律。就像在机器体系中，工人必须按照机器的节律来调节自己的生产节奏一样，在数字化时代，信息技术的发展节奏在整个人类社会中占统治地位，人们必须按照信息技术的节奏调整自己的生活节奏。这样，人的生命就被资本和技术全面地控制起来了。

三 产业后备军与生命控制

调节生命的资本权力试图实现对工人人口的整体控制，资本权力不仅通过工资、机器体系、社会加速等手段来实现这一目标，同时它也在现役劳动军与产业后备军之间的动态平衡中完成对工人人口的控制。相对过剩人口及产业后备军的产生与资本主义生产方式的确立是密切相关的，随着资本主义生产方式的确立，工人失去了所有劳动资料，工资成为他赖以谋生的唯一手段。资本不断地摧毁旧有的生产方式，将自耕农、小手工业者的劳动基础予以破坏，使他们转变为自由工人进入到劳动力市场之中。由于失去了全部劳动资料，因而这些新进入劳动力市场的人口也必须依靠工资才能维持生活，但资本主义生产过程并不能将这些人同时全部纳入到资本主义生产体系中来，这些需要依赖工资过活却又没有找到工作的人就成为相对过剩人口或产业后备军。"资本主义积累不断地并且同它的能力和规模成比例地生产出相对的，即超过资本增殖的平均需要的，因而是过剩的或追加的工人人口。"① 一方面，这些人暂时没有工作，从而区别于现役劳动军，对现有的生产活动而言，他们暂时是过剩的；另一方面，这些人与现役劳动军一样，本质上都是被抛入无产阶级行列的自由工人，随时准备着出卖自己的劳动力来维持生活，从这一角度来看的话，他们随时都能加入生产活动中来，他们构成了资本主义生产的后备力量。

首先，产业后备军的出现在一定程度上瓦解了工人对资本权力的反抗性力量。在工人与资本家的对抗过程中，对工人来说资本家所提供的生产资料是无可替代的，只有依靠于这些生产资料工人才能从事生产。而反过来说，工人所提供的活劳动对资本家来说也是必需的，只有不断吸纳工人的活劳动，资本主义生产过程和资本增殖过程才能持续不断地进行。从这一角度来说，工人和资本家的力量似乎是同等强大的。然而，产业后备军瓦解了工人所具有的反抗性力量，因为除了目前并不处于生产活动中之外，产业后备军与现役劳动军之间的其他条件都是完全一样的，一旦现役劳动军退出生产活动，产业后备军能够马上填补其空缺，继续提供活劳动。这就造成了对资本家而言，现役劳动军不是无可替代的。如果现役劳动军对资本进行反抗的话，资本家可以马上用产业后备军替换现役劳动军，这将使现役劳动军直接失去其生活资料来源。因此，现役劳动军的反抗性力量被大幅削弱，他们为了维持生计不敢反抗。产业后备军的存在使得资本家可以按照自己的要求调节工资水平，并能够不断击溃工人的反抗。"发达的资本主义生产过程的组织粉碎一切反抗；相对过剩人口的不断产生把劳动的供求规律，从而把工资限制在与资本增殖需要相适应的轨道以内；经济关系的无声的强制

---

① 《马克思恩格斯文集》第 5 卷，人民出版社 2009 年版，第 726 页。

保证资本家对工人的统治。"①

其次，产业后备军的存在使资本主义社会中资本家与工人之间的矛盾被转嫁为现役劳动军与产业后备军之间的矛盾。正如马克思所指出的那样，资本家与工人之间的矛盾、资产阶级与无产阶级之间的矛盾是资本主义社会中的根本性矛盾，然而产业后备军的存在则对这一对立的外部表现产生了影响。在资本家和现役劳动军之间，两大阶级之间的敌对关系是清楚的。产业后备军从根本上来说也是工人阶级的一员，然而当产业后备军出现在社会上的时候，他们的首要目标似乎并不是推翻资本家的统治，而是首先试图替代现役劳动军的位置。出于眼下紧迫的谋生需要，只有拿到资本家的工资，产业后备军才能活下去，因而产业后备军最迫切的想法就是要加入生产过程中去，这就使得从表面上看起来，产业后备军想要替代现役劳动军的需要更为迫切，推翻资产阶级的需要则相对地显得没有那么明确而紧迫。因此，在资本主义社会中我们所看到的实际情况是，"产业后备军在停滞和中等繁荣时期加压力于现役劳动军，在生产过剩和亢进时期又抑制现役劳动军的要求"②。产业后备军总是迫切地向现役劳动军施加压力，同时也在帮助资本家抑制现役劳动军的需求，因而从双方的表现上来看，竟然出现了这样的情况，那就是资本家似乎没有被卷入社会矛盾之中去，他只是一如既往地为工人提供工资。而劳动现役军与产业后备军之间的矛盾则越发激烈，为了得到资本家所发来的工资，二者陷入了长期而激烈的斗争与矛盾。而事实上，资本家才是一切社会矛盾的真正根源，无论是工资，还是产业后备军的形成，抑或是现役劳动军与产业后备军之间的对立，实际上都是由调节生命的资本权力所塑造出来的。因此在这里，资本家与工人之间的矛盾实际上被转嫁为了产业后备军与现役劳动军之间的矛盾，资本家得以在此隐藏自己，并坐享渔翁

---

① 《马克思恩格斯文集》第 5 卷，人民出版社 2009 年版，第 846 页。
② 《马克思恩格斯文集》第 5 卷，人民出版社 2009 年版，第 736 页。

之利。

　　最后，通过建立产业后备军，资本权力实现了对工人人口的整体调节。资产阶级创造了相对过剩人口和产业后备军，而产业后备军一经生产出来，就处于与现役劳动军的对立之中，产业后备军与现役劳动军的对立从事实上提高了现役劳动军的生产效率，进一步推动了资本积累的持续进行，而资本积累的持续进行又周而复始地不断生产出新的产业后备军。通过这一产业后备军与现役劳动军的动态平衡过程，资本权力事实上实现了对工人人口的全面控制，无论产业后备军与现役劳动军的比例如何，工人阶级最终都会为资本积累提供足量的劳动力支持，同时也会再将产业后备军足量生产出来。"资本在两方面同时起作用。它的积累一方面扩大对劳动的需求，另一方面又通过'游离'工人来扩大工人的供给，与此同时，失业工人的压力又迫使就业工人付出更多的劳动，从而在一定程度上使劳动的供给不依赖于工人的供给。劳动供求规律在这个基础上的运动成全了资本的专制。"①

　　与此同时，资本不仅将工人分化为现役劳动军和产业后备军，从而实现对工人人口的调节与控制，而且资本还进一步将产业后备军进行分化，从而进一步加强了对全部工人人口的控制。在现役劳动军中存在着筛选、淘汰机制，不能很好地满足生产要求的工人将被更为合格的产业后备军所代替，从而退出现役劳动军的行列，进入产业后备军中去。而事实上，产业后备军中同样也存在着这样的筛选、淘汰机制。正如在现役劳动军中并不是每个人都能完全保证自己能永远不会被淘汰一样，产业后备军中的人们也无法保证自己能够成功晋升为现役劳动军，产业后备军的劳动能力越出众，他就越可能顶替被淘汰下来的现役劳动军，并获得工资以维持生活。因而要想更快地拥有工作，产业后备军就必须通过不断地学习、培训等过程来增强自己的劳动能力，在这一过程中劳动能力更强的人将

---

　　① 《马克思恩格斯文集》第 5 卷，人民出版社 2009 年版，第 737 页。

成为人才储备军，而劳动能力不强的人则跌落为现代性废物。[①] 虽然从表面上看这意味着人口素质的提升和水平的分化，但事实上，所谓劳动能力强弱只是在资本主义生产条件下的劳动能力强弱，所谓劳动能力更强实际上仅仅意味着更符合资本的要求。因此，这实际上构成了一种工人人口进一步自我调整的自动机制，通过将自身分化为人才储备军和现代性废物，产业后备军自发地完成了资本权力所要做的对工人人口的调节和管理。至此，资本权力通过调节生命的技术，实现了对工人人口整体的全面控制。

---

① 参见王庆丰、苗翠翠《"产业后备军"的生命政治》，《国外理论动态》2019年第4期。

第 四 章

超越资本权力

　　通过前文的分析我们可以看出，虽然在西方主流自由主义观点看来，现代资本主义社会中不再存在人与人之间的支配性权力关系，但事实上现代资本主义社会中依然广泛地存在着资本权力，以及由资本权力所构成的人与人之间的支配性关系。在资本主义社会不断发展的过程中，资本权力的支配力量逐渐增强，支配范围也逐渐扩大。资本权力按照生命政治性的权力机制运作，因而在人们的日常生活中它构成了一种隐而不显的支配性力量。至此，资本家已经通过资本权力实现了对整个人类社会的全面控制，要想实现人类文明形态的跃迁，实现人的自由解放，我们就必须探索如何瓦解、超越资本权力。

第一节　超越资本权力的两个层面

　　对于超越资本权力这一问题而言，实际上我们可以从两个不同的层面来展开对这一问题的探讨。首先，从根本性的层面上来讲，资本权力这一概念并不独立于资本主义社会，它是我们从权力这一特殊角度来批判资本主义社会所形成的特殊概念，因而它实际上只不过是资本主义的某一特殊侧面的展现，资本权力与资本主义生产方式、资本主义意识形态等概念一起共同表征了资本的文明的重要特征，因而从这一角度来讲，超越资本权力与超越资本主义社会、超越资本主义生产方式是结合在一起的。因此，只有随着生产力的不断发展而最终导致资本主义生产方式的自我扬弃才是彻底超越资本权力的根本性方案。

但与此同时，就像资本主义社会的形成经历了漫长的历史过程一样，瓦解和超越资本主义社会也不会是一蹴而就的。即便我们从根本性的层面上探讨了如何根本超越资本主义，这也并不意味着我们在短期内就能彻底消灭资本主义。正如马克思在《资本论》中所指出的："一个社会即使探索到了本身运动的自然规律……它还是既不能跳过也不能用法令取消自然的发展阶段。但是它能缩短和减轻分娩的痛苦。"① 即便我们了解了资本主义灭亡的必然性，我们也不能通过法令等手段来直接取消、跳过这一自然的发展阶段。但与之相应的是，尽管我们不能快速跳过这一发展阶段，但我们也确实能够通过一系列手段来"缩短和减轻分娩的痛苦"，对于人类社会的健康发展而言，探索这些行之有效的调节性手段同样也是极为重要的，它能够在一定程度上缓解现有的社会问题，甚至有力地加速资本主义的彻底灭亡。与此同时，由于资本权力为我们展现了资本主义社会的一个特殊侧面，因而如果就超越资本权力本身而言的话，我们就不仅仅可以从根本性的层面上来考虑对资本权力的根本性超越，也可以从现实性，尤其是可行性的角度来考虑如何控制、扭转、瓦解、战胜资本权力。事实上，这就构成了一种在现实可行性、可操作性层面上对超越资本权力问题的思考，这将在一定程度上"缩短和减轻"社会发展所带来的痛苦。因此，对超越资本权力问题的研究事实上必须从根本性层面和具有现实可行性、可操作性这两个层面上同时展开。而正是由于忽视了这一现实可行性、可操作性层面，仅仅执着于根本性层面，才导致了很多学者将马克思的观点理解成了经济决定论，从而减弱了马克思主义理论的真理性和力量。

---

① 《马克思恩格斯文集》第 5 卷，人民出版社 2009 年版，第 9—10 页。

一 根本性扬弃资本主义生产方式

对资本权力的根本性、彻底性超越必然是我们所要追寻的重要理论目标之一。在前文的分析中我们已经可以看出，购买力构成了资本权力的史前形式，而随着资本主义生产方式的充分发展，当一方面资本家能够购买到大量劳动资料，另一方面大量劳动者成为自由工人，在市场上出卖自己劳动力的时候，资本权力的核心形式即劳动支配力就会开始发挥作用。因此，要想从根本上彻底地超越资本权力，就必然超越资本权力本身赖以成立的现实根基。

马克思对如何超越资本主义社会的探索既建立在黑格尔所揭示的辩证法的思维方式的基础之上，同时也超越了黑格尔的抽象的思辨辩证法。虽然黑格尔也坚持辩证法的思维方式，"把人的自我产生看做一个过程，把对象化看做非对象化，看做外化和这种外化的扬弃"[1]，但他没有意识到，不是抽象的思辨原则决定了人的现实生活，而是人的物质活动决定了人的意识和思维。"以一定的方式进行生产活动的一定的个人，发生一定的社会关系和政治关系……个人不是他们自己或别人想象中的那种个人，而是现实中的个人，也就是说，这些个人是从事活动的，进行物质生产的，因而是在一定的物质的、不受他们任意支配的界限、前提和条件下活动着的。"[2]黑格尔所理解的只是精神劳动，而马克思则进一步揭示了其背后的现实性根基，揭示了人与世界的否定性统一关系。从这一角度来说，推动人类社会发展的就不再是外在性的抽象原则所给予的外在力量，而是人的实践活动、人的物质生产活动所具有的内在性力量。因此，马克思开辟了一条不同的思想路径，就对人类社会的理解方面而言，他从人的现实物质活动和生产活动出发，以内在性的方式理解人类社会，将人类社会的发展变化理解为由人类的内在性

---

[1] 《马克思恩格斯文集》第 1 卷，人民出版社 2009 年版，第 205 页。
[2] 《马克思恩格斯文集》第 1 卷，人民出版社 2009 年版，第 523—524 页。

力量所推动的自我否定和自我生成运动；就实现社会变革的道路方面而言，他坚持社会变革应通过内在性道路来实现，因而我们不应着重探索未来世界所应遵循的基本原则，并以之为基础描绘未来社会的蓝图，而应"在批判旧世界中发现新世界"，从而以内在性的方式实现社会变革。

正是立足于对现实的人及其历史发展的把握，马克思发现，随着生产力进步和交往方式发展所形成的私有制构成了资本权力得以成立的根本前提。"全部人类历史的第一个前提无疑是有生命的个人的存在。因此，第一个需要确认的事实就是这些个人的肉体组织以及由此产生的个人对其他自然的关系。"① 而且，"这种生产方式不应当只从它是个人肉体存在的再生产这方面加以考察。更确切地说，它是这些个人的一定的活动方式，是他们表现自己生命的一定方式、他们的一定的生活方式"②。生产活动的发展形成了劳动分工，分工使得不同的劳动者从事不同种类的劳动，而这些不同的劳动活动必然也会运用不同的生产工具与劳动资料，因而分工在划分劳动领域的时候，同时也对劳动资料和生产工具进行了分配，在这一意义上，最初的私有制就建立起来了。"私有制，就它在劳动的范围内同劳动相对立来说，是从积累的必然性中发展起来的。起初它大部分仍旧保存着共同体的形式，但是在以后的发展中越来越接近私有制的现代形式。"③ 通过分工的初步发展所建立起来的私有制尚处于非常原始的状态，在很多时候这种私有还仅仅意味着某一共同体的共同所有，但随着生产的不断发展以及劳动分工的发展，私有制也随之相应地不断向其现代形式发展。"一个民族内部的分工，首先引起工商业劳动同农业劳动的分离，从而也引起城乡的分离和城乡利益的对立。分工的进一步发展导致商业劳动同工业劳动的分

---

① 《马克思恩格斯文集》第 1 卷，人民出版社 2009 年版，第 519 页。
② 《马克思恩格斯文集》第 1 卷，人民出版社 2009 年版，第 520 页。
③ 《马克思恩格斯文集》第 1 卷，人民出版社 2009 年版，第 579 页。

离。"① 分工创造了不同的行业和领域、创造了城乡之间的差别，从而也在不断瓦解旧有的原始共同体，逐渐将其中的原始私有制形式转变为单个人所有的这种现代形式的私有制。"真正的私有制只是随着动产的出现才开始的……在起源于中世纪的民族那里，部落所有制经过了几个不同的阶段——封建地产，同业公会的动产，工场手工业资本——才发展为由大工业和普遍竞争所引起的现代资本，即变为抛弃了共同体的一切外观并消除了国家对所有制发展的任何影响的纯粹私有制。"②

　　首先，正是在私有制的形成和发展过程中，购买力才得以形成。购买力的形成必然依赖于分工的发展与私有制的逐步发展，"分工的进一步扩大是生产和交往的分离，是商人这一特殊阶级的形成"③。只有在私有制逐步成熟的前提下，商业活动才能得到普遍开展，独立的商人阶级才会形成，也正是在这一意义上，作为一般等价物的货币才能够从众多特殊商品中脱颖而出，成为物质财富的一般性代表，从而具有购买力这种权力形式。另外，只有以私有制为前提，资本权力所具有的劳动支配力方面的形成才成为可能。因为只有在私有制的条件下，劳动资料才能够为某些人、某一阶级所占有，而不是为整个人类社会所共有。也只有在这一条件下，劳动资料的大规模转移才成为可能，资本家不断占有越来越多的劳动资料和工人被逐渐剥离其劳动资料才成为可能，从而资本主义生产方式得以形成的两个重要前提才能够形成，而这两个前提同时也是资本权力得以充分发挥的前提。这样，私有制就不仅构成了资本主义生产方式的前提，也构成了资本权力的前提。

　　其次，在资本主义私有制的基础之上，雇佣劳动关系成为资本主义社会的必然选择，而雇佣劳动关系是劳动支配力的源泉。一方

---

① 《马克思恩格斯文集》第 1 卷，人民出版社 2009 年版，第 520 页。
② 《马克思恩格斯文集》第 1 卷，人民出版社 2009 年版，第 583 页。
③ 《马克思恩格斯文集》第 1 卷，人民出版社 2009 年版，第 559 页。

面，工人在丧失了全部劳动资料之后，就只能通过资本家所拥有的劳动资料来从事生产，因而只有通过雇佣劳动关系，工人才能为其劳动能力找到劳动对象和生产资料，并为自己找到赖以生存的生活资料。另一方面，资本家在占有了大量的劳动资料以后，也必然无法以自己的劳动能力来运用、转化这些劳动资料，而只能通过雇佣劳动关系，通过工人的劳动能力来将劳动资料运用起来。一旦雇佣劳动关系在整个社会中居于统治性地位，那么资本权力所具有的劳动支配力也就在整个社会中居于统治性地位了，因而雇佣劳动关系从本质上来讲是工人向资本家出售了对自己的劳动支配权，因而雇佣劳动关系实际上也就意味着劳动支配力。与此同时，正是由于雇佣劳动关系的广泛运用，工资才成为工人赖以谋生的唯一手段，现代企业、工厂才成为现代社会中占统治地位的生产组织方式，这样资本权力才得以通过调节工资、打造产业后备军、大规模运用机器等方式实现对工人的生命政治性控制。

由此可见，在根本性的层面上，购买力与私有制、劳动支配力与雇佣劳动关系是紧密结合在一起的。购买力、劳动支配力构成了资本权力的基本内容，而私有制、雇佣劳动关系作为资本主义生产方式的基本内容，构成了资本权力得以成立的前提。因而相应地，要想根本性超越资本权力，也就意味着要根本性超越资本主义生产方式，二者都要求超越雇佣劳动关系和资本主义私有制。只要私有制和雇佣劳动关系依然在人类社会中占统治地位，资本主义生产方式就始终存在，资本权力对工人的统治性力量就始终存在。而且，这种根本性超越资本主义生产方式的力量也是内生于资本主义自身当中的。空想社会主义的最大问题就在于，空想社会主义者所处的时代尚属资本主义发展的初期阶段，在这时无论是资本主义还是无产阶级都是不成熟、发展不充分的。"无产阶级在普遍激动的时代、在推翻封建社会的时期直接实现自己阶级利益的最初尝试，都不可避免地遭到了失败，这是由于当时无产阶级本身还不够发展，由于无产阶级解放的物质条件还没有具备，这些条件只是资产阶级时代的产物。"① 在这样的时代背景下，无产阶级所蕴含的否定资本主义的现实性力量还未成熟，因而"解决社会问题的办法还隐藏在不发达的经济关系中，所以只能从头脑中产生出来"。空想社会主义就只能采取社会变革的外在性道路，他们就必须自行找到一个更高的基本原则，并以之为基础描绘未来世界的蓝图，"就需要发明一套新的更完善的社会制度，并且通过宣传，可能时通过典型示范，从外面强加于社会。这种新的社会制度是一开始就注定要成为空想的，它越是制定得详尽周密，就越是要陷入纯粹的幻想"②。因而他们试图脱离资本主义社会现实，在现实社会之外构想出一个理想的社会状态，这样，他们用以反抗资本主义社会的力量实际上就只能是想象的力量，而不是内在于资本主义社会中的现实的力量。

在马克思看来，对资本主义生产方式的彻底超越必然是内在于资本主义社会之中的，虽然生产力的发展催生了资本主义，而资本主义生产方式在人类历史上也确实曾经极大地推进生产力的发展，但随着生产力的进一步发展，资本主义生产方式将成为生产力发展的桎梏，"生产资料的集中和劳动的社会化，达到了同它们的资本主义外壳不能相容的地步。这个外壳就要炸毁了。资本主义私有制的丧钟就要响了。剥夺者就要被剥夺了"③。与此同时，资本主义生产方式不仅生产了用以控制人们的资本权力，其同时也生产了自己的掘墓人——无产阶级。正是资本权力的压迫塑造了无产阶级这因一无所有而充满革命力量的革命主体。超越资本主义生产方式的革命是以无产阶级这一内在于资本主义的现实性力量为根基的，因而只有这种革命具有真正的现实性力量，只有通过这种方式才能真正根本性、彻底性地超越资本主义生产方式。同样，对资本权力的根本性超越也必然要遵循同样的道路。

---

① 《马克思恩格斯文集》第 2 卷，人民出版社 2009 年版，第 62 页。
② 《马克思恩格斯文集》第 3 卷，人民出版社 2009 年版，第 528—529 页。
③ 《马克思恩格斯文集》第 5 卷，人民出版社 2009 年版，第 874 页。

二 柯亨对根本性方案的质疑

通过内在于资本主义的无产阶级革命彻底超越资本主义生产方式，这同时也是彻底超越资本权力的根本性方案。虽然这一根本性方案为我们指明了实现人类社会形态变革的根本性环节，但在国际共产主义运动的浪潮中我们却并未发现发达资本主义社会中革命的真实发生，而第二国际又在对历史唯物主义误读的基础上提出了"经济决定论"的观点，从而形成了一种"等待革命发生"的消极策略，这在很大程度上也导致了国际共产主义运动的失败。这一失败导致了很多马克思主义学者开始反思马克思的历史唯物主义理论及科学社会主义理论，而柯亨对马克思主义的质疑和批判实际上就是在这一思想延长线上所展开的。柯亨对经典马克思主义理论所进行的批判代表了一种对马克思主义观点进行批判的典型思想进路。总的来说，柯亨认为，尽管在马克思看来，"新思潮的优点又恰恰在于我们不想教条地预期未来，而只是想通过批判旧世界发现新世界"①。马克思并不想直接"为未来的食堂开出调味单"②，但在具体的革命过程中，缺乏未来世界的蓝图确实有可能带来现实的危险，这极易导向一种等待革命发生的消极革命策略。而这种危险的、消极的革命策略的产生实际上是与马克思的理论体系紧密联系在一起的。

正如恩格斯著作的题目《社会主义从空想到科学的发展》一样，马克思所构建的思想体系实现了社会主义从空想到科学的发展。相较于科学社会主义，空想社会主义的最大特点就表现在其不成熟性上。恩格斯指出："18 世纪伟大的思想家们，也同他们的一切先驱者一样，没有能够超出他们自己的时代使他们受到的限

① 《马克思恩格斯文集》第 10 卷，人民出版社 2009 年版，第 7 页。
② 《马克思恩格斯文集》第 5 卷，人民出版社 2009 年版，第 19 页。

制。"① 空想社会主义的不成熟性在很大程度上与他们所处时代的特点有着紧密关系。空想社会主义者所处的时代尚属资本主义发展的初期阶段，在这时无论是资本主义还是无产阶级都是不成熟、发展不充分的，"无产阶级在普遍激动的时代、在推翻封建社会的时期直接实现自己阶级利益的最初尝试，都不可避免地遭到了失败，这是由于当时无产阶级本身还不够发展，由于无产阶级解放的物质条件还没有具备，这些条件只是资产阶级时代的产物"②。在这样的时代背景下，无产阶级所蕴含的否定资本主义的现实性力量还未成熟，资本主义本身走向自我灭亡的历史趋势还没有得到充分展现，因而在这一条件下，"解决社会问题的办法还隐藏在不发达的经济关系中，所以只有从头脑中产生出来"③。正是由于无法从现实历史的发展中找到答案，空想社会主义便只能运用思维去自行创造社会问题的答案，而这也就使得他们的观点陷入了纯粹的幻象。他们所把握到的社会主义不是在现实社会的基础上所生发出来的，而是他们依据某种超越性的原则所建构起来的，其根据并不在现实世界之中，而在某种超越性的理念世界之中。因此，对于空想社会主义而言，"社会主义是绝对真理、理性和正义的表现，只要它被发现了，它就能用自己的力量征服世界；因为绝对真理是不依赖于时间、空间和人类的历史发展的，所以，它在什么时候和什么地方被发现，那纯粹是偶然的事情"④。因而，立足于现实的人及其历史发展的科学社会主义相较于立足于抽象的理念和幻想的空想社会主义是更为科学的，只有科学社会主义才能找到人类所面对的社会问题的真实解答。

　　柯亨通过对社会主义从空想到科学的发展的分析认为，"科学社会主义之所以是科学，是因为它拥有科学的、有正当理由的一般

---

① 《马克思恩格斯文集》第 3 卷，人民出版社 2009 年版，第 524 页。
② 《马克思恩格斯文集》第 2 卷，人民出版社 2009 年版，第 62 页。
③ 《马克思恩格斯文集》第 3 卷，人民出版社 2009 年版，第 528 页。
④ 《马克思恩格斯文集》第 3 卷，人民出版社 2009 年版，第 536—537 页。

历史理论，尤其是关于资本主义的理论"①。之所以科学社会主义能够判定空想社会主义所存在的问题的根源在于他们所处时代的不成熟性，其基础就必然是马克思把握到了正确而科学的历史理论。但正是在这一点上柯亨认为，马克思的历史唯物主义实际上未必是一种最为科学且合理的历史理论。柯亨认为，从思想根源的角度来说，马克思的理论是根源于黑格尔的辩证法的，而黑格尔的辩证法的核心则在于，"辩证法思想是以自我实现的方式来自我毁灭的思想，是用产生新事物的自我毁灭过程来自我实现的思想"②。柯亨进一步试图通过一种严格的逻辑推演的方式来把握这一思想的本质，他将其概括为三个强度上严格递增的命题：

（1）如果一个（真实的）问题存在一个解答，那么当（且仅当）问题以完全发展的形式呈现出来时，解答才会被发现。

（2）一个（真实的）问题始终存在一个解答。但是，依据（1），当（且仅当）问题以完全发展的形式呈现出来时，解答才会被发现。

（3）一个（真实的）问题，在其发展完成时，且仅在此时，会提供其解答。问题的解答是问题完全发展的结局。③

从这一角度来看的话柯亨发现，辩证法的实质实际上就是这样一种思维方式，即：新事物的产生与旧事物的消亡是同一个过程，只有在旧事物的自我否定、自我毁灭过程中，新事物才会在同一过

---

① ［英］G. A. 柯亨：《如果你是平等主义者，为何如此富有?》，霍政欣译，北京大学出版社 2009 年版，第 68 页。

② ［英］G. A. 柯亨：《如果你是平等主义者，为何如此富有?》，霍政欣译，北京大学出版社 2009 年版，第 59 页。

③ ［英］G. A. 柯亨：《如果你是平等主义者，为何如此富有?》，霍政欣译，北京大学出版社 2009 年版，第 79 页。

程中生成出来。柯亨将这一观点运用在对马克思主义基本观点的理解之上，在他看来，马克思的历史理论的基本内涵就在于在理解人类社会发展和变革的过程中，认为社会的根本性变革必然是在社会内部发生的，新社会内在性地脱胎于旧社会。柯亨将其称为一种"分娩式"概念，"政治实践的'分娩式'概念是经典马克思主义的基本原理"①。在这一观点下，新的社会形态是从旧的社会形态中内在性分娩出来的，"由辩证法激发的社会实践是与来自资本主义自身内部的力量进行合作，而这将注定会变革资本主义"②。与这种"分娩式"概念相对应的是，科学社会主义的角色被柯亨定位为"助产士"。正如在自然的分娩过程中，助产士并不会影响到胎儿的具体特征，而只是对分娩这一过程起到推动作用一样，坚持"分娩式"概念的科学社会主义在社会变革过程中也同样不会具体插手到对未来社会蓝图的具体谋划之中，他们并不会具体设定我们所迎接的新世界的具体内容，而只是服务于新世界的诞生。科学社会主义作为"助产士"，它并不创造新的社会形态。

　　在柯亨看来，这种在社会变革过程中的"分娩式"概念和"助产士"身份虽然和马克思建立在辩证法基础之上的历史理论是相一致的，但是在具体的社会实践过程中，这种理解则会成为"一个强大而危险的遗产"③。在柯亨看来，当我们具体考察一系列社会主义运动在现实中所遭遇的失败后我们就会发现："我们必须写出食谱，从而拒绝分娩式观点。社会主义的受挫史表明，社会主义者确实需要撰写食谱，这不仅仅是为了知晓如何处置权力，而且是为

---

①　［英］G. A. 柯亨：《如果你是平等主义者，为何如此富有？》，霍政欣译，北京大学出版社 2009 年版，第 54 页。

②　［英］G. A. 柯亨：《如果你是平等主义者，为何如此富有？》，霍政欣译，北京大学出版社 2009 年版，第 61 页。

③　［英］G. A. 柯亨：《如果你是平等主义者，为何如此富有？》，霍政欣译，北京大学出版社 2009 年版，第 73 页。

了吸引普罗大众，因为普罗大众往往会与他们所认识的魔鬼为伍。"① 当我们面对着错综复杂的具体社会情况的时候，给出具体的操作方案和未来社会的蓝图是极为必要的，但马克思的历史理论和科学社会主义却拒绝给出任何对未来社会的提前性描绘，因而根据经典马克思主义观点所开展的社会主义运动必然遭遇失败。

在对马克思的历史理论及科学社会主义进行批判的同时，柯亨指出，当我们考虑到在社会变革过程中人们需要具体的革命策略和对未来社会的制度设计这一事实时我们就会发现，实际上被科学社会主义所拒斥的空想社会主义反而能够为我们提供某些可资借鉴的理论资源。在柯亨看来，相较于科学社会主义的"助产士"身份，空想社会主义用以建构新社会的方式则是"工程师"式的。因为在探索如何实现社会形态变革的时候，空想社会主义的做法是首先确定未来社会的基本原则，并基于这一原则构建未来社会的蓝图。在进行具体的社会变革行动之前，空想社会主义已经建构起了一整套关于未来社会本身的详细理论，这与工程师在从事工程活动时的方式是一样的，工程师在开始具体的建设过程之前首先就掌握了全套的建设方案，并在具体的建设方案的指引下从清理地基工作开始，一步步地将新的大厦逐步建立起来。在柯亨看来，要想真正使社会变革过程具有现实性，这种方案反而是更具有现实性的。"社会主义规划就表现为先清除资本主义，再制造一个空阔的平地，然后在上面建造社会主义。这与工程师的规划如出一辙：先拆除一栋腐朽的建筑，然后在原地建造其自己设计的建筑。"② 因此，柯亨最终的理论选择是，放弃科学社会主义的理论地基，并选取空想社会主义的基本思路，以"另起炉灶"的方式重建社会主义理论。

总的来说，柯亨对马克思主义理论的批判代表了一种批评马克

---

① ［英］G. A. 柯亨：《如果你是平等主义者，为何如此富有？》，霍政欣译，北京大学出版社 2009 年版，第 99—100 页。

② ［英］G. A. 柯亨：《如果你是平等主义者，为何如此富有？》，霍政欣译，北京大学出版社 2009 年版，第 61 页。

思主义观点的经典方式，这种观点将马克思的历史理论、辩证法、社会变革中的具体策略、未来社会蓝图等要素完全视为一个互相决定的整体，并认为只要坚持了马克思的历史唯物主义的历史理论，那么就必然要等待社会的自行变革，而不能进行具体的革命策略和社会制度设计。而要想真正实现社会变革，我们就必须首先确立一种区别于资本主义的社会主义核心原则，并从这一原则出发，像工程师一样重建社会主义理论，并在此基础上实现社会变革。因此，柯亨试图以"另起炉灶"的方式重建社会主义，不再以科学社会主义的理论为思想地基，而是反而以空想社会主义的方式重新建立社会主义理论的地基。

三　超越资本权力的现实可操作性方案

尽管柯亨对超越资本主义的根本性方案进行了质疑，并试图以"另起炉灶"的方式在资本主义社会之外重建社会主义原则，但事实上，这一质疑并不能彻底驳倒马克思的根本性方案。首先，从思维方式的角度来看的话我们可以发现，马克思对资本主义社会的批判是站在黑格尔所奠定的辩证法的思维方式的基础之上的，正如马克思本人所指出的那样，"我公开承认我是这位大思想家的学生，……辩证法在黑格尔手中神秘化了，但这决没有妨碍他第一个全面地有意识地叙述了辩证法的一般运动形式"[1]。柯亨对马克思主义的批判则并没有站在辩证法的思维方式基础之上，而是回到了知性思维方式之中。在黑格尔看来："就思维作为知性来说，它坚持着固定的规定性和各规定性之间彼此的差别。以与对方相对立。知性式的思维将每一有限的抽象概念当作本身自存或存在着的东西。"[2] 柯亨就是以这种方式来看待社会主义的，他将社会主义与资本主义看成两个具有根本性区别的社会形态，并拒绝资本

---

① 《马克思恩格斯文集》第 5 卷，人民出版社 2009 年版，第 22 页。
② ［德］黑格尔：《小逻辑》，贺麟译，商务印书馆 1980 年版，第 173 页。

主义向社会主义的转化，而是坚持二者的绝对对立。因此他才会试图追寻与资本主义具有本质性区别的社会主义理念，在资本主义之外将否定、超越资本主义的社会形态建立起来，从而通过"另起炉灶"的方式重建社会主义。事实上，这种对资本主义的外在性批判是无法真正超越资本主义社会的，黑格尔就已经发现，如果对概念的否定仅仅表现为确立一个与概念本身相绝对对立的"别物"的话，那么实际上，我们可以继续通过同样的方式否定这一别物，从而进入下一个别物中去，这样，"某物成为一个别物，而别物自身也是一个某物，因此它也同样成为一个别物，如此递推，以至无限"①。这在外表上看似达到了无限，但实际上这只是一种"坏的无限"，因为在这里，"这种无限只不过表示有限事物应该扬弃罢了。这种无穷进展只是停留在说出有限事物所包含的矛盾"②。因此，概念的这种运动方式并不构成概念的真实发展，而仅仅意味着概念应该被发展、扬弃。

　　与坏的无限相对的是，在真正的无限中，理性思维认识到在"坏的无限"中所无限对立的"某物"与"别物"实际上并不是绝对的、永恒的、无限的。"既然过渡达到之物与过渡之物是完全相同的（因为二者皆具有同一或同样的规定，即同是别物），因此可以推知，当某物过渡到别物时，只是和它自身在一起罢了。"③ 这样，概念就扬弃了抽象的对立，将矛盾作为自身的内在环节包容在自身之中了。此时的概念就已经不再是原有的抽象知性概念，而是上升为具体的理性概念了，只有这种方式才构成概念的真实发展。由此可见，柯亨对社会主义的重建并不会促成社会形态的真实发展，而只能进入坏的无限的逻辑当中。即便他能够提出某种基本原则，那么这也仅仅意味着现有的资本主义社会是应该被批判、扬弃

① ［德］黑格尔：《小逻辑》，贺麟译，商务印书馆 1980 年版，第 206 页。
② ［德］黑格尔：《小逻辑》，贺麟译，商务印书馆 1980 年版，第 207 页。
③ ［德］黑格尔：《小逻辑》，贺麟译，商务印书馆 1980 年版，第 209 页。

的，而并不能同时意味着新提出的某种社会基本原则就是人类社会发展的终极目标，它可能只是坏的无限的展开过程中的一个片面的、外在的否定。因此，柯亨对科学社会主义的批判并不能动摇超越资本权力以及超越资本主义的根本性层面，对资本权力的根本性超越依然意味着以内在性革命的方式扬弃资本主义生产方式。

　　然而需要注意的是，虽然柯亨的思维方式尚处于知性思维的层面上，他试图替代马克思主义的根本性方案的尝试也是不成功的，但无论如何，柯亨所指出的理论问题是值得我们加以警醒的，那就是在具体的社会变革过程中，具有可行性、可操作性的方案也是同样重要的。在具体的社会实践过程中，尤其是在制定具体的社会制度和政策的时候，我们确实需要一些具体的策略和方向性的指引，正如英国学者利奥波德所言："这里的危险不仅是理论上的，不清晰的最终目的和体现这些目的的社会和政治制度将导致很严重的后果。"① 如果仅仅坚信革命必然发生，而并不诉诸任何具体的可行性方案的话，社会变革活动将会遭遇失败。因此，我们确实有必要展开对现实可操作性方面的探索。

　　在如何超越资本权力这一问题上，情况也是这样。我们可以确定我们的终极目标必然是彻底超越包括资本主义生产方式、资本权力、资本主义意识形态在内的整个资本主义社会，人类社会也只有在其本身发展到足够成熟的阶段才可能会发生内在性的根本变革，从而进入新的社会形态中去。然而，人类社会走向成熟的过程却不会是一蹴而就的，而是需要经过漫长的历史发展过程。这也就意味着，当资本主义社会尚未发展到其极限时，根本性革命的条件可能尚不具备，但同时我们也不能因为不具备根本性革命条件就放弃任何进行社会变革的尝试，而直接等待革命的发生。正是在这一环节中，柯亨所设想的以工程师的方式制订具有可行性、可操作性的社

---

　　①　［英］大卫·利奥波德：《青年马克思：德国哲学、当代政治与人类繁荣》，刘同舫、万小磊译，中山大学出版社 2017 年版，第 301 页。

会变革方案展现出了其重要意义。尽管这些方案并不能直接促成人类社会形态的根本性变革，但它们能够在一定程度上缓解社会问题，并推动人类社会走向成熟。

就资本权力这一特殊对象而言的话我们就会发现，实际上资本权力批判为我们探寻某些具有可行性、可操作性的社会变革方案提供了一条思路。对资本权力的研究展现了作为整体的资本主义社会的一个特殊方面，因而在思考超越资本权力问题时，实际上我们既可以针对资本主义整体进行思考，也可以针对资本权力这一特殊方面的一些特殊表现形式进行思考。而这也就意味着，尽管在资本主义生产方式尚未得到彻底超越的情况下，我们并不能彻底地根除资本权力的一切作用形式，但我们可以通过某些方式对资本权力的特殊运行机制进行限制，从而限制资本家对工人的支配力，并在一定程度上保障工人的自由与利益。这显然不是直接推动社会形态变革的根本性方案，但毫无疑问的是，一方面，这些针对资本权力这一特殊对象的方案将能够在一定程度上阻止资本权力的运用，从而"缩短和减轻分娩的痛苦"；另一方面，这些方案所针对的也只是资本权力这一特殊对象的某一个特殊方面，因而相较于对资本主义生产方式的根本性超越而言，这样的方案更具有可行性和可操作性。

因此，从整体上而言，超越资本权力应该从两个层面上来展开，一方面是对资本权力的根本性超越，也是对资本主义生产方式的根本性超越，这是彻底超越资本权力的唯一方法。而另一方面，超越资本权力应该同时在现实可行性、可操作性的层面上展开，关注如何以具有可操作性的方案来控制、扭转、瓦解资本权力，从而在一定意义上战胜资本权力。事实上，这些具有可操作性的战胜资本权力的方案并不能直接超越资本主义社会，但在人类社会的发展过程中，这些方案将不仅能够缓解现代社会中所广泛存在的社会问题，也能够逐渐将资本主义社会推向其极限，从而促成内在性革命的真实发生。在这一意义上，对战胜资本权力的方案的研究同样具有重要的理论与现实意义。

第二节　超越资本权力的当代理论尝试

对于如何建构超越资本权力的具有可行性、可操作性方案这一问题而言，广泛吸取现当代学者的相关研究成果无疑是极为必要的。事实上，很多当代学者已经认识到，一方面，当今时代人类社会已经进入了资本文明的时代，资本已经编制了一张笼罩在整个人类社会之上的资本权力之网，要想实现人的自由解放，就必须超越资本权力；另一方面，从早期共产主义运动的失败中他们也了解到，对于超越资本权力而言，可行性方案与根本性方案一样都有着重要意义和作用，因而他们都致力于在当今的时代背景下寻找超越资本权力的可行性方案，并试图通过这些方式来重拾革命，推动社会变革。在这里，哈特和奈格里所提出的诸众革命理论和施韦卡特所提出的经济民主理论颇具代表性，他们分别从重构革命主体、变革社会制度这两个方面探寻了超越资本权力的可行性、可操作性方案。对他们的理论的分析与评价将极大地有助于对超越资本权力问题的探讨。

一　哈特、奈格里与诸众革命

哈特和奈格里的诸众革命理论构成了一种超越资本权力的理论尝试。在哈特和奈格里看来，人类在资本主义社会中所面临的最大问题就是资本这个同一性原则对整个人类社会的宰制。在他们看来，现代国家已经成了"财产共和国"，在这里资本权力成了控制整个现代社会的新的资本利维坦，而要想超越资本这种同一性原则对人类社会的全面宰制，我们就必须以"多"来反对"一"，通过恢复人类社会本身所具有的丰富多样性来超越资本权力对整个人类社会的控制。哈特和奈格里所从事的全部理论工作实际上都是为了实现这一总的目标，他们所要做的就是要在人类社会中找到一种以差异性为核心的力量，从而以之对抗资本的控制。他们试图在已被资本权力所全面宰制的社会中重新找到一种内在性的革命力量，而为了实现这一目标，他们先对生命政治概念进行了重新理解。正如前文所述，在当代资本主义社会中，资本权力的基本运行机制是生命政治性的，因而他们能够在当代社会中隐而不显地实现对每一个人的规训以及对人口的整体控制。哈特和奈格里事实上也认为资本权力对当代社会的控制具有生命政治性，但他们的创造性在于，他们扭转了对生命政治概念的理解方式，这样在发挥对人的控制性作用的生命政治性权力机制之内，就内生性地浮现出了解放的可能性。

在哈特和奈格里看来，生命政治实际上为新的革命奠定了可能性，因为他们革新了对福柯的生命政治话语的理解方式。他们发现，从福柯的生命政治话语中实际上可以分析出权力与反抗这样两个不同的维度。一方面，由福柯所揭示的现代治理技术确实能够将人们的肉体与生命活动控制起来，这体现为生命政治的压制性的一面。但另一方面，生命政治本身也具有创造性、生产性的一面。在哈特和奈格里看来，福柯"将主要精力集中在规训政权、权力建筑以及权力通过分配和毛细血管网络所得到的应用。这种权力与其说是在压制，不如说是在生产主体"①。生命政治对人类的控制不是通过压制来实现的，而是在对人的生命活动的调节中，在对人口的总体管理和安排中，将人生产为驯顺的肉体，生产为权力面前的赤裸生命，从而实现对人类社会的全面控制的。因此，实际上生命政治的生产主体的功能发挥了重要作用。但需要注意的是，生命政治对主体的生产功能实际上是能够在两个不同的方向上发挥作用的。一方面，主体可能被生产得更符合生命政治的要求，从而强化权力机制对整个社会的控制作用；另一方面，主体也可能会被生产得不同于权力技术的预期。事实上，人们是既有可能被生产成驯顺的肉

---

① ［美］迈克尔·哈特、［意］安东尼奥·奈格里：《大同世界》，王行坤译，中国人民大学出版社 2016 年版，第 35 页。

体，也有可能被生产成具有自主意识的反抗性主体的，而福柯事实上并没有讨论这后一种可能性，因为在福柯看来，权力机制是占主导性地位的，而这种反抗性是从属性的，因而它最终不会导向反抗性主体的诞生。

　　哈特和奈格里则强调了这个被福柯所忽视的方面，即生命政治对主体的生产性作用。他们将福柯的生命政治话语拆分为生命权力和生命政治两个部分，"为了区别两种'生命的权力'，我们根据福柯本人的著作，采纳了生命权力与生命政治（biopower & biopolitics）这一对概念——虽然福柯本人并没有坚持这种用法，前者可以（粗略）定义为掌控生命的权力，后者是生命本身的力量，可以反抗并寻求主体性生产的另类模式"①。生命权力概念用以描述福柯所强调的新型权力机制对人的控制作用，侧重强调权力的方面。而新的生命政治概念则将被用来描述生产主体的方面，主体将不再被生产为权力机制的附庸，而是被生产为新的另类性主体，这对于生命权力机制来说，意味着彻底的断裂与反抗。在这一意义上，"生命政治是新的主体性的创生，这既是反抗，同时也是去主体化"②。这样，哈特和奈格里就翻转了由福柯所开创的传统的控制性的生命政治话语，并开辟了一种新的创生性的生命政治话语。而这也就意味着，尽管在现代资本主义社会中，资本权力试图对主体进行全面宰制，但是资本的控制并不会彻底抹杀主体的反抗能力，主体依然拥有着丰富的反抗潜能。

　　在开显了生命政治机制的创生性方面，从而确保了具有反抗性潜能的主体之后，哈特和奈格里开始进一步指出，现代社会中生产方式的发展和变化已经使得主体所具有的反抗性潜能转变为现实力量成为可能。在他们看来，在资本主义社会发展的早期阶段，物质

---

　　①　［美］迈克尔·哈特、［意］安东尼奥·奈格里：《大同世界》，王行坤译，中国人民大学出版社2016年版，第36页。

　　②　［美］迈克尔·哈特、［意］安东尼奥·奈格里：《大同世界》，王行坤译，中国人民大学出版社2016年版，第37页。

性劳动是资本主义社会中劳动的主要形式，但是当代资本主义社会中所发生的一个新变化在于，非物质劳动已经成为主流的劳动形式。非物质劳动的关键点在于，它所生产的不再是物质性产品，而是知识、语言、符码、信息、情感等非物质产品。在哈特和奈格里看来，这些非物质产品与人们之间的关系和物质产品与人们之间的关系是不同的。在物质性产品的生产过程中，劳动者是生产的主体，物质性产品是生产的客体，物质性劳动就体现为主体生产客体。而非物质产品则不同，知识、语言、信息、情感等非物质产品虽然是由人们的劳动所生产出来的，但是这些要素并不是如物质性劳动产品一样的客体性存在。事实上，知识、语言、信息、情感这些要素恰恰是属于主体的要素，它们就是主体本身的特性。而这也就意味着，非物质劳动就不再是主体生产客体，而是主体生产主体的特性，也即主体生产自身。正是在这一意义上，哈特和奈格里将非物质劳动也称为生命政治生产，"生命政治生产的最终核心不是为主体去生产客体——人们一般就是这样去理解商品生产的，而是主体性自身的生产"①。在这里，非物质劳动与生命政治性权力机制的创生性方面结合在了一起，生命政治生产使得不经过物质产品的中介而直接生产主体本身成为可能。而这也就意味着，主体将能够直接自己生产自己，自己将自己的内在性反抗潜能实现出来。

在找到了反抗资本的潜在力量以及这种力量由潜在转化为现实的可能性后，哈特和奈格里的下一个理论目标便是要将这种反抗性力量塑造为一种以"多"为核心的力量，从而开辟出一种能够反对资本的同一性对人类社会的宰制的革命道路。正是在这里，哈特和奈格里提出了共同性的概念，他们认为所有在其最原始的意义上是人们生产出来的，可以被人们拿来享用的成果都可以构成共同性的内容，既包括共同的物质财富，也包括知识、情感、信息等社会共

---

① ［美］迈克尔·哈特、［意］安东尼奥·奈格里：《大同世界》，王行坤译，中国人民大学出版社 2016 年版，"序言：诸众生成—君主"第 3 页。

同生产的结果。这些结果是具有共同性的，为人们所共同生产出来，也为人们所共同所有，但这些成果并不会导向同一性。在哈特和奈格里看来，这种共同性背后所体现出的实际上是马克思所曾提到过的人与人之间的普遍交往。人与人之间的普遍交往并不会趋向某种同一性的结果，而是会导向一种使每个人的自由个性都能得到充分发展的共产主义状态，这将是一个将每个人的自由个性都包含其中的、作为杂多性而存在的共同性，通过达到这一状态，人类将根本性地摆脱在资本主义社会中所遭受的"被抽象统治"这一境地。因此，作为杂多性的、为人们所共有的共同性就构成了人类实现自由解放的前提。而且正如马克思所指出的那样，"只有随着生产力的这种普遍发展，人们的普遍交往才能建立起来"①，正是资本主义生产方式的充分发展，由资本所推动的全球化进程的推进，才使得人与人之间的普遍交往得以可能，因而对共同性的生产才成为可能。因此，哈特和奈格里最终认为，共同性就是他们所找到的能够反抗资本的一种杂多性原则。

哈特和奈格里进一步提示我们，从共同性的角度来看的话我们就会发现，资本主义生产方式这种创造了人与人之间的普遍交往得以可能的现实条件的生产方式，其问题并不在于它阻碍了人类生产共同性，而是在资本主义生产方式下，资本家的私人占有剥夺了属于全人类的共同性。实际上马克思在对资本主义的分析中就已经发现："资产阶级历史时期负有为新世界创造物质基础的使命：一方面要造成以全人类互相依赖为基础的普遍交往，以及进行这种交往的工具；另一方面要发展人的生产力，把物质生产变成对自然力的科学支配。"② 资本主义社会的发展实际上促成了生产力与科学技术的巨大发展，它使得全人类的普遍交往成为可能，同时也就使得人们在普遍交往的前提下进行广泛的共同性生产成为可能。但与此同

---

① 《马克思恩格斯文集》第 1 卷，人民出版社 2009 年版，第 538 页。
② 《马克思恩格斯文集》第 2 卷，人民出版社 2009 年版，第 691 页。

时，由于资本主义社会是建立在私有制的基础之上的，因而尽管在资本主义社会中人们能够生产出共同性，但却不能共同地占有共同性，共同性被私有制转化为了私有财产，这就导致了从最终结果上看，资本主义社会没能给出建立在普遍交往的基础上的、为全体人所共有的、真正的共同性来。所以哈特和奈格里指出："资本主义生产是这样一种巨大装置：它发展了社会协作的共同网络，同时又将其作为私人积累进行占有。"① 资本主义社会既创造了全人类在普遍交往的基础上进行共同性生产的可能性，但又促成了资本家的私人占有对属于全人类的共同性的剥夺。因而超越资本主义最为重要的内容之一就表现为超越资本家对共同性的私人占有，表现为联合起来的生产者们重新夺回共同性。

随着非物质劳动暨生命政治生产的形成，哈特和奈格里认为，超越资本家对共同性的剥削的时机已经成熟了。因为在之前的物质生产条件下，共同性往往以物质性产品的形式表现出来，而在资本主义社会中，工人并不占有任何劳动资料，因而工人要想生产出这些共同性产品，就必须求助于资本家所拥有的劳动资料，这样资本家就同时参与到了生产过程中来，他能够支配整个生产过程，并最终占有共同性。但在非物质劳动成为社会主流的情况下，由于这种作为非物质劳动的生命政治生产不再是一种主体生产客体的过程，而是主体生产主体的过程，其产品如知识、信息都直接是主体本身的要素，因此在这一生产过程中，生产便不必再经过主体—客体—主体的循环，而是可以由劳动主体们自发地组织起来共同完成。在这里，资本所提供的劳动资料便不再是生产得以不断进行的必备要素了，在这里"资本日益处于生产过程和财富的生成之外"②。虽然资本依然能够剥削工人的劳动成果，但是一方面，资本不再提供

---

① ［美］迈克尔·哈特、［意］安东尼奥·奈格里：《大同世界》，王行坤译，中国人民大学出版社 2016 年版，第 118 页。

② ［美］迈克尔·哈特、［意］安东尼奥·奈格里：《大同世界》，王行坤译，中国人民大学出版社 2016 年版，第 105 页。

劳动资料，因而它对生产的积极作用越来越少，而阻碍性作用则越来越大；另一方面，资本只能通过外在于生产过程的方式剥削工人，这使得资本对生产过程的控制力也逐步减弱，事实上，这就为诸众革命创造了空间。

正是在这诸多的背景之下，诸众革命的思想道路最终形成。总结以上诸点我们就会发现，哈特和奈格里一方面通过对生命政治概念的重新解读、通过非物质劳动和生命政治生产概念，找到了具有反抗性力量的革命主体；而另一方面，他们又找到了共同性这种以"多"，以差异性为核心的基本原则，并且证明，正是由于资本主义社会中，资本家剥夺了人们所生产出来的共同性，并将之转化为了资本的同一性，因而才造成了资本这一同一性原则对人类社会的宰制。以这些观点为基础，其结果必然会导向一种按照共同性的原则不断自我生产，不断将自己塑造为差异性的集合的革命主体，而这也就是哈特和奈格里所找到的作为革命主体的诸众。在哈特和奈格里看来，诸众所代表的就是由生命政治生产所生产出的具有反抗性的主体，他们并没有在资本权力的压制之下被生产为服从于资本统治的驯顺的主体，而是被生产为了具有反抗性的新主体。诸众生产作为杂多性、差异性的共同性，并直接占有这种共同性，这也就意味着诸众本身必定是一个奇异性、多元性的存在，而不会成为一个如资本一般整齐划一的群体，只有这样他们才能成为反抗资本的力量。"诸众在构筑共同性的过程中，将其自身构建为奇异性的主体性。"① 与此同时，由于非物质劳动不需要依靠资本所提供的劳动资料，资本已经外在于诸众生产共同性的生产过程，因而诸众对共同性的生产将会通过自组织的方式而发生。这样，诸众的自组织式革命这一革命道路就被清晰地规划出来了，而这也就构成了哈特和奈格里的诸众革命理论的核心内涵。

---

① ［美］迈克尔·哈特、［意］安东尼奥·奈格里：《大同世界》，王行坤译，中国人民大学出版社 2016 年版，"序言：诸众生成—君主"，第 4 页。

二　诸众革命的限度

在革命退场、具有革命性的无产阶级逐渐消失的时代背景下，哈特和奈格里重新塑造了诸众这一广泛存在的、具有革命性的新革命主体，这是其理论的重要贡献之处。但我们必须注意到的是，哈特和奈格里的理论实际上有一个关键性的缺失。哈特和奈格里的全部论证，都导向了诸众具有革命的潜能，这种革命潜能的发挥已经具有了现实条件，只要诸众能够将其内在性力量发挥出来，那么他们就将通过夺回共同性而彻底颠覆资本的统治。但在这一整个论证过程中，他们所给出的仅仅是诸众革命的潜能和可能性，而没有进一步揭示这种革命由可能性向现实过渡的必然性。事实上，如果没有这种必然性保障，那么哈特和奈格里对生命政治概念的颠倒便失去了意义。在资本权力的压迫之下，人们既有可能像哈特和奈格里所分析的那样迸发出反抗意志，并形成自组织式革命；但同时也有可能继续像福柯所分析的那样，被资本权力不断地塑造成驯顺的肉体，而丧失了反抗意志。

为什么哈特和奈格里的诸众概念会存在着这样的问题？事实上通过回溯哲学史，回溯诸众概念本身的思想史，我们就可以找到问题的答案。在哲学史上，诸众这一概念并不是哈特和奈格里所独创的，正如维尔诺所指出的那样，"'人民'和'诸众'这两个概念之间的选择一直处于实际争论的核心和 17 世纪理论—哲学争论的核心。'人民'和'诸众'这两个在炽烈的冲突之火中锤炼出的互相抵触的概念在现代政治—社会类属的定义中发挥了重要的作用"①。哈特和奈格里自己也表明，他们的诸众概念在一定程度上是从斯宾诺莎那里继承过来的。而事实上，在斯宾诺莎本人那里，他就已经注意到了诸众概念所可能存在的问题。

---

① ［意］保罗·维尔诺：《诸众的语法：当代生活方式的分析》，董必成译，商务印书馆 2017 年版，第 23 页。

诸众概念与人民概念是相对立的。人民概念来自霍布斯，在霍布斯看来，自然状态下人们一定会陷入"每一个人对每个人的战争"①的战争状态中去，在这种状态下，每个人最起码的权利都是无法得到保障的。人们之所以会陷入这种无止境的战争状态，一个很重要的原因就是人们在面对任何问题的时候都会听凭自己的判断，人们会完全听凭自己的理性来决定采取何种手段以实现自我保存，因此在自然状态中的人们是杂乱无章的，具有诸众的特点。在霍布斯看来，人们要想真正摆脱战争状态，就得把听凭自己的判断而行动的权力让渡出来，并通过契约形成一个最高的统治权即利维坦。在利维坦形成之后，每个人都放弃了自己的权利，而只能完全听命于利维坦的判断，这样人与人之间的战争状态就被消除了。而通过放弃听凭自己判断而行动的权利，并将这一权利交给利维坦，事实上这时的人们就被转变为了一种完全与最高统治权保持一致的、整齐划一的存在。在维尔诺看来，这种整齐划一性就是人民概念的核心，霍布斯厌恶充满差异性的诸众，而喜欢这种整齐划一的人民。虽然人民通过服从于利维坦而放弃了争斗，但这里依然存在着一个问题，那就是由于人民完全让渡了自己的全部权利，因而在利维坦形成之后，他必须对其完全服从，即便是在利维坦的运行有害于其个人利益时，他也没有任何办法。在霍布斯看来："一个君主的臣民，不得到君主的允许，便不能抛弃君主政体、返回乌合之众的混乱状态，也不能将他们自己的人格从承当者身上转移到另一个人或另一个集体身上。"② 利维坦一旦形成，人们就不能左右它，不能改换它，也不能取消它。而这也就意味着，利维坦对人民的统治是单向的，人们只会在利维坦的统治下变成越来越服从于利维坦的统治的、驯顺的人民，即便利维坦的运行侵犯了人们的利益，人

---

① ［英］霍布斯：《利维坦》，黎思复、黎廷弼译，杨昌裕校，商务印书馆1985年版，第95页。

② ［英］霍布斯：《利维坦》，黎思复、黎廷弼译，杨昌裕校，商务印书馆1985年版，第133页。

们也无法对其进行反抗。事实上，这就与资本主义社会中生活在资本权力的统治下的人们的处境有非常大的相似性，资本仅仅谋求自我增殖而不会顾及人们的共同利益，但由于资本权力已经将所有人塑造为整齐划一的人民，因而人们就丧失了反抗资本的可能性。出于对战争状态的恐惧，霍布斯赋予了利维坦以极大的权力，但同时也遗留下了利维坦可能会反过来控制人民这一未能解决的问题。

　　实际上，斯宾诺莎的政治哲学试图要解决霍布斯所遗留下来的这个理论问题。斯宾诺莎在很大程度上继承了霍布斯关于自然状态、自然权利的观点，他仅仅对国家的形成过程进行了深入的改造。在斯宾诺莎看来，要想使人类社会结束战争状态，我们确实需要形成一个统治权，但问题在于这个统治权有可能反过来控制、压迫人们。为了解决这一问题，斯宾诺莎试图构建一种始终与人们的利益保持一致的统治权，"斯宾诺莎要说明的是一个强得多的论点：国家主权和个人自由不必分离，实际上也并不抵触，因为二者就不存在于矛盾之中"①。在这里斯宾诺莎发现，要想使最高权力始终与人们不断变化的利益保持一致，最好的方式实际上是让人们自己将自己的统治权生产出来，这样的最高权力就会在人们不断的集体性生产中得到调整和修正，从而不会危害人们的利益。因而在斯宾诺莎这里，"实际存在的最高权力证明是一个集体生产的持续过程，个体的力量在这个过程中'被转化为'公共的力量，而意识形态上的摇摆不定也通过这个过程得到平息"②。每个人都充分地运用自己的理性，将自己的利益和需求表达出来，这样任何不符合人们利益的权力行使都会受到人们的理性的批判，而在理性指导下的人们也不会选择一个于自己不利的统治权。在斯宾诺莎看来，这就是民主制的真实含义，而在这种情况下，霍布斯的问题就得到了合理的

---

① ［法］艾蒂安·巴利巴尔：《斯宾诺莎与政治》，赵文译，西北大学出版社2015 年版，第 45 页。

② ［法］艾蒂安·巴利巴尔：《斯宾诺莎与政治》，赵文译，西北大学出版社2015 年版，第 50 页。

解决。

由此可见，在斯宾诺莎这里，社会的主体绝对不能是霍布斯式的整齐划一的人民，因为如果他们本身已经是整齐划一的了，那么无论如何进行集体性生产，所生产出来的最高权力都必然还是那个利维坦。对最高权力的集体性生产得以可能的前提就是每个人都要先保持自己的差异性，只有每个人都保持自己的差异性，最高权力才能是不断变化、发展的。事实上，哈特和奈格里的诸众概念就来自这里。也正因如此，哈特和奈格里才不断强调诸众所具有的差异性、奇异性等特征，他们希望能够通过这种具有差异性、奇异性、多元性的诸众的集体生产来重塑资本权力，将之前危害人们的资本利维坦生产为一个新的、不再是压抑人而是保障人的利益的新的权力形式。

但在这里需要注意的是，虽然哈特和奈格里继承了斯宾诺莎对差异性的强调，然而在斯宾诺莎的理论中，差异性并不是唯一的决定性因素。在斯宾诺莎看来，对最高权力的集体性生产是通过每个人充分地运用自己的理性能力来实现的。正是由于每个人都能充分地运用自己的理性，因而每个人才能充分地表达自己的利益诉求，从而使最高权力能够保障每个人真实的利益诉求。与此同时，理性还充当了最高权力的纯洁性的保证，也正是由于每个人都能充分地运用自己的理性，所以每个人都能对统治者的命令是否合理做出理性的判断，而这也就意味着统治者必须合乎理性的行动，否则就会受到人们的否定和排斥。因此，正是由于绝大多数人都能够充分地运用自己的理性，都能够辨别一个好的统治权和一个不好的统治权，这才保证了最高权力不会重新变成一个强行控制每一个人的强大的利维坦。

然而在这里斯宾诺莎随即发现，在实际生活中，要求绝大多数人都能够充分地运用自己的理性这一要求显然是不现实的。在《神学政治论》开篇之处，斯宾诺莎就首先指出："人常反复于希望与恐惧之间，至为可怜，因此之故，大部分人是易于轻信的。"① "在大众的心中迷信与恐惧都是牢不可破的。"② 人拥有理性能力，但人同时也拥有激情和冲动，它们在人的心中都是牢不可破的。而这也就意味着，尽管人们保持着差异性，但由于现实中的人们尚不能充分运用自己的理性，因而人类社会并不会自发地转变为斯宾诺莎意义上的民主制。也正因如此，尽管斯宾诺莎提出了诸众概念，但他没有进一步寄希望于诸众的自组织式革命，而是转而研究民主制的制度设计，并将这些制度设计视为民主制得以实现的重要组成部分。

哈特和奈格里的问题就在于，他们仅仅看到了斯宾诺莎强调差异性，而没有同时看到斯宾诺莎对人是否具有充分运用自己理性的能力表示担忧。在斯宾诺莎心目中，完美形态的民主制下每个人都应该能充分运用自己的理性能力，但现实条件的限制使得民主制在现实中必须有特定的制度法律体系的辅助。在哈特和奈格里这里也是同样，诸众的自组织式革命不仅要求每个人都具有内在性的反抗力量，而且要求每个人都能彻底地将这种力量发挥出来。这种能力实际上不是每个人都天生具备的，而哈特和奈格里也并没有给出行之有效的引导这些力量发挥的具体方案，因而他们的理论最终又回到 "等待革命发生" 的消极境地了。

因此，综合来看，哈特和奈格里的理论揭示了当代社会中的人们依然具有内在性的反抗力量，但这种力量的彻底发挥尚需其他辅助条件。

三　施韦卡特的经济民主理论

对于如何进一步捍卫并发展马克思的理论，施韦卡特提出了

---

① ［荷兰］斯宾诺莎：《神学政治论》，温锡增译，商务印书馆 1963 年版，第 1 页。

② ［荷兰］斯宾诺莎：《神学政治论》，温锡增译，商务印书馆 1963 年版，第 9 页。

一系列颇有见地的理论观点。共产主义运动在实践中所遭遇的失败，引发人们（尤其是自由主义者）对马克思的理论本身的合理性进行了质疑，在这些对马克思的理论的合理性展开质疑和批判的理论中，最具代表性的，也毫无疑问最需要我们加以回应的，就是由西方自由主义所抛出的"历史终结论"的观点，"有一个很强的声音：资本主义是历史的终结。资本主义是我们不能想象去超越的历史成就"①。施韦卡特认为，要想彻底而有力地回应历史终结论，我们就必须一方面证明自由主义对马克思主义理论的批判和质疑并不足以击溃马克思主义理论；另一方面证明资本主义确实有其无法解决的社会问题，而马克思的理论解释了这些问题产生的深层根源。

对马克思的理论的第一种批评指向于马克思的价值理论。在《资本论》中马克思表明："为了避免可能产生的误解，要说明一下。我决不用玫瑰色描绘资本家和地主的面貌。不过这里涉及的人，只是经济范畴的人格化，是一定的阶级关系和利益的承担者。我的观点是把经济的社会形态的发展理解为一种自然史的过程。不管个人在主观上怎样超脱各种关系，他在社会意义上总是这些关系的产物。同其他任何观点比起来，我的观点是更不能要个人对这些关系负责的。"② 这表明，在分析资本主义生产方式，以及批判资本主义社会的时候，马克思所秉持的是一种科学性的态度，他并不希望掺杂个人情感等因素，而是从纯粹的经济事实出发去揭示资本主义的本质规律，因而他对资本主义社会的批判也并不是一种站在道德制高点上所进行的"道德批判"，而是一种建立在科学分析基础上的"病理学宣判"③，马克思直接以科学的方式指明了资本主义

---

① ［美］大卫·施韦卡特：《超越资本主义》，宋萌荣译，社会科学文献出版社2006年版，第5页。

② 《马克思恩格斯文集》第5卷，人民出版社2009年版，第10页。

③ 参见王南湜《回归从〈共产党宣言〉到〈资本论〉的资本主义科学批判之路》，《马克思主义与现实》2018年第3期。

社会的不合理性与灭亡的必然性。因此，在对马克思理论的质疑当中，以科学性的方式，对马克思的经济科学的质疑是最能切中其理论要害的。众所周知，马克思的理论是建立在由斯密、李嘉图等人所完善的劳动价值论的基础之上的，而新古典主义则提出了一种新的价值理论："它完全无视劳动价值论，对劳动价值论提出了批评，并提出了一种替代理论——'边际主义的价值论'。"① 这种边际主义的价值论不再将劳动视为价值的唯一源泉，而是通过边际效用来解释价值，这也就意味着，边际主义的价值论将从根本上动摇马克思建立在劳动价值论基础上的经济科学理论，因而要想证明马克思对资本主义批判的合理性，就必然要首先回应这个最能击中马克思理论要害的质疑。

在施韦卡特看来，尽管在后来的经济学界中，边际主义理论得到了更为广泛的接受，但事实上这个理论内部是包含武断，甚至是欺骗的要素的。边际主义试图解决一个劳动价值论所无法解决的问题，即如果劳动是价值的唯一源泉，那么我们应该如何评估土地、资本这些非直接劳动性要素在生产过程中所做出的贡献呢？为了回答这一问题，边际主义理论指出，在进行某种一定规模以上的生产劳动时，任何一种生产要素的增加都会带来劳动产品的增加——即边际效用，我们可以将某种生产要素的边际效用视为其平均效用，这样无论是劳动、资本还是土地的贡献就都能够根据其边际效用而推算出来了。这里实际上存在着很明显的问题，虽然通过边际效用我们可以成功确定土地、资本、劳动所分别做出的贡献，但"把每个劳动力的'贡献'定义为最后一个劳动力的边际产品，这样定义有些武断。实际上，不是'武断'，而是一种'欺骗'"②。将每个劳动要素的贡献都定义为最后一个单位的边际产品，这仅仅有利于

① ［美］大卫·施韦卡特：《超越资本主义》，宋萌荣译，社会科学文献出版社2006年版，第37页。

② ［美］大卫·施韦卡特：《超越资本主义》，宋萌荣译，社会科学文献出版社2006年版，第43—44页。

在数学上进行计算，而无法给出这种定义的合理性依据，因而边际主义的价值论实际上仅仅是一种武断的假设，并不能取消马克思的理论的科学性。

除边际主义理论外，自由主义对马克思的理论的批评的另一个重要方面在于否认剥削的真实存在。马克思对资本主义生产方式的批判的重要方面在于，他发现了在资本主义生产方式中，资本家无偿占有了工人的剩余价值，从而形成了对工人的剥削。而自由主义者则试图证明，资本家的获利并非无偿的，因而并不构成对工人的剥削。一方面，企业的运行需要企业管理的专门才能，也需要付出相应的辛勤劳动，因此资本家的获利同样也是劳动的成果，而非无偿剥削工人；另一方面，企业的运营包含着相应的风险，资本家在运营企业过程中承担了相应的风险，而工人在获取工资的时候则无须承担同样大的风险，在诺奇克看来，这是不对等的。"为什么一些人觉得他们可以站在一旁看谁的风险公司情况好转，然后要求分享成功？为什么他们没有觉得，如果事情变坏了，那么他们必须承担损失，或者，如果他们想分享利润或控制企业，那么他们也应该进行投资和承担风险？"① 这样，资本家获利的正当性来源于资本家所承担的更高的风险。

针对这种夸大资本家作用的观点，施韦卡特指出，一方面，我们需要明确区分资本家的两种职能：资本家与企业家。将企业家与资本家这两种职能加以区别的话我们就会发现，"资本家和企业家，是截然不同的。新古典主义经济学理论清楚这种区别。它定义企业家为：把土地、劳动和资本聚合到一起，根据市面行情分别付给每个所有者租金、工资和利息的行为者。如果企业家的方案成功了，就会获得利润"② 。当资本家因其在经营企业的过程中所付出的努力

① ［美］罗伯特·诺奇克：《无政府、国家和乌托邦》，姚大志译，中国社会科学出版社 2008 年版，第 306 页。

② ［美］大卫·施韦卡特：《超越资本主义》，宋萌荣译，社会科学文献出版社 2006 年版，第 47 页。

而得到回报的时候，此时所体现的实际上是企业家的职能。而将企业家的职能从资本家身上剥离之后我们就会发现，纯粹意义上的资本家实际上并不参与到企业的具体运营过程中去，他们的获利与他们的劳动无关，而仅仅与他们所投入的资本有关，这就回到马克思对资本主义的批判上来了。因此施韦卡特指出："资本主义合理性的真正问题，本质上不是正当的利润。真正的问题，是证明流向资本家的收入的正当性，简单地说，就是他所有的房产和金融资产的道德正当性。"[①] 而在证明纯资本的收入的正当性方面，引出企业家这一职责并不能说明任何问题。

另一方面，关于承担风险的问题而言，施韦卡特提示我们，在考虑风险和收益的相关性之前，我们必须对投资领域本身加以分析。"对于判断风险回报的一个更为合适的道德标准是'纯粹程序的公正'，一个源于'公平游戏'的技术原则，这个原则是明白无误的：如果每一个人都按规则玩，并且如果规则是公正的，那么结果就是公正的，不管结果是什么。"[②] 也就是说，当以承担相应的风险来论证回报的合理性时，必须首先论证该领域是"纯粹程序的公正"的，但事实上，投资领域本身并不是这样一种"公平游戏"。"首先，最明显的一点：不管法律怎么说，很大数量的人们简直没有任何可随意支配的资金去投资，他们根本玩不了。其次，在那些能玩的人中，一些人比另一些人更优越，财富提供了获取信息、专家咨询等优势条件，而分散的小投资者常常缺乏这种机会。"[③] 因此，投资领域本身就并不符合"纯粹程序的公正"原则，因而并不能直接默认风险与回报之间的合理关系。而且更进一步来说，虽然

---

① ［美］大卫·施韦卡特：《超越资本主义》，宋萌荣译，社会科学文献出版社2006年版，第47页。

② ［美］大卫·施韦卡特：《超越资本主义》，宋萌荣译，社会科学文献出版社2006年版，第50页。

③ ［美］大卫·施韦卡特：《超越资本主义》，宋萌荣译，社会科学文献出版社2006年版，第51页。

就每个单个的资本家而言，其在资本市场上的表现各异，但就整个资本市场而言，其体量是逐渐增长的。而这也就意味着，如果将投资视为一种博弈的话，那么整个投资领域实际上是一个正和博弈领域，即整体上赢钱比输钱多。"如果资本家的投资游戏是正和，那么被排除在外的人们是有损失的。"① 因此，无法进入投资领域的人们实际上正在承受着一定的损失。综合来看，资本家虽然承担了一定的风险，但这些风险为他们带来了庞大的、不对等的收益，因而从风险角度来看也不能论证资本家收益的合理性。

来自自由主义的质疑和批评无法瓦解马克思的理论，而且从相反的角度来看的话，即便是在当今时代的背景下，马克思对资本主义社会本质的揭示依然能够瓦解"历史终结论"的幻想。"历史终结论"标榜资本主义社会是人类社会所能达到的最好形态，而施韦卡特则指出，当代资本主义社会绝非一种最好的社会安排，事实上仍然有七大问题困扰着当代资本主义社会，它们分别是：惊人的贫富差距，持续增长的失业，在职人员劳动的强化，与财富的空前增长相伴随的贫穷的增加，经济的不稳定，民主的退化，自然环境的恶化。② 这些问题的产生都与资本的逻辑有着千丝万缕的联系，资本对自我增殖的无止境的追求必然会导致极大程度的"节约劳动力"，用新技术代替劳动力，并增强工人的劳动强度以谋取更多剩余价值，导致失业与劳动强度的同步增长；资本主义生产方式所固有的资本家对工人的剥削导致工人生产得越多，资本家就占有得越多，从而形成贫富差距的增大与贫困的增加；资本主义生产方式无法突破利润率下降的趋势，因而资本主义经济总是会被不稳定性所困扰；经济力量的集中必然导致富人进一步谋求政治权力，从而阻碍民主的发展；最后，资本的无止境的增殖愿望与资源的有限性必

---

① ［美］大卫·施韦卡特：《超越资本主义》，宋萌荣译，社会科学文献出版社2006年版，第52页。

② 参见［美］大卫·施韦卡特、黄瑾《经济危机视角下的资本主义——对话大卫·施韦卡特》，《国外理论动态》2012年第10期。

然会导向生态问题。因此，历史远未迎来其终结，当代资本主义社会依然面临着一系列极为严重的社会问题，而马克思主义理论依然能够洞穿这些社会问题的本质。

通过对来自自由主义的批判的反省和回应，施韦卡特发现，尽管一系列共产主义运动遭遇了失败，但马克思对资本主义社会的基本判断依然是成立的。不过施韦卡特同时也发现，马克思主义理论中确实缺乏一套具体的行动指南，"要改变世界，我们需要具体的行动，但我们也需要对行动的指导和鼓励，从理论上指明什么是可能的"①。然而马克思主义的问题就恰恰在于，他没有给出一种合理的具体行动理论，"任何研究过马克思的人都知道，正好在这点上这一理论存在空白"②。因此，在这里施韦卡特对马克思主义所存在的问题的判定和柯亨所作出的判定是一致的，二者都认为马克思主义理论中缺乏一种具有现实可操作性的社会变革理论。但是，在对这一问题的根源的判断上，施韦卡特并没有延续柯亨的基本思路。

在前文对柯亨观点的分析中我们可以看到，柯亨作为分析学派马克思主义代表人物，其在对马克思的理论进行分析的时候遵循了一种严格的知性思维方式，即在两极不相容的绝对对立中思考问题，试图给予每一个概念以完全确定无疑的理论内涵。而正是在这一思维方式之中，柯亨认为，一种基于黑格尔的辩证法所形成的"分娩式"概念是绝对不可能与一种工程师式的社会变革思路相容的。因为在前者那里，新社会脱胎于完全发展成熟的旧社会，而在后者那里，新社会是我们基于某一最高原则而建构出来的。在柯亨的视域中，历史唯物主义与具体的可操作性策略是处在两极对立之中的，我们只能在这两种方案中二选其一，只要我们相信新社会诞生于旧社会之中，我们就绝不能对其基本内容进行谋划；而只要我

---

① ［美］大卫·施韦卡特：《超越资本主义》，宋萌荣译，社会科学文献出版社2006年版，第14页。

② ［美］大卫·施韦卡特：《超越资本主义》，宋萌荣译，社会科学文献出版社2006年版，第16页。

们对新社会的具体环节进行了谋划和设计，那么我们就不能说它是诞生于旧社会之中的，而只能认为它是我们依据某些特定原则而建构起来的。

施韦卡特则消解了柯亨所设立的历史唯物主义与对可操作性策略的设计之间的绝对对立。事实上，施韦卡特意识到，马克思既揭示了人类历史发展的一般规律，又揭示了资本主义社会的特殊规律，因而揭示了人类社会由资本主义向共产主义发展的内在必然性。这一总体思路本身是不成问题的，正如在对自由主义观点的回应中所能看到的那样，"通常意义的历史唯物主义仍然是我们所拥有的最可信的历史理论"①。但施韦卡特同时也指出，人类历史固然从总体上表现出从资本主义社会发展到共产主义社会这一总的趋势，但这并不意味着这一过渡过程是与人无关的、完全自发的自然过程。事实上，如果我们将资本主义和共产主义视为人类社会发展的两极的话，那么我们必须注意到，在这两极之间还有很多阶段与环节，例如社会主义就处在资本主义与共产主义之间，而社会主义本身可能也会分为初级阶段和其他各阶段。因此人类社会的发展是要经历很多不同的历史阶段的，不仅仅有作为起点和终点的两极；人类社会要通过一系列连续的社会变革而逐渐发展，而不是直接跳跃到理想性的社会形态中。在资本主义社会和共产主义社会之间，依然可能存在着很多不同的过渡性阶段，因而除了描述这一总的发展过程的历史理论之外，我们同样可以提出针对每个具体的、不同的发展环节的具体理论来。在施韦卡特看来，由于这些制度在发展顺序上是紧随资本主义社会之后的，因而他将这个人类摆脱资本主义社会后马上就要进入的社会的制度称为"后继制度"，而关于如何使人类社会从资本主义进入后继制度社会的理论就是"后继制度理论"。因此，共产主义运动所遭遇的失败实际上仅仅意味着，马

---

① ［美］大卫·施韦卡特：《超越资本主义》，宋萌荣译，社会科学文献出版社2006年版，第15页。

克思主义中尚缺乏一种合适的后继制度理论，而施韦卡特所要从事的工作就是为马克思主义补充这样一种后继制度理论，历史唯物主义"仍然是一个近乎正确的理论，当它被补充进一个相适应的后继制度理论时，就更使它看起来是正确的了"①。

因此，施韦卡特超越了柯亨所坚持的两极对立的思维方式，他所提出的经济民主理论并不是用来代替马克思的共产主义理论，或用来代替马克思的历史唯物主义理论的，他的经济民主理论仅仅是一种对于超越资本主义的具有现实可行性、可操作性方案的探索。施韦卡特指出："后继制度理论应当能使我们正视从资本主义向后继制度模式的转型。它应当列出结构调整的一套过程，这些可能在某些类似的历史条件下会变得具有可行性，使资本主义过渡到（一个可能更大的改革）一个真正的社会主义。"② "后继制度的理论被严格界定为绝非马克思的'共产主义高级阶段'或人类最终命运的理论。它涉及到目前什么是必要的和可能的，它是当前超越资本主义新阶段的理论，这个新阶段源自资本主义内部。"③ 正是在这一意义上，施韦卡特证明了描述人类历史一般规律的历史唯物主义理论与一种具体可操作性方案之间可以是并行不悖的。这样，施韦卡特就超越了柯亨所提出的两难困境。

在历史唯物主义与后继制度理论并行不悖的前提下，为了找到一种适当的后继制度理论，施韦卡特对我们目前在资本主义社会中所最急需处理的问题进行了反思。施韦卡特发现，在资本家占有工人的剩余价值这一过程中，实际上包含着两个环节，其一是剩余价值的生产，其二是剩余价值被资本家占有。如果我们单看剩余价值

---

① ［美］大卫·施韦卡特：《超越资本主义》，宋萌荣译，社会科学文献出版社2006 年版，第 19 页。

② ［美］大卫·施韦卡特：《超越资本主义》，宋萌荣译，社会科学文献出版社2006 年版，第 20 页。

③ ［美］大卫·施韦卡特：《超越资本主义》，宋萌荣译，社会科学文献出版社2006 年版，第 20—21 页。

的生产这一方面的话我们就会发现，其实无论在何种社会形态中，劳动都会生产出比劳动力本身的价值更多的价值，因而劳动本身都会生产剩余。施韦卡特援引马克思在《哥达纲领批判》中的论述表明，即便是在马克思看来，"一个社会主义社会仍将需要生产社会剩余。马克思指出，在共产主义社会每个工人都得到他的全部劳动所得也是不可能的"[①]。而这也就意味着，在资本主义社会中成问题的实际上不是生产剩余，而是生产出来的剩余价值被资本家所占有这一事实，"同马克思批判相关的，不是剩余价值生产的事实，而是与生产者相关的事实，即生产者不能共同地控制对那些剩余的配置"[②]。事实上，这种资本家对剩余的占有是通过资本权力而实现的，因此，施韦卡特实际上自觉地将批判的矛头对准了资本权力。要想探索一种超越资本主义的后继制度，我们所必然要解决的问题就不是取消剩余价值，而是要优先考虑如何使资本家不能再无偿地占有剩余价值，也就是如何控制、扭转资本权力，使资本家不能再运用资本权力支配工人及其劳动产品。

为了实现这一理论目标，施韦卡特发现，实际上我们可以将资本主义社会中的市场拆解为商品市场、劳动市场与资本市场这三个部分。首先是商品市场，这一商品市场所特指的是不包含劳动力的买和卖的市场，因而在这里资本权力只能发挥其购买力的作用。然而当我们交易劳动力这种特殊商品的时候，"事情已经变化了。我们现在谈的不再是关于标准的商品市场（物品和服务的市场），而是一个不同类的市场——一个劳动市场"[③]。而更进一步来说，在劳动市场之上，还存在着"一个控制剩余价值配置的市场，也就是一

---

①　[美] 大卫·施韦卡特：《超越资本主义》，宋萌荣译，社会科学文献出版社2006年版，"中文版序言"第4页。

②　[美] 大卫·施韦卡特：《超越资本主义》，宋萌荣译，社会科学文献出版社2006年版，"中文版序言"第4—5页。

③　[美] 大卫·施韦卡特：《超越资本主义》，宋萌荣译，社会科学文献出版社2006年版，"中文版序言"第5页。

个资本市场"①。在劳动市场和资本市场中，资本权力具有了其完全形式，它不再仅仅是购买力，而是也具有了劳动支配力。因此，在施韦卡特看来，正是劳动市场和资本市场为资本权力提供了充足的运行空间，也正是通过劳动市场和资本市场，资本家才实现了对工人所生产的剩余产品的无偿占有。因此，为了限制乃至消除资本权力对剩余的占有，施韦卡特的经济民主所采取的具体手段实际上就是要限制、取消劳动市场和资本市场，同时保留商品市场。

以此为基础，施韦卡特对劳动市场和资本市场进行了相应的改造。就劳动市场来说，他试图将资本家对工厂、企业的管理扭转为工人自己对工厂、企业进行管理；就资本市场来说，他试图将资本家对资本投资活动的私人控制扭转为社会全体对资本活动的社会化控制；就商品市场来说，这一市场并不完全服务于资本家对剩余的占有，因而在这一范围内可以继续发挥市场的作用。因此，工人的自我管理，投资的社会控制和发挥市场的作用就构成了经济民主理论的主要内容。② 第一，在资本家所管理的工厂及企业中，资本家管理工人的生产活动，这构成了资本权力的劳动支配力方面。但如果资本家不再充当工厂及企业的管理者，工人自己成为工厂及企业的管理者，那么尽管从总体上看，工厂、企业依然对工人的劳动拥有支配权，但由于工厂、企业是由工人自己管理的，因而实际上工人只是在运用工厂、企业来管理自己的活动，这与工人直接管理自己的活动是没有差别的，在这种情况下，资本家就不再拥有对工人的劳动及其产品的支配权了。第二，很多学者对马克思主义的批判都集中于一个按马克思主义的要求建立起来的社会必然会实行计划经济，而计划经济并没有市场高效。但施韦卡特的经济民主实际上仅仅意味着在企业内部实行民主制，它仅仅希望取消劳动市场和资

① ［美］大卫·施韦卡特：《超越资本主义》，宋萌荣译，社会科学文献出版社2006 年版，"中文版序言" 第 6 页。

② 参见［美］大卫·施韦卡特《超越资本主义》，宋萌荣译，社会科学文献出版社 2006 年版，第 68—69 页。

本市场，但不取消商品市场，因而在这里，人们依然可以在商品市场中进行交往，这种经济模式依然是高效的。第三，资本家在投资活动中能够赚取巨大的资本增殖，因而在这一过程中，资本家所拥有的权力也越来越大。但在实行投资的社会控制之后，任何投资获利都将直接由人们所共享，而不是集聚到资本家手中，并壮大资本家所拥有的资本权力。因此，在施韦卡特看来，以工人的自我管理、发挥市场的作用、投资的社会控制为核心特征的经济民主构成了最为合理的后继制度理论。只要我们能够变革现有的经济活动组织方式，在经济领域中、在现代企业和工厂中实现民主制，那么资本主义社会的很多弊端就能够得到合理的解决。

四　两条道路的有机结合

通过对比哈特和奈格里的诸众革命理论与施韦卡特的经济民主理论的话我们就会发现，就变革后的社会状况而言，二者所期望的超越资本权力后的社会图景有着较大的相似性。就诸众革命而言，诸众通过自组织式革命从资本家手中夺回被剥夺的共同性之后，诸众将不再通过资本家，而是直接互相联系起来，共同分享共同性，生产共同性。而就经济民主而言，当工作场所内工人的自我管理以及投资的社会化控制得以实现之后，资本家同样也被排除出了生产过程，工人得以以自我管理的方式从事生产活动，并充分而合理地占有其劳动成果。但就具体的实现方式而言，二者之间则存在着较大的差异，诸众革命立足于诸众所内在具有的革命性力量，期望通过诸众的自我组织来退出资本主义生产过程，从而实现社会变革；经济民主则立足于社会制度法律体系，尤其是要先立足于工厂、企业的组织和管理制度，希望能够通过制度变革来实现社会变革。实际上，这指向了两种不同的社会变革思路，而通过前文对斯宾诺莎的分析我们可以看到，在斯宾诺莎的理论中同样也包含着对这两条思路的探讨。

在前文中我们已经探讨过，斯宾诺莎想要解决的是霍布斯所遗留下的利维坦拥有过大权力这一问题，其解决方案是民主制，即每个人都充分运用自己的理性，参与到最高权力的集体生产过程中来，这样最高权力的运行就不会危害任何人的利益，而是保障每个人的利益。在这一论证过程中，斯宾诺莎实现了一个重要的概念转换，那就是重新理解权力与自由之间的关系。在霍布斯那里，权力与自由是严格相对立的，只要有权力关系就没有自由，因而对于在利维坦中的人们来说，只有当他们处于利维坦的权力所触及不到的领域中时，他们才是自由的。而斯宾诺莎则对权力的后果——服从，进行了分析。斯宾诺莎区分了两种服从模式，其一是奴隶对主人的服从，其二则是儿子对父亲的服从。主人的命令是出于主人自身的利益考量的，主人不会考虑奴隶本身的利益，因而奴隶服从于主人实际上就是在服务于主人的利益，而不是服务于自身的利益，所以在这里奴隶是不自由的。而父亲虽然会命令儿子去做一些事情，但是父亲的命令实际上是出于对儿子利益的考量的，因而当儿子服从父亲的命令而行动的时候，他实际上并不是服务于父亲的利益，而是服务于自己的利益。对于一个自由的人来说，他的全部行为都是出于对自己的利益的考量的，所以在父亲和儿子的关系这里，虽然儿子服从了父亲的命令，但他的行为与自由人无异，他们都是在自由地为自己的利益而行动，因而斯宾诺莎认为，儿子的服从并不会使儿子成为奴隶，这无碍于他的自由。因此，斯宾诺莎实际上开启了一种后果论的自由评价方式，他不再以是否存在权力、是否存在服从来判断是否自由，而是以作为结果的行为来判断是否自由，即便在主观意志上存在服从，但只要在后果上是符合自己利益的，那么一个人就是自由的。

这一后果论的评价方式事实上能够解决斯宾诺莎在探讨民主制时所面临的一个关键问题。在前文中我们已经提到，斯宾诺莎所要求的社会主体应该是既具有差异性，又能够充分运用其理性的，但问题在于现实中的人们并不能充分地运用自己的理性，那么在这种情况下，应该如何保持社会的稳定运行、如何建构社会的基本制度呢？在这里我们可以发现，说现实中的人不是完全理性的，实际上这是从作为前提的"人"的概念出发所得到的结论，但如果从后果论的视角来评价这一问题的话，那么人是否完全理性的就不应该从人的理性能力角度出发来进行评价，而是从人的行为及其结果的角度来进行评价。也就是说将存在着如下情况：当一个不能充分运用其理性的人，由于外界的强制而被迫按照理性的要求来行动的时候，从结果来看他的行为实际上是完全合乎理性的要求的。因此，如果一个社会首先拥有了合乎理性的制度法律体系，在其中的每个人都严格遵守这一体系，那么无论这些人主观上能否充分运用自己的理性，从结果上来看这个社会都是合乎理性的运作的，在其中的每一个人都是自由的。与此同时，由于每个人都必须遵守的制度法律体系都是依据理性而制定的，因而尚无法充分运用自己的理性能力的人在严格遵循这一制度法律体系的过程中，他实际上也就是在感受理性的力量，并锻炼自己的理性能力，这样他就有可能逐渐掌握运用理性的能力。正是在这一意义上，有国内学者指出，斯宾诺莎的民主制实际上是具有分层结构的，它在最高层次上不会阻碍合格的公民充分发挥自己的理性能力以涉入对统治权的集体生产过程；而在一个较低层次上，即当其所面对的公民尚不能充分运用自己的理性能力的时候，民主制首先要保证自己本身是合乎理性的建立并运转的，尚不合格的人们服从其法律，从而使自己的行为符合理性的原则。在这一服从过程中，人们的理性能力得到了训练，并最终逐步掌握充分运用其理性的能力。①

　　因此，面对普罗大众尚无法充分运用自己的理性能力这一社会现实时，斯宾诺莎并未将社会变革寄希望于人们的自组织式革命，而是首先探讨民主制应有的制度设计，并希望以之逐步实现社会的转变。当我们回到诸众革命理论与经济民主理论的对比时我们就会

---

　　①　参见冯波《斯宾诺莎对民主的三个界说——对斯宾诺莎政治哲学内在张力或矛盾的解决》，《中山大学研究生学刊》（社会科学版）2014 年第 4 期。

发现，实际上这两种理论是处于互补关系中的。一方面，诸众夺回共同性的斗争可以通过制度法律体系建设的方式来加以保障，在诸众尚不能自我组织起来的时候，通过制度改革引导社会变革同样是一条可取的思路。事实上，在《共产党宣言》中马克思就曾指出："工人革命的第一步就是使无产阶级上升为统治阶级，争得民主。"① 为了实现这一点，

> 无产阶级将利用自己的政治统治，一步一步地夺取资产阶级的全部资本，把一切生产工具集中在国家即组织成为统治阶级的无产阶级手里，并且尽可能快地增加生产力的总量。
>
> 要做到这一点，当然首先必须对所有权和资产阶级生产关系实行强制性的干涉，也就是采取这样一些措施，这些措施在经济上似乎是不够充分的和无法持续的，但是在运动进程中它们会越出本身，而且作为变革全部生产方式的手段是必不可少的。②

在这段论述之后，马克思进一步提出了十点具体措施，而这实际也就意味着通过制度变革来推动人类社会形态的变革。在这里，这种制度可能是不完善的，是"不够充分的和无法持续的"，但我们每个人都对人类社会形态变革的全过程有着清醒的自觉，这种制度只是作为过渡性措施而存在的，它能辅助我们摧毁旧世界并建立新世界，它是作为共产主义实现过程中的环节而出现的，而一旦社会历史进展到了更高的环节，这一环节就要被更高的原则代替。在诸众革命的语境下，这也就意味着，诸众革命的初步进展可以在制度的辅助下完成，而通过制度的规范和训练，诸众将逐渐掌握充分发挥自身力量的能力，进而继续追寻人的真正的自由解放。

---

① 《马克思恩格斯文集》第 2 卷，人民出版社 2009 年版，第 52 页。
② 《马克思恩格斯文集》第 2 卷，人民出版社 2009 年版，第 52 页。

但另外，我们也必须注意到，虽然制度法律体系在社会变革过程中能够发挥一定的作用，但我们绝不能脱离对主体本身的考察而空谈制度，尤其是不能在对主体的片面化、抽象化理解的基础上探讨应然性的制度规划。事实上通过回溯哲学史我们就会发现，无论是在近代政治哲学中，还是在现当代政治哲学中，很多学者对一种应然性政治制度的探寻都是建立在抽象的人性论的基础之上的。就斯宾诺莎本人的理论建构而言，斯宾诺莎基于其唯理论立场，认为理性就能够代表人的本质性力量，合乎理性就是合乎人自身的，因而完全依据理性所制定的制度法律体系就是最好的。但在绝对理性的权威已被驳倒的今天，我们不能完全依赖所谓纯粹理性的思辨来探寻制度法律体系的应有原则。

在斯宾诺莎之后，当代共和主义在一定程度上延续了斯宾诺莎在探讨服从和自由的关系时的基本思路。佩迪特指出："尽管制定良好的法律——这种法律对人们的一般利益和思想作出了系统的回应——代表了一种干涉，但是它并没有危及人们的自由；它就是一个非控制的干涉者。"[①] 当法律是被合理制定出来的良好法律时，服从于这种法律并不会使人受到实质性损害，也并不会危及人们的自由。佩迪特进一步认为："国家——包括致力于共和主义目标与政策的国家——的各个机构对人们的生活进行了系统的干涉：它们通过推行共同的法律强制了整体的人民，它们在执行法律、实施法律制裁的过程中强制了平民个人。因此，如果国家通过这些方式实施的干涉变成了专断的，那么它本身就将成为不自由的一个源泉。于是，我们应当关注的问题马上就昭然若揭，那就是：如何组织国家才能保证国家的干涉减少或者避免专断性？"[②] 正是沿着这一思路出发，当代共和主义形成了一套独特的理论思路，而在这里我们可以

---

① ［澳］佩迪特：《共和主义：一种关于自由与政府的理论》，刘训练译，江苏人民出版社 2006 年版，第 46 页。

② ［澳］佩迪特：《共和主义：一种关于自由与政府的理论》，刘训练译，江苏人民出版社 2006 年版，第 224 页。

看到，当代共和主义最终又转向了对现代西方社会所共同认可的一系列所谓"普世价值"的保障。

与此同时，罗尔斯也曾给出一个类似的解决方案。虽然有些学者将罗尔斯的两个正义原则视为对福利资本主义的辩护，但罗尔斯本人则明确反对这种观点。在《作为公平的正义》中罗尔斯表示："财产所有的民主实现了由两个正义原则所表达的全部主要政治价值，而资本主义福利国家则做不到这点。我们认为这种民主是取代资本主义的一种选择。"① 在罗尔斯自己看来，他所支持的制度实际上是财产所有的民主制。"在财产所有的民主制度中，目标在于将社会作为自由平等公民之间的公平合作体系之理念体现于基本制度中。为了达到这一目标，这些制度必须从一开始就将足够的生产资料普遍地放在公民手中，而非少数人的手中，以使他们能够在平等的基础上成为完全的社会合作成员。"② 这种对财富和资本所有权的分散实际上与经济民主理论有较大的相似之处。但需要注意的是，罗尔斯事实上依然没有突破现代西方社会用以理解人性和权利的基本框架，他也将人在现代社会中所形成的认识当作了人的普遍性、永恒性前提，他在论证方式上实际上延续了近代以来的自然论证方式。通过无知之幕，罗尔斯在原初状态中抽掉了人们关于自身情况的特殊知识，而保留了人们关于人类社会的一般性知识。"以下情况被看作是理所当然的：他们知道有关人类社会的一般事实，他们理解政治事务和经济理论原则，知道社会组织的基础和人的心理学法则。"③ 而事实上，这些被看作理所当然的、关于人类社会的一般性知识，只有在共同生活于某一特定社会形态中的人们看来才

---

① ［美］约翰·罗尔斯：《作为公平的正义》，姚大志译，中国社会科学出版社2011年版，第164页。

② ［美］约翰·罗尔斯：《作为公平的正义》，姚大志译，中国社会科学出版社2011年版，第169—170页。

③ ［美］约翰·罗尔斯：《正义论》，何怀宏、何包钢、廖申白译，中国社会科学出版社2009年版，第106页。

能被理解为是理所当然的。

综上所述，在考察制度法律体系所具有的积极性作用的时候，我们必须时刻警惕，绝不能使对制度法律体系的考察重新回落到抽象的人性论，自由主义对人的普遍性、永恒性理解等错误的思想地基之上。事实上，我们必须始终以现实中的人为关注对象，以人的现实历史为理论依托。只有这样，对制度的考量才会不再是一种从抽象人性论基础出发的，对纯粹政治制度的应然性规划，而是进而深入现实的生产方式之中去，考量生产活动的组织方式。事实上，只有这种对生产关系的考量才能真正与人的内在性力量结合起来，进而形成超越资本权力的可行性、可操作性方案。

第三节　如何超越资本权力

通过对超越资本权力的两个方面的分析我们可以发现，超越资本权力不仅需要我们从根本处着眼，探究如何根本性地超越资本主义生产方式，同时也需要我们在当今时代的背景下寻找一系列具有可行性、可操作性的具体方案，从而在资本权力尚未被彻底扬弃的情况下能先在一定程度上限制、控制资本权力对人类社会的影响。而通过对现代学者所进行的超越资本权力的理论尝试的分析我们可以发现，在最为切近的意义上，我们可以以生产组织方式的变革为工具来实现控制资本权力运行的目的。与此同时，超越资本权力的根本性方面与可行性方面也不是相互割裂的，在生产组织方式变革的过程中，实际上也能够同时增强革命主体发挥其内在性力量的能力，进而将资本主义社会进一步推向瓦解的边缘。从这一意义上来说，超越资本权力的可行性方面的逐步开展将有可能逐步过渡到对资本权力的根本性超越。

事实上，在马克思本人的思想中就已经包含了上述理解，马克思不仅通过重新建立个人所有制、自由人的联合体等概念对于超越资本主义社会的根本性方面进行了探讨，同时也对资本主义社会内部所出现的具有超越资本主义的可能性的新萌芽进行了探讨，这突出地体现在其在《资本论》第三卷中对信用制度、股份制公司到工人自己的合作工厂的探讨之中。实际上，这就形成了一条超越资本权力的理论序列，在这里我们可以通过制度法律体系变革、重建个人所有制、实现自由人的联合体这三个环节来把握如何超越资本权力问题。

一　生产组织方式变革的可能性

我们都知道，对于资本主义社会的瓦解和灭亡，马克思的基本判断是，扬弃资本主义生产方式的新生产方式将会是在资本主义社会内部所逐渐孕育出来的，这一萌芽先在资本主义社会内部走向成熟，并进而有可能突破资本主义的框架，构成新的生产方式的基础。事实上，马克思在《资本论》第三卷中对信用制度、股份制公司以及工人自己的合作工厂的分析中就已经意识到，这些要素可能就是资本主义社会逐渐走向瓦解和自我扬弃的萌芽。

首先，马克思认为，股份制企业的产生意味着"作为私人财产的资本在资本主义生产方式本身范围内的扬弃"①。因为在最为纯粹的意义上，资本主义生产方式的核心是资本主义私有制，由私人资本所控制的私人企业也应该成为资本主义社会中的主要生产组织方式。但股份制公司则通过吸纳社会投资，一方面将"生产规模惊人地扩大了，个别资本不可能建立的企业出现了。同时，以前曾经是政府企业的那些企业，变成了社会的企业"②。另一方面，"那种本身建立在社会生产方式的基础上并以生产资料和劳动力的社会集中为前提的资本，在这里直接取得了社会资本（即那些直接联合起来的个人的资本）的形式，而与私人资本相对立，并且它的企业也表

---

①　《马克思恩格斯文集》第 7 卷，人民出版社 2009 年版，第 495 页。
②　《马克思恩格斯文集》第 7 卷，人民出版社 2009 年版，第 494 页。

现为社会企业，而与私人企业相对立"①。因此，股份制公司实际上将私人资本所有的私人企业转化为了其对立面，即社会资本所有的社会企业。资本主义生产方式以及资本权力得以发挥作用的一个重要因素就在于资本家剥夺了生产者的生产资料，并将之转换为资本家的私人资本，生产者只能依赖于这些私人资本才能从事生产活动，并在这一过程中受到剥削、奴役和压迫。但现在股份制公司使得这些私人资本重新成为结合起来的社会资本，而这就使得联合起来的生产者们在"否定之否定"的意义上重新占有这些社会资本成为可能。因而在这一意义上，股份制公司"是资本再转化为生产者的财产所必需的过渡点"②。

　　与这一特征相伴随的是，资本家对私人企业所拥有的所有权和经营权也发生了分离，"实际执行职能的资本家转化为单纯的经理，别人的资本的管理人，而资本所有者则转化为单纯的所有者，单纯的货币资本家"③。这样，在股份制企业中，劳动与资本所有权就发生了彻底的分离，而这同时也就意味着，纯粹的资本家完全退出了生产领域，包括经理和普通工人在内的全部劳动者就可以直接掌握社会化生产的全部过程。事实上，这也就是哈特和奈格里借用非物质劳动和生命政治生产概念所想要论证的结果，即在现代社会中，资本家越来越脱离具体的生产过程，因而工人具有进行自组织生产的能力，而资本家对工人的剥削越来越外在于生产过程。马克思通过对股份制公司的分析实际上就已经预测到了他们所强调的这一新特征。因此，股份制公司的形成使得社会化生产得以脱离资本家而独立进行，"这是再生产过程中所有那些直到今天还和资本所有权结合在一起的职能转化为联合起来的生产者的单纯职能，转化为社会职能的过渡点"④。正是基于以上这两层含义，马克思认为："这

---

① 《马克思恩格斯文集》第 7 卷，人民出版社 2009 年版，第 494—495 页。
② 《马克思恩格斯文集》第 7 卷，人民出版社 2009 年版，第 495 页。
③ 《马克思恩格斯文集》第 7 卷，人民出版社 2009 年版，第 495 页。
④ 《马克思恩格斯文集》第 7 卷，人民出版社 2009 年版，第 495 页。

是资本主义生产方式在资本主义生产方式本身范围内的扬弃，因而是一个自行扬弃的矛盾，这个矛盾明显地表现为通向一种新的生产形式的单纯过渡点。"①

虽然股份制公司的形成构成了资本主义生产方式向新生产方式过渡的过渡点，但需要注意的是，股份制公司依然只是在资本主义生产方式内部的自我扬弃。换言之，股份制公司尚无法超越资本主义生产方式本身这一基本框架。虽然在股份制公司中，私人资本已经在一定意义上获得了社会资本的性质，私人企业已经在一定意义上获得了社会企业的性质。然而，从根本上来说，资本家尽管并不再继续参与到具体的生产过程中来，但由于其对资本的占有权，他依然可以继续占有企业的利润。正如马克思所指："这种转化并没有克服财富作为社会财富的性质和作为私人财富的性质之间的对立，而只是在新的形态上发展了这种对立。"② 从资本权力的角度来看的话我们也会发现，尽管在这里资本家由于脱离具体的生产过程而似乎不再直接具有对工人的支配力，但事实上由于整个企业最终依然是为资本家的资本增殖而服务的，因而生产者实际上依然处在资本权力的控制之下，而且在一定程度上经理所具有的管理权也代行了资本家自己的劳动支配力。

工人自己的合作工厂则在一定程度上冲破了资本主义生产方式的框架，构成了新的生产方式的真正萌芽。在马克思看来："工人自己的合作工厂，是在旧形式内对旧形式打开的第一个缺口，虽然它在自己的实际组织中，当然到处都再生产出并且必然会再生产出现存制度的一切缺点。但是，资本和劳动之间的对立在这种工厂内已经被扬弃，虽然起初只是在下述形式上被扬弃，即工人作为联合体是他们自己的资本家，也就是说，他们利用生产资料来使他们自

---

① 《马克思恩格斯文集》第 7 卷，人民出版社 2009 年版，第 497 页。
② 《马克思恩格斯文集》第 7 卷，人民出版社 2009 年版，第 499 页。

己的劳动增殖。"① 这里的根本性区别在于，企业的根基不再是以资本家的私人资本所聚合而成的依然受资本家控制的社会资本，而是"工人作为联合体是他们自己的资本家，也就是说，他们利用生产资料来使他们自己的劳动增殖"②。这也就意味着，生产者重新共同占有了生产资料，企业的生产目的不再是促成资本家的资本增殖，而是服务于生产者的共同生产资料及消费资料的增殖，劳动的异化形式得到了扬弃。从资本权力的角度来看的话我们就会发现，即便在这种企业中依然存在形式上的资本权力运作，但由于企业归生产者所有，因而这些权力的运行就不是资本家通过各种方式控制、奴役生产者来为资本家的资本增殖而劳动，而是联合起来的生产者自己，运用资本权力这种工具来服务于自己的企业的不断增殖，实际上也就是服务于生产者自己的生活水平提高。在这一意义上，资本权力的运行就不再导致奴役、压迫，而是将使得生产者们的个人自由全面发展成为可能。

由此可见，工人自己的合作工厂实际上构成了一种扭转、瓦解、战胜资本权力的可能性方案。结合前文我们对施韦卡特的经济民主理论的分析我们就会发现，实际上施韦卡特的经济民主理论的核心内容，就是对马克思的工人自己的合作工厂思想的继承与进一步发展，二者都是希望使工人集体拥有对工厂的所有权，在工作场所内实行工人的自我管理以战胜资本家通过资本权力对工人的奴役和压迫。而且施韦卡特不仅指明了这种工人自我管理的合作工厂能够解决资本权力问题，他还进一步将其视为一种马克思主义的"后继制度理论"。而这也就启示我们，虽然从整个历史发展的角度来看的话，股份制公司是随着资本主义发展的进程而逐渐形成的，而工人自己的合作工厂也是在股份制公司的发展进程中逐步出现的，马克思本人也认为："这种工厂表明，在物质生产力和与之相适应

① 《马克思恩格斯文集》第 7 卷，人民出版社 2009 年版，第 499 页。
② 《马克思恩格斯文集》第 7 卷，人民出版社 2009 年版，第 499 页。

的社会生产形式的一定的发展阶段上，一种新的生产方式怎样会自然而然地从一种生产方式中发展并形成起来。"① 但这并不意味着我们不能将工人自己的合作工厂这种新的生产组织方式落实为一种新的社会变革策略。正如在上一节中所探讨的那样，我们可以通过对生产组织方式变革的探讨来将超越资本权力的可行性方案落实下来，从而将工人自己的合作工厂在现实中落实下来。因此，探讨工人自己的合作工厂等生产组织方式逐步落实的现实可行性，并进而以之限制、瓦解、战胜资本权力，可以构成在超越资本权力的过程中可采取的初步方案。

二　重新建立个人所有制

正如本章第一节中所述，资本权力的两种核心表现形式——购买力和劳动支配力——是建基于资本主义私有制和雇佣劳动关系的基础之上的。虽然生产组织方式的变革在一定程度上仅仅构成一种超越资本权力的初步尝试，但随着历史进程的逐步发展，超越资本权力的理论尝试将不再仅仅局限于工人自己的合作工厂这类较初步的尝试，而是会进入对资本主义社会进行根本性变革的维度中来，事实上这就要涉及超越资本主义私有制这一关键议题了。

超越私有制——尤其是超越资本主义私有制——是贯穿于马克思全部理论中的一个重要主题。在《1844 年经济学哲学手稿》中，马克思就发现，现代资本主义社会中劳动及人本身都处于异化的状态中，要想真正实现人的自由解放，就必须扬弃异化状态，实现人向人本性的复归，实际上也就是要扬弃私有财产。所以对私有财产的积极扬弃是实现共产主义的基本要求之一。到了《共产党宣言》中，马克思进一步深化了对扬弃私有财产的理解。马克思指出："至今一切社会的历史都是阶级斗争的历史。"② 在资本主义社会

---

① 《马克思恩格斯文集》第 7 卷，人民出版社 2009 年版，第 499 页。
② 《马克思恩格斯文集》第 2 卷，人民出版社 2009 年版，第 31 页。

中，资产阶级消灭了之前的生产关系以及与之相适应的统治阶级形式，但资产阶级社会并没有彻底消灭阶级对立，而是以新的、资本主义的形式延续了阶级对立。这也就意味着，一方面，资本主义社会条件下的阶级对立简单化了，体现为资产阶级与无产阶级的对立；另一方面，资产阶级所确立起来的生产关系，尤其是资本主义私有制，构成了资本主义社会中奴役和压迫的根源。所以，无产阶级要想实现自由解放，就必须推翻资产阶级的统治，消灭资产阶级的所有制关系。因此，马克思指出："共产主义的特征并不是要废除一般的所有制，而是要废除资产阶级的所有制。""从这个意义上说，共产党人可以把自己的理论概括为一句话：消灭私有制。"① 这样，消灭私有制，尤其是超越资本主义私有制，就成为实现人类社会形态变革、实现共产主义、实现人的自由解放的根本性要求。

如果从否定性的角度而言，根本性超越资本主义需要超越资本主义私有制的话，那么从肯定性的角度来说的话，这也就意味着要构建一种新的非私有制的所有制形式。在《资本论》中，马克思指出在人类社会进入新的社会形态后，个人所有制这种所有制形式将得到合理重建。马克思指出："从资本主义生产方式产生的资本主义占有方式，从而资本主义的私有制，是对个人的、以自己劳动为基础的私有制的第一个否定。但资本主义生产由于自然过程的必然性，造成了对自身的否定。这是否定的否定。这种否定不是重新建立私有制，而是在资本主义时代的成就的基础上，也就是说，在协作和对土地及靠劳动本身生产的生产资料的共同占有的基础上，重新建立个人所有制。"② 资本主义私有制并不是天然存在的人类社会所有制的一般形式，在人类最原始的生产活动及劳动分工的基础上，首先形成的是原始形式的私有制。资本主义私有制是作为原始私有制的否定而出现的，在原始私有制条件下，劳动者直接拥有生

---

① 《马克思恩格斯文集》第 2 卷，人民出版社 2009 年版，第 45 页。
② 《马克思恩格斯文集》第 5 卷，人民出版社 2009 年版，第 874 页。

产资料，但资本家从单个的劳动者手中剥夺了其对生产资料的直接所有，资本家成为生产资料的所有者，而普通劳动者则丧失了全部生产资料，这就形成了资本主义私有制，并使得资本主义生产方式成为可能。因此，资本主义私有制否定了原始私有制。那么从否定之否定的逻辑演进的角度来看的话，在新社会形态下就必然应该使生产者重新恢复对生产资料的占有，而这种占有也应该既不同于原始私有制条件下每个人对个别的生产资料的单独占有，也不同于资本主义私有制下的劳动与生产资料相分离式的占有，而是联合起来的生产者们对生产资料的共同占有，所以在这一意义上所建构起来的必然是一种"在协作和对土地及靠劳动本身生产的生产资料的共同占有的基础上"的个人所有制。从这一角度来说的话，超越资本主义私有制、重建个人所有制就构成了组成超越资本主义社会的根本性方案的重要内容。

而如果从资本权力的角度来看的话，情况也是如此。只有在私有制的前提下，人们才需要使用货币进行广泛的商品交换，而货币作为一般等价物也才获得了购买力这种特殊的能力。只有以购买力为前提，资本家才能获得对工人的劳动支配力，资本权力才得以形成并正常运转。但随着个人所有制的彻底重建，一方面生产资料不会再被大资本家所垄断，而是会为生产者所共同所有，这也就意味着建立在劳动与生产资料相分离的基础上的雇佣劳动关系将迎来彻底终结。另一方面，生产资料及消费资料在人们中间所进行的分配和交换并不必须要通过商品交换的方式来进行，这也就意味着以作为一般等价物的货币为基础的购买力也将不再存在。所以，重建个人所有制将彻底消灭资本权力得以存在的全部根基，在这一意义上，重建个人所有制构成了超越资本权力的根本性方案。

在这里需要加以注意的是，虽然重建个人所有制构成了超越资本权力的根本性方案，它意味着对资本权力的根本性超越，但这并不意味着它与超越资本权力的可行性、可操作性方案之间是完全割裂的。事实上，在工人自己的合作工厂这一概念中我们就能够看到，工人自己的合作工厂已经在一定程度上实现了使生产者重新占有生产资料这一目标。如果这种合作工厂能够在整个人类社会中占统治地位的话，我们是不能否认存在着由这种经济状况变化逐渐推动所有制关系变革的可能性的。与此同时，在社会变革过程中我们可以以制度法律体系的建构与变革作为手段，而所有制作为最为重要的社会经济制度之一，实际上也是可以被纳入制度法律体系变革的序列中来的。当然，在建基于资本主义私有制基础之上的西方国家里，这种直接动摇私有制根基的社会改革运动是几乎不可能真正得到落实的，但在这里，中国特色社会主义所具有的巨大优越性就体现出来了，作为建基于马克思主义理论基础之上的社会主义国家，中国就有可能在探索人类文明新形态的过程中展开西方资本主义国家所无法展开的新的理论和实践尝试，实际上这也就意味着中国有可能基于自己的改革和实践经验探索出一条优于西方的社会发展和改革道路。同时，这也将有助于有效地将超越资本权力的可行性方案与根本性方案有机地衔接起来，从而推进对资本权力的彻底超越。

三　实现自由人的联合体

根据马克思对人类社会历史发展进程的揭示，生产力的发展将推动生产关系的变革，经济基础的发展决定了社会上层建筑的变化。因而随着生产力的逐步发展，不仅所有制形式将会发生相应的变化，人类社会的基本组织形式也会发生相应的变化。在这一意义上，共同体的基本组织形式与所有制形式是相互适应的。而在本文第二章对资本权力的历史性生成过程的讨论中我们已经看到，现代资本主义国家事实上是虚幻的共同体，它在与资本权力的共谋关系中共同服务于对人们的剥削、奴役和压迫。因此，要想根本性超越资本权力，我们就不仅要在所有制层面上超越资本主义私有制、重建个人所有制，而且要在社会共同体的层面上超越虚幻的共同体，实现自由人的联合体，从而实现人的自由解放。

在资本主义社会这一虚幻的共同体中，每个人在形式上处在互相独立的状态中，但在资本家们事实性地占有全部生产资料的情况下，工人只能依赖于资本家才能勉强谋生。在这种状况下，资产阶级自然就会将自己的特殊利益上升为整个社会的普遍利益，工人的劳动实际上也是在服务于资产阶级的特殊利益。一方面是人与人之间的独立关系的虚幻性，另一方面是社会普遍利益的虚幻性，这二者共同构成了虚幻的共同体的虚幻性的真实来源。

因此，只有超越虚幻的共同体，超越"以物的依附性为基础的人的独立性"，超越虚假的共同利益对整个人类社会的控制，我们才能真正实现人的自由解放。马克思认为，超越虚幻的共同体的社会组织形式是自由人的联合体。首先，自由人的联合体绝不意味着彻底退出、取消共同体。正如近代政治哲学家们所探讨的那样，为了解决在自然状态中所遭遇的种种问题，人们通过契约的方式建立国家，从而脱离自然状态，进入社会状态。虽然在社会状态中，国家和政府在某些时候依然会为人们带来不便，但这绝不意味着人们应该通过取消国家和政府的方式来解决这些问题，因为直接取消国家和政府只会使人们重新退回到更为糟糕的自然状态中去。所以，在这里较为合理的解决思路只能是通过探讨一种合适的国家和政府的组织方式的基本原则，以在社会状态内部解决问题。在虚幻的共同体这里情况也是如此，劳动分工的逐步发展为虚幻的共同体的形成提供了现实基础，劳动分工的逐步发展使得物的力量对人的控制、资产阶级对无产阶级的奴役成为可能，但这并不意味着我们应该退到劳动分工尚不发展的原始社会中去。"个人力量（关系）由于分工而转化为物的力量这一现象，不能靠人们从头脑里抛开关于这一现象的一般观念的办法来消灭，而只能靠个人重新驾驭这些物的力量，靠消灭分工的办法来消灭。没有共同体，这是不可能实现的。只有在共同体中，个人才能获得全面发展其才能的手段，也就是说，只有在共同体中才可能有个人自由。"① 因此，只有在真正的共同体中，人才可能全面地实现自由，而自由人的联合体就是真正的共同体的组织方式和组织原则。

首先，自由人的联合体意味着对自然形成的劳动分工的彻底扬弃。当劳动分工是在自然条件下形成时，它的发展将促使人与人之间形成分化，促使阶级逐渐形成，并一步步促使资本主义生产方式逐渐形成，资本家对工人的支配性关系逐渐形成，因而在这种条件下，人类社会实际上只是资本家的联合体。自由人的联合体则意味着，资本家的联合被打破，群体与群体之间的孤立和对立得到打破，而这就意味着，造成人与人之间的分化的劳动分工形式必须得到彻底扬弃。马克思指出："只要分工还不是出于自愿，而是自然形成的，那么人本身的活动对人来说就成为一种异己的、同他对立的力量，这种力量压迫着人，而不是人驾驭着这种力量。""而在共产主义社会里，任何人都没有特殊的活动范围，而是都可以在任何部门内发展，社会调节着整个生产，因而使我有可能随自己的兴趣今天干这事，明天干那事，上午打猎，下午捕鱼，傍晚从事畜牧，晚饭后从事批判，这样就不会使我老是一个猎人、渔夫、牧人或批判者。"② 以此为基础，任何人的生产活动都不再需要依附于他人所有的生产资料，因而也就不必服从于他人的支配和调度，人与人之间普遍而平等的交往得以可能。在这一意义上，人类社会将彻底超越人与人之间的各种依赖关系，人类社会将彻底超越"以物的依赖性为基础的人的独立性"这一社会阶段，从而全面进入"每个人的自由发展是一切人的自由发展的条件"这一新的社会阶段中来。

其次，正如资本主义社会与资本主义私有制是相适应的一样，自由人的联合体将是个人所有制的彻底实现。在自由人的联合体中，由于自然形成的劳动分工之间的界限得以打破，阶级之间的壁

---

① 《马克思恩格斯文集》第 1 卷，人民出版社 2009 年版，第 570—571 页。
② 《马克思恩格斯文集》第 1 卷，人民出版社 2009 年版，第 537 页。

垒得以打破，某一特殊阶级对生产资料的全面占有也得到扬弃，因而在这一社会中，"他们用公共的生产资料进行劳动，并且自觉地把他们许多个人劳动力当作一个社会劳动力来使用"①。在这里，人们不再遵循着资本主义私有制的原则，将生产资料视为资本家的私有财产，而是将生产资料以及每个人的劳动能力都当作社会的公共内容来看待，事实上这也是重建个人所有制的重要内容。以这一原则为前提，在自由人的联合体中，生产出来的产品也必然不再是为某一特殊群体所有，"这个联合体的总产品是一个社会产品。这个产品的一部分重新用作生产资料。这一部分依旧是社会的。而另一部分则作为生活资料由联合体成员消费"②。一方面，生产资料依然为社会所共同所有；另一方面，生活资料则单纯以劳动时间为依据进行合理分配。在这里，"人们同他们的劳动和劳动产品的社会关系，无论在生产上还是在分配上，都是简单明了的"③。

最后，自由人的联合体也必然意味着对现代国家，尤其是资本主义国家这一形式的彻底扬弃。"国家作为第一个支配人的意识形态力量出现在我们面前。社会创立一个机关来保护自己的共同利益，免遭内部和外部的侵犯。这种机关就是国家政权。"④ 在资本主义社会条件下，资产阶级占社会的统治地位，他们将自己的特殊利益视作整个社会的普遍利益，因而在这种条件下的资产阶级国家必然是为保护资产阶级的利益而形成的机关，它只构成一种虚幻的共同体。"个人自由只是对那些在统治阶级范围内发展的个人来说是存在的，他们之所以有个人自由，只是因为他们是这一阶级的个人。从前各个人联合而成的虚假的共同体，总是相对于各个人而独立的；由于这种共同体是一个阶级反对另一个阶级的联合，因此对

①　《马克思恩格斯文集》第 5 卷，人民出版社 2009 年版，第 96 页。
②　《马克思恩格斯文集》第 5 卷，人民出版社 2009 年版，第 96 页。
③　《马克思恩格斯文集》第 5 卷，人民出版社 2009 年版，第 96—97 页。
④　《马克思恩格斯文集》第 4 卷，人民出版社 2009 年版，第 307—308 页。

于被统治的阶级来说，它不仅是完全虚幻的共同体，而且是新的桎梏。"① 而在自由人的联合体的条件下，由于劳动分工的自然界限被打破，阶级之间严格对立的情况被彻底超越，人们共同享有生产资料并进行协作劳动，因而在这一社会形态下，不再会出现某一阶级的特殊利益与整个社会的普遍利益相对立的情况，用以保护资产阶级特殊利益的资本主义国家必然被彻底超越，而用以保护某一特殊阶级的利益的现代国家这一形式也有可能随着全人类平等的普遍交往的实现而最终退出历史的舞台。

由此可见，在自由人的联合体中，劳动分工所造成的社会分化被打破，人与人之间的依赖关系被彻底超越，因而资本家因工人对其所具有的依赖关系而拥有的资本权力将不复存在。个人所有制的全面建立，人与人之间的普遍交往的形成，将使得集中起来的生产资料不再转化为私有财产并进一步转化为资本权力。资本主义国家及现代国家形式的消亡也将意味着保障资本权力这种特殊的支配性权力的社会结构将彻底消亡。事实上，在自由人的联合体得到彻底实现的情况下，不仅资本权力这种造成人与人之间的剥削、支配、奴役关系的权力形式将得到彻底超越，实际上任何形式的人与人之间的支配性权力都将得到根本性超越。

---

① 《马克思恩格斯文集》第 1 卷，人民出版社 2009 年版，第 571 页。

资本权力:物和物的
关系与人和人的关系

就当今时代而言，人类文明已经进入了资本文明的时代。一方面，全世界范围内的所有发达国家都采取了资本主义制度，并且不断试图将其推广到整个人类社会；另一方面，在历史已转变为世界历史的趋势下，任何一个国家和民族都无法脱离世界市场，从而无法脱离资本的影响。自古典政治经济学以来的经济学观点以及自近代政治哲学以来的政治哲学观点共同构成了资本主义的世界观，它们决定了资本主义总是会用绝对二分式的思维方式来看待整个世界，尤其是人类社会。在这种思维方式之下，一方面是人们的经济交往、经济史与经济生活领域，另一方面则是人们的政治交往、政治史与政治生活领域，人类社会被大体上区分为公共领域和私人领域、政治领域和经济领域这两个相互独立的社会领域。

马克思实现了对资本主义世界观的根本性变革，这一变革具有双重意义。第一，马克思并不将经济领域和政治领域视为两个相互独立的社会领域，也不将任何经济规律、交往方式、政治制度和法律体系视为天然的、具有永恒必然性的自然因素，而是创立了以人的现实历史为解释原则的历史唯物主义。马克思从根本上变革了资本主义的世界观，而这一变革首先就意味着，资本主义社会中物和物的关系并不是与人无关的自然关系，实际上物和物的关系掩盖了人与人之间的社会关系，因而对资本主义经济规律的揭示绝不仅仅具有经济学上的意义，而是更为深层地揭示了人与人之间的政治关系、社会关系，揭示了人类在资本主义社会中的存在方式。也正是在这一意义上，马克思的理论构成了不同于政治经济学的政治经济学批判。

第二，马克思对资本主义世界观的根本性变革不仅仅意味着在资本主义社会物和物的关系中能够发现人和人的被掩盖了的社会关系，同时也意味着在资本主义社会中，对人和人的社会关系的研究要诉诸对物和物的关系的研究。在前资本主义社会中，人对人的依附性构成了社会关系的基本存在方式，因而人与人之间的政治关系、社会关系都是显性的，可以直接对其加以研究。然而资本主义社会进入了以物的依赖性为基础的人的独立性的社会阶段，在这里尽管人对物是全面依赖的，但人与人之间的关系则在表面上体现为自由的、平等的、相互独立的。因而要想真实地探明资本主义社会中人和人的社会关系，就不能直接研究人和人的关系，而是要诉诸对物和物的关系的研究，从而揭示出其中所隐含的人和人的社会关系。正是在这一意义上，马克思没有像近代政治哲学家一样专门性地建构一套政治哲学理论，但马克思的政治哲学已经包含在政治经济学批判理论之中了。

正是由于不能理解马克思对资本主义世界观的根本性变革，及其所具有的双重意义，因而很多后世学者将马克思已经打破的经济领域与政治领域之间的严格对立又重新恢复起来了。一方面，很多经济学家失掉了人和人的社会关系这一方面，他们将马克思的政治经济学批判纯粹理解为从物和物的关系到物和物的关系，从而将剩余价值视为一个纯粹的经济学概念，并批判马克思所找到的经济规律不成立。另一方面，很多政治哲学家失掉了诉诸物和物的关系这一方面，他们试图从马克思的词句中直接找到一种所谓政治哲学，因而得出马克思没有政治哲学或马克思对资本主义的批判实际上只是道德谴责的结论。

实际上，本书的研究主题——资本权力批判——就是要强调马克思的新世界观所具有的双重意义：其一，资本主义社会的本质性特征不仅仅表现为资本家占有工人的剩余价值，同时也表现为资本家对工人的支配、奴役和控制，因而资本不仅具有经济意义，而且具有政治意义，资本具有权力属性，这构成了从物和物的关系中揭示人和人的社会关系这一方面。其二，权力在资本主义社会中也并不仅仅表现为政治权力，而且是更为深层地渗透在人们的经济生活当中，资本主义社会中对人进行控制和支配的最主要方式已经不再是传统社会中的直接性的人身依附，而是通过物和物的关系，通过资本来实现对人的全面控制，因而权力具有资本属性，这构成了将对人和人的社会关系的研究诉诸对物和物的关系这一方面。因此我们发现，资本权力展现了物和物的关系掩盖下的人和人的社会关系，资本主义生产方式不仅与资本积累具有共生关系，二者相互促进，共同发展；而且资本主义生产方式与资本权力也具有共生关系，资本权力、资本积累和资本主义生产方式三者是结合在一起，并且互相促进，共同发展的。

与此同时，虽然资本权力展现的是人和人的社会关系，但对资本权力的研究必须诉诸物和物的关系，它的权力机制及其运作是内在于资本主义生产方式之中的。因此我们发现，资本权力的运行机制具有生命政治性，而这种生命政治性权力机制的运作是与资本主义生产方式完全结合在一起的。资本主义社会下生产的主要形式由工场手工业、机器化大生产再到现代企业的转变展现了作为规训权力的资本权力的形成与扩展，而工资形式、机器体系的运用以及产业后备军的形成则展现了作为调节生命的权力技术的资本权力的产生与扩展。在这一意义上，只有通过对资本主义生产方式的深入分析，我们才能从根本上切中资本权力的独特运行方式和权力机制。

最终，正是由于资本权力构成了资本主义社会中物和物的关系与人和人的关系之间的复杂关系的理论表征，因而超越资本主义社会也必然要包含超越资本权力这一方面。超越资本权力必须同时在根本性层面和现实可行性、可操作性层面上展开，通过吸纳诸众革命、经济民主等理论资源，我们得以发现主体性革命的限度与制度法律体系在社会变革中所发挥的作用，从而通过生产组织方式变革、重新建立个人所有制、实现自由人的联合体这三个环节探索超越资本权力的真实可能性。因此，资本权力批判实际上为我们进一步深化马克思主义研究敞开了广阔的理论视野。资本权力既展现了马克思所实现的世界观革命所具有的双重意义，同时也展现了在马克思的政治经济学批判的基础上进一步展开对资本主义社会的更为丰富多样的方面进行研究与批判的可能性。对资本权力的研究不仅有利于我们进一步揭示资本主义生产方式的秘密，有利于我们揭示资本家对工人的统治得以实现的具体方式及其机制，同时也有利于我们针对资本权力概念，探索超越资本文明，构建人类文明新形态的新的方面与可能性。

参考文献

经典著作

马克思恩格斯选集（1—4卷），人民出版社2012年版。

马克思恩格斯文集（1—10卷），人民出版社2009年版。

马克思恩格斯全集（第1卷），人民出版社1995年版。

马克思恩格斯全集（第3卷），人民出版社2002年版。

马克思恩格斯全集（第30卷），人民出版社1995年版。

马克思恩格斯全集（第31卷），人民出版社1998年版。

《列宁专题文集：论资本主义》，人民出版社2009年版。

中文著作

［法］路易·阿尔都塞：《政治与历史》，吴子枫译，西北大学出版社2018年版。

［法］路易·阿尔都塞、艾蒂安·巴里巴尔：《读〈资本论〉》，李其庆、冯文光译，中央编译出版社2017年版。

［意］吉奥乔·阿甘本：《神圣人：至高权力与赤裸生命》，吴冠军译，中央编译出版社2016年版。

［意］托马斯·阿奎那：《神学大全》，段德智译，商务印书馆2013年版。

［美］汉娜·阿伦特：《极权主义的起源》，林骧华译，生活·读书·新知三联出版社2008年版。

［以］阿维纳瑞：《黑格尔的现代国家理论》，朱学平、王兴赛

译，知识产权出版社 2016 年版。

　　［古罗马］奥古斯丁：《上帝之城》，王晓朝译，人民出版社 2018 年版。

　　［法］艾蒂安·巴利巴尔：《斯宾诺莎与政治》，赵文译，西北大学出版社 2015 年版。

　　［美］加里·S. 贝克尔：《人类行为的经济分析》，王业宇、陈琪译，格致出版社 2015 年版。

　　［古希腊］柏拉图：《理想国》，郭斌和、张竹明译，商务印书馆 1986 年版。

　　［法］让·鲍德里亚：《消费社会》，刘成富、全志钢译，南京大学出版社 2014 年版。

　　［美］塞缪尔·弗莱施哈克尔：《分配正义简史》，吴万伟译，译林出版社 2010 年版。

　　［法］米歇尔·福柯：《规训与惩罚：监狱的诞生》，刘北成、杨远婴译，生活·读书·新知三联书店 1999 年版。

　　［法］米歇尔·福柯：《必须保卫社会》，钱翰译，上海人民出版社 1999 年版。

　　［法］米歇尔·福柯：《安全、领土与人口》，钱翰、陈晓径译，上海人民出版社 2018 年版。

　　［法］米歇尔·福柯：《生命政治的诞生》，莫伟民、赵伟译，上海人民出版社 2011 年版。

　　［意］安东尼奥·葛兰西：《狱中札记》，葆煦译，人民出版社 1983 年版。

　　［丹］努德·哈孔森：《立法者的科学：大卫·休谟与亚当·斯密的自然法理学》，赵立岩译，刘斌校，浙江大学出版社 2010 年版。

　　［美］迈克尔·哈特、［意］安东尼奥·奈格里：《帝国：全球化的政治秩序》，杨建国、范一亭译，江苏人民出版社 2003 年版。

　　［美］迈克尔·哈特、［意］安东尼奥·奈格里：《大同世界》，王行坤译，中国人民大学出版社 2016 年版。

　　〔英〕大卫·哈维：《新帝国主义》，初立忠、沈晓雷译，社会科学文献出版社 2009 年版。

　　〔美〕阿尔伯特·赫希曼：《欲望与利益：资本主义胜利之前的政治争论》，冯克利译，浙江大学出版社 2015 年版。

　　〔德〕黑格尔：《小逻辑》，贺麟译，商务印书馆 1980 年版。

　　〔德〕黑格尔：《精神现象学》，贺麟、王玖兴译，商务印书馆 1979 年版。

　　〔德〕黑格尔：《法哲学原理》，范扬、张企泰译，商务印书馆 1961 年版。

　　〔英〕约翰·阿特金森·霍布森：《帝国主义》，卢刚译，商务印书馆 2017 年版。

　　〔英〕霍布斯：《利维坦》，黎思复、黎廷弼译，杨昌裕校，商务印书馆 1985 年版。

　　〔英〕霍布斯：《论公民》，应星、冯克利译，贵州人民出版社 2003 年版。

　　〔德〕康德：《实践理性批判》，李秋零译，中国人民大学出版社 2011 年版。

　　〔英〕G. A. 柯亨：《如果你是平等主义者，为何如此富有?》，霍政欣译，北京大学出版社 2009 年版。

　　〔德〕柯尔施：《马克思主义和哲学》，王南湜、荣新海译，张峰校，重庆出版社 1989 年版。

　　〔加〕迈克尔·A. 莱博维奇：《超越〈资本论〉：马克思的工人阶级政治经济学》，崔秀红译，张苏等校，经济科学出版社 2007 年版。

　　〔英〕大卫·利奥波德：《青年马克思：德国哲学、当代政治与人类繁荣》，刘同舫、万小磊译，中山大学出版社 2017 年版。

　　〔匈〕卢卡奇：《历史与阶级意识》，杜章智、任立、燕宏远译，商务印书馆 1992 年版。

　　〔德〕卢森堡：《资本积累论》，彭尘舜、吴纪先译，生活·读书·新知三联书店 1959 年版。

［法］卢梭：《社会契约论》李平沤译，商务印书馆 2011 年版。

［法］卢梭：《论人类不平等的起源和基础》，邓冰艳译，浙江文艺出版社 2015 年版。

鲁品越：《鲜活的资本论：从〈资本论〉到中国道路》，上海人民出版社 2016 年版。

［美］约翰·罗尔斯：《正义论》，何怀宏、何包钢、廖申白译，中国社会科学出版社 2009 年版。

［美］约翰·罗尔斯：《作为公平的正义》，姚大志译，中国社会科学出版社 2011 年版。

［美］约翰·罗尔斯：《政治哲学史讲义》，杨通进、李丽丽、林航译，中国社会科学出版社 2011 年版。

［德］哈特穆特·罗萨：《新异化的诞生——社会加速批判理论大纲》，郑作彧译，上海人民出版社 2018 年版

［英］洛克：《政府论》（上篇），瞿菊农、叶启芳译，商务印书馆 1982 年版。

［英］洛克：《政府论》（下篇），叶启芳、瞿菊农译，商务印书馆 1964 年版。

［美］赫伯特·马尔库塞：《单向度的人》，刘继译，上海译文出版社 2006 年版。

［加］C. B. 麦克弗森：《占有性个人主义的政治理论：从霍布斯到洛克》，张传玺译，王涛校，浙江大学出版社 2018 年版。

［英］约翰·米德克罗夫特：《市场的伦理》，王首贞、王巧贞译，复旦大学出版社 2012 年版。

［美］罗伯特·诺奇克：《无政府、国家和乌托邦》，姚大志译，中国社会科学出版社 2008 年版。

［澳］佩迪特：《共和主义：一种关于自由与政府的理论》，刘训练译，江苏人民出版社 2006 年版。

［法］托马斯·皮凯蒂：《21世纪资本论》，巴曙松、陈剑、余江，等译，中信出版社2014年版。

［美］迈克尔·桑德尔：《金钱不能买什么：金钱与公正的正面交锋》，邓正来译，中信出版社2012年版。

［美］列奥·施特劳斯：《什么是政治哲学》，李世祥译，华夏出版社2011年版。

［美］列奥·施特劳斯：《自然权利与历史》，彭刚译，生活·读书·新知三联书店2016年版。

［美］大卫·施韦卡特：《超越资本主义》，宋萌荣译，社会科学文献出版社2006年版。

［美］史蒂芬·B. 史密斯：《黑格尔的自由主义批判：语境中的权利》，杨陈译，华东师范大学出版社2020年版。

［荷兰］斯宾诺莎：《神学政治论》，温锡增译，商务印书馆1963年版。

［荷兰］斯宾诺莎：《政治论》，冯炳坤译，商务印书馆1999年版。

［英］彼罗·斯拉法主编：《李嘉图著作和通信集（第一卷）政治经济学及赋税原理》，郭大力、王亚南译，商务印书馆1962年版。

［英］亚当·斯密：《国富论》（上、下），郭大力、王亚南译，北京联合出版公司2013年版。

［英］亚当·斯密：《道德情操论》，谢宗林译，中央编译出版社2008年版。

［意］保罗·维尔诺：《诸众的语法：当代生活方式的分析》，董必成译，商务印书馆2017年版。

［美］迈克尔·沃尔泽：《正义诸领域：为多元主义与平等一辩》，褚松燕译，译林出版社2002年版。

巫宝三主编：《欧洲中世纪经济思想资料选辑》，傅举晋、吴奎罡等译，商务印书馆1998年版。

［古罗马］西塞罗：《论神性》，石敏敏译，商务印书馆2012年版。

［德］鲁道夫·希法亭：《金融资本》，福民译，商务印书馆1994年版。

［美］约瑟夫·熊彼特：《资本主义、社会主义与民主》，吴良健译，商务印书馆2017年版。

［英］休谟：《人性论》，关文运译，郑之骧校，商务印书馆1980年版。

［英］休谟：《道德原则研究》，曾晓平译，商务印书馆2001年版。

［古希腊］亚里士多德：《政治学》，吴寿彭译，商务印书馆1965年版。

［古希腊］亚里士多德：《尼各马可伦理学》，廖申白译注，商务印书馆2003年版。

白刚：《瓦解资本的逻辑》，中国社会科学出版社2009年版。

白刚：《回到〈资本论〉》，人民出版社2018年版。

孙正聿：《哲学通论》，复旦大学出版社2005年版。

孙正聿：《哲学：思想的前提批判》，中国社会科学出版社2016年版。

王庆丰：《〈资本论〉的再现》，中央编译出版社2015年版。

姚大志：《何谓正义：当代西方政治哲学研究》，人民出版社2007年版。

姚大志：《平等》，中国社会科学出版社2017年版。

张盾、田冠浩：《黑格尔与马克思政治哲学六论》，学习出版社2014年版。

张盾：《马克思的六个经典问题》，中国社会科学出版社2009年版。

张盾：《超越审美现代性》，南京大学出版社2017年版。

仲掌生：《谁是真正的权势者：美国总统竞选》，中国言实出版社 1997 年版。

中文论文

白刚：《作为政治哲学的〈资本论〉》，《江苏社会科学》2015 年第 1 期。

白刚：《回到〈资本论〉：当代政治哲学的客观主义转向》，《哲学动态》2018 年第 3 期。

白刚：《〈资本论〉哲学的三大解读》，《南京社会科学》2018 年第 8 期。

白刚：《从"辩证唯物主义"到"政治哲学"——当代中国马克思主义哲学的形态演变及内在逻辑》，《求是学刊》2018 年第 5 期。

段忠桥：《当前中国的贫富差距为什么是不正义的？——基于马克思〈哥达纲领批判〉的相关论述》，《中国人民大学学报》2013 年第 1 期。

冯波：《斯宾诺莎对民主的三个界说——对斯宾诺莎政治哲学内在张力或矛盾的解决》，《中山大学研究生学刊》（社会科学版）2014 年第 4 期。

付清松：《资本再生产批判视阈的反向延展——大卫·哈维的剥夺性积累理论探赜》，《马克思主义与现实》2016 年第 1 期。

高超：《略论对〈资本论〉的越界阐释》，《哲学研究》2017 年第 8 期。

高广旭：《〈资本论〉的正义观与马克思的现代政治批判》，《哲学动态》2015 年第 12 期。

高广旭：《〈资本论〉对市民社会的"政治哲学"重构》，《东南学术》2018 年第 4 期。

贺来：《"关系理性"与真实的"共同体"》，《中国社会科学》2015 年第 6 期。

［澳］伊恩·亨特、凌菲霞：《资本主义与正义——马克思与罗尔斯的融合》，《国外理论动态》2018 年第 5 期。

侯才：《马克思的“个体”和“共同体”概念》，《哲学研究》2012 年第 1 期。

侯小丰：《马克思共产主义概念的指向性问题》，《理论探索》2017 年第 6 期。

胡德平：《资本主义起源的文化解释：一种心理—观念史的路径——评艾伯特·奥·赫希曼的〈欲望与利益——资本主义走向胜利前的政治争论〉》，《国外理论动态》2014 年第 3 期。

胡刘：《〈资本论〉作为“政治哲学”的前提性问题》，《中国社会科学报》2019 年 2 月 28 日第 3 版。

蓝江、董金平：《生命政治：从福柯到埃斯波西托》，《哲学研究》2015 年第 4 期。

李佃来：《施特劳斯、罗尔斯、马克思：政治哲学的谱系及其内在关系》，《中国人民大学学报》2014 年第 4 期。

李佃来：《〈资本论〉的叙事结构与马克思正义思想》，《华中师范大学学报》（人文社会科学版）2015 年第 4 期。

李佃来：《马克思在何种意义上开创了政治哲学的传统》，《江海学刊》2016 年第 6 期。

李佃来：《阿伦特对马克思政治哲学的四个根本性误解》，《学术月刊》2018 年第 8 期。

李佃来：《马克思政治哲学的构建何以可能?》，《哲学研究》2019 年第 5 期。

李淑梅：《历史唯物主义与政治哲学的变革》，《哲学研究》2011 年第 4 期。

林进平：《论马克思正义观的阐释方式》，《中国人民大学学报》2015 年第 1 期。

刘荣军：《马克思社会政治哲学及其政治经济学批判》，《哲学动态》2018 年第 8 期。

鲁绍臣：《从启蒙政治到国家治理视角的转变——〈资本论〉政治哲学的当代意义与新现代文明类型的探讨》，《四川大学学报》（哲学社会科学版）2019 年第 3 期。

牛先锋：《从"虚幻的共同体"到"自由人联合体"——马克思国家理论及其对国家治理现代化的启示》，《天津社会科学》2016 年第 4 期。

［美］大卫·施韦卡特、黄瑾：《经济危机视角下的资本主义——对话大卫·施韦卡特》，《国外理论动态》2012 年第 10 期。

石佳：《〈资本论〉：经济学术语中的哲学革命》，《求实》2014 年第 4 期。

孙乐强：《政治经济学批判与"科学唯物主义"：马克思哲学革命的再理解——科莱蒂对〈资本论〉的历史定位及其当代反思》，《学习与探索》2018 年第 2 期。

孙正聿：《建构马克思主义政治哲学的前提性思考和理论资源分析》，《中国社会科学》2006 年第 6 期。

孙正聿：《〈资本论〉与马克思主义哲学》，《学习与探索》2014 年第 1 期。

涂良川：《〈资本论〉商品概念的政治叙事及其哲学批判》，《哲学研究》2019 年第 3 期。

王南湜、王新生：《从理想性到现实性——当代中国马克思主义政治哲学建构之路》，《中国社会科学》2007 年第 1 期。

王南湜：《"历史科学"的两种模式——〈资本论〉方法论问题的再思考》，《福建论坛》（人文社会科学版）2017 年第 7 期。

王南湜：《回归从〈共产党宣言〉到〈资本论〉的资本主义科学批判之路》，《马克思主义与现实》2018 年第 3 期

王南湜：《马克思的正义理论：一种可能的建构》，《哲学研究》2018 年第 5 期。

王南湜：《〈资本论〉物象化论解读的贡献与缺憾》，《武汉大学学报》（哲学社会科学版）2018 年第 5 期。

王庆丰：《超越正义的社会是否可能？——罗尔斯对马克思〈资本论〉的政治哲学解读》，《东南大学学报》（哲学社会科学版）2015 年第 6 期。

王庆丰：《〈资本论〉与马克思的"新哲学"——从孙正聿对〈资本论〉思想史意义的解读说起》，《学习与探索》2016 年第 7 期。

王庆丰：《〈资本论〉的对象问题——阿尔都塞哲学解读的切入点》，《华南师范大学学报》（社会科学版）2017 年第 2 期。

王庆丰、苗翠翠：《"产业后备军"的生命政治》，《国外理论动态》2019 年第 4 期。

王庆丰、蔡垚：《马克思共产主义的四副面孔》，《贵州师范大学学报》（社会科学版）2020 年第 1 期。

王时中：《论马克思主义政治哲学建构的康德坐标》，《山东社会科学》2018 年第 6 期。

王新生：《马克思正义理论的四重辩护》，《中国社会科学》2014 年第 4 期。

王益：《〈资本论〉中自由观的三重维度——基于政治哲学的考察》，《山东社会科学》2019 年第 2 期。

［加］艾伦·M. 伍德、凭颖：《资本主义扩张的双重逻辑——从〈新帝国主义〉与〈资本的帝国〉谈起》，《国外理论动态》2017 年第 7 期。

吴宏政、刘静涵：《马克思论"真正的共同体"的所有制基础》，《吉林大学社会科学学报》2019 年第 2 期。

郗戈：《〈资本论〉中的亚里士多德：家政与资本主义》，《教学与研究》2014 年第 9 期。

郗戈：《自由、平等与所有权：〈资本论〉与近代政治哲学传统》，《马克思主义与现实》2015 年第 2 期。

郗戈：《〈资本论〉中经济学与哲学关系问题的思想史考察》，《哲学研究》2017 年第 3 期。

郗戈：《〈资本论〉的政治哲学意蕴》，《哲学研究》2018 年第 11 期。

阎孟伟：《马克思"个人所有制"思想研究》，《马克思主义理论学科研究》2019 年第 2 期。

仰海峰：《〈资本论〉与〈政治经济学批判大纲〉的逻辑差异》，《哲学研究》2016 年第 8 期。

姚顺良：《〈资本论〉与"自我所有权"——析柯亨的"马克思批评"和"后马克思"转向》，《学习与探索》2013 年第 4 期。

郁建兴：《马克思的"自由人的联合体"思想新绎》，《政治学研究》2000 年第 2 期。

郁建兴：《马克思的政治哲学遗产》，《中国社会科学》2006 年第 6 期。

臧峰宇：《马克思政治哲学的当代审视》，《天津社会科学》2008 年第 5 期。

张盾：《"道德政治"谱系中的卢梭、康德、马克思》，《中国社会科学》2011 年第 3 期。

张盾：《马克思政治哲学中的个人原则与社会原则》，《中国社会科学》2013 年第 8 期。

张双利：《重思马克思的市民社会理论》，《学术月刊》2020 年第 9 期。

张文喜：《马克思主义哲学的真相——为什么是政治哲学》，《学术研究》2018 年第 1 期。

邹诗鹏：《当代政治哲学的复兴与马克思主义政治哲学传统》，《学术月刊》2006 年第 12 期。

外文文献

Elmar Altvater and Hoffmann Jürgen, "The West German State Derivation Debate：The Relation Between Economy and Politics as a Problem of Marxist State Theory", *Social Text*, 1990 (24)：134 – 155.

Elizabeth Anderson, "What is the Point of Equality?", *Ethics*, 1999, 109 (2): 287 – 337.

Elizabeth Anderson, *Private Government: How Employers Rule Our Lives (and Why We Don't Talk About it)*, Princeton NJ: Princeton University Press, 2017.

Giovanni Arrighi, "The Three Hegemonies of Historical Capitalism", *Cambridge Studies in International Relations*, 1993, 26: 148.

William Baumol, "The Transformation of Values: What Marx 'Really' Meant (an Interpretation)", *Journal of Economic Literature*, 1974, 12 (1): 51 – 62.

Paul Cobben, *Value in Capitalist Society: Rethinking Marx's Criticism of Capitalism*, Leiden: Brill, 2015.

Thrainn Eggertsson, *Imperfect Institutions: Possibilities and Limits of Reform*, Ann Arbro, MI: University of Michigan Press, 2009.

Emmanue lFarjoun and Machover Machover, *Laws of Chaos: A Probabilistic Approach to Political Economy*, London, Brooklyn, NY: Verso. 2020.

John Holloway and Sol Picciotto eds. , *State and Capital: A Marxist Debate*, London: Edward Arnold, 1978.

David Kotz, "Accumulation, Money, and Credit in the Circuit of Capital", *Rethinking Marxism*, 1991, 4 (2): 119 – 133.

Christopher McMahon, *Public Capitalism: The Political Authority of Corporate Executives*, Philadelphia, PA: University of Pennsylvania Press, 2012.

Marcello Mustoed, *Marx's Capital After 150 Years: Critique and Alternative to Capitalism*, Abingdon and New York: Routledge, 2019.

Jonathan Nitzan and Shimshon Bichler, *Capital as Power: A Study of Order and Creorder*, Abingdon and New York: Routledge, 2009.

William Clare Roberts, *Marx's Inferno: The Political Theory of Capital. Princeton, NJ: Princeton University Press, 2016.

George Sher, *Equality for Inegalitarians*, Cambridge: Cambridge University Press, 2014.

1. John Simmons, *Boundaries of Authority*, New York, NY: Oxford University Press, 2016.

EricWilliams, *Capitalism and Slavery*, Chapel Hill, NC: The University of North Carolina Press, 1994.

Hall Thomas Wilson, *Capitalism after Postmodernism: Neo − conservatism, Legitimacy and the Theory of Public Capital*, Leiden: Brill, 2002.

索　引